Jean Rousseau

À l'écoute du Soleil levant Tome 2

Jean Rousseau

À l'écoute du Soleil levant Tome 2

La Torah, une Loi de Libération

Éditions Croix du Salut

Impressum / Mentions légales

Bibliografische Information der Deutschen Nationalbibliothek: Die Deutsche Nationalbibliothek verzeichnet diese Publikation in der Deutschen Nationalbibliografie; detaillierte bibliografische Daten sind im Internet über http://dnb.d-nb.de abrufbar.

Alle in diesem Buch genannten Marken und Produktnamen unterliegen warenzeichen-, marken- oder patentrechtlichem Schutz bzw. sind Warenzeichen oder eingetragene Warenzeichen der jeweiligen Inhaber. Die Wiedergabe von Marken, Produktnamen, Gebrauchsnamen, Handelsnamen, Warenbezeichnungen u.s.w. in diesem Werk berechtigt auch ohne besondere Kennzeichnung nicht zu der Annahme, dass solche Namen im Sinne der Warenzeichen- und Markenschutzgesetzgebung als frei zu betrachten wären und daher von jedermann benutzt werden dürften.

Information bibliographique publiée par la Deutsche Nationalbibliothek: La Deutsche Nationalbibliothek inscrit cette publication à la Deutsche Nationalbibliografie; des données bibliographiques détaillées sont disponibles sur internet à l'adresse http://dnb.d-nb.de.
Toutes marques et noms de produits mentionnés dans ce livre demeurent sous la protection des marques, des marques déposées et des brevets, et sont des marques ou des marques déposées de leurs détenteurs respectifs. L'utilisation des marques, noms de produits, noms communs, noms commerciaux, descriptions de produits, etc, même sans qu'ils soient mentionnés de façon particulière dans ce livre ne signifie en aucune façon que ces noms peuvent être utilisés sans restriction à l'égard de la législation pour la protection des marques et des marques déposées et pourraient donc être utilisés par quiconque.

Coverbild / Photo de couverture: www.ingimage.com

Verlag / Editeur:
Éditions Croix du Salut
ist ein Imprint der / est une marque déposée de
OmniScriptum GmbH & Co. KG
Heinrich-Böcking-Str. 6-8, 66121 Saarbrücken, Deutschland / Allemagne
Email: info@editions-croix.com

Herstellung: siehe letzte Seite /
Impression: voir la dernière page
ISBN: 978-3-8416-9954-1

Copyright / Droit d'auteur © 2015 OmniScriptum GmbH & Co. KG
Alle Rechte vorbehalten. / Tous droits réservés. Saarbrücken 2015

À L'ÉCOUTE DU SOLEIL LEVANT
TOME 2

LA TORAH
UNE LOI DE LIBÉRATION

Jean Rousseau

TABLE DES MATIÈRES

Chapitre	Titre	Page
	Prologue	5
1	Introduction	9
2	Constitution de la Torah	31
3	Appel de Moïse	41
4	Les Dix Plaies d'Égypte. La Marche jusqu'à l'Horeb	52
5	Le Décalogue	68
6	La marche au désert	103
7	Mériba et la mort de Moïse	126
8	Deutéronome	134
9	Le Lévitique	156
10	Loi de Vérité	179
11	Loi Nouvelle	190
12	Loi de Liberté	201
	Épilogue	218

PROLOGUE

C'est par les clartés naissantes du matin que j'ai l'impression que le Seigneur me parle ou qu'il fait surgir des bribes de tout ce qu'il a cherché à m'expliquer durant la nuit, profitant de ce que j'avais donné congé à mon mental. D'où le titre de cette trilogie qui se voudrait une invitation de passer de la Foi à la Foi comme nous le suggère l'apôtre Paul. De la foi d'hier à celle d'aujourd'hui, pour que notre foi soit aussi vivante que notre Dieu. Les autres tomes parlent plus précisément des *Récits de Création dans la Bible,* qui font aussi partie de la Torah, et de la *Bonne Nouvelle* du Seigneur Jésus.

Cependant, malgré mes méditations matinales, l'idée ne m'était jamais venue que je pourrais faire des émissions radiophoniques sur un sujet tel que la Torah juive. Or, quand durant l'été de 1999, je suis venu aux studios de Radio Ville-Marie à Montréal pour débuter l'enregistrement de ma série sur la Résurrection du Féminin, le directeur de la programmation, m'apercevant dans le couloir a déclaré: «Heureusement que vous nous parlez des Écritures car vous êtes le seul à le faire.» Je lui ai rappelé que le sujet du Féminin m'obligerait bien souvent à ne pas chercher mon inspiration dans les saintes Écritures, mais il a conclu que ce serait tout de même mieux que rien.
En quittant le studio ce jour-là, la pensée me poursuivait qu'il n'était pas normal que sur 168 heures de programmation par semaine, aucune ne soit consacrée à nourrir les auditeurs et les auditrices à partir de la parole de Dieu. Dans la semaine qui suivit, au moins cinq «synchronicités» m'ont indiqué que la Torah serait mon sujet pour l'année suivante. Beaucoup de travail en perspective, mais en prime une immense Joie que je n'avais pas prévue mais qui m'a rejoint à nouveau quand j'ai ré ouvert le dossier pour traduire mes textes en format livresque. Cette Joie, lecteurs et lectrices, j'espère vous la

faire partager. Il n'y aura pas besoin de me remercier. Elle ne vient pas de moi, mais de la Source.

    La Torah est Vie. Elle parle à l'homme ou à la femme d'aujourd'hui, d'une façon éventuellement toujours nouvelle pour les rejoindre dans leur quotidien. Elle peut donc se révéler neuve chaque fois qu'on l'ouvre et elle se veut invitation à cheminer vers notre Vrai Moi, de découverte en découverte. Quand les enregistrements des émissions ont été exécutés, la politique du studio demandait que pour les émissions d'une durée d'une heure, un(e) co-animateur(rice) soit également en studio. J'ai donc reçu en ondes l'aide et les commentaires de trois co-animatrices, chacune couvrant le tiers des émissions. Leurs propos ne sont malheureusement pas reproduits dans ce livre. L'une de ces collègues, catéchète de haut niveau, s'émerveillait de la façon dont le texte pouvait être si riche, si proche de la vie et du cœur des hommes et des femmes de notre temps, de tous les temps. Et pourtant nous n'avions le temps de livrer qu'à peine dix pour cent de la richesse du texte.

    Dans la Torah, Dieu se fait miroir. Il nous invite à trouver en nous son image, à nous connecter à notre ADN divin ou, pour le dire en termes plus scientifiques, à réactiver en nous toute cette part d'ADN auquel les biologistes n'ont pas encore découvert une utilité possible. Mais, pour rencontrer Dieu en Vérité, il faut essayer de comprendre avec son cœur, de questionner le texte jusqu'à ce qu'il nous livre notre vérité, en se rappelant qu'il a été recopié par des successions de scribes, avant d'être traduit successivement dans plusieurs langues; et qu'en plus, dans la langue d'origine, l'Hébreu, chaque mot, chaque phrase peut avoir une multiplicité de sens. C'est dur à admettre pour un esprit rationnel occidental.

    Malgré son titre, ce livre fait très peu de place au Livre de la Genèse qui pourtant fait partie intégrante de la Torah. La raison de cet état de fait vient sans doute que la Genèse, à tort peut-être, a moins été utilisée pour édicter des règles de vie que certains qualifieraient de lois. D'autre part, comme précisé plus haut, le premier tome de cette trilogie couvre les récits de Création dans la Bible. J'ai aussi fait de nombreuses allusions à Abraham et à sa lignée dans d'autres écrits, en particulier ceux qui abordent les rapports entre le Masculin et le Féminin. Donc la Genèse serait tout à fait à sa place dans ce contexte de «Loi de Libération». Car c'est bien de cela dont nous allons parler. Il s'agit de prendre conscience de notre asservissement à des conditionnements passés, certains dus à des lectures erronées ou intentionnellement biaisées de ces textes.

Est-ce à cause de ces conditionnements, qui sont parfois tenaces, qu'il y a des répétitions dans ce texte? En toute justice, il faut reconnaître que son origine radiophonique exigeait parfois de telle répétitions à cause de la présence occasionnelle de certains auditeurs ou auditrices qui syntonisent la chaîne par hasard et restent accrochés par ce qu'ils entendent. Mais d'autre part, les conditionnements en profondeur nécessitent également ce travail de libération à répétition. L'un de ces conditionnements était une éducation qui nous invitait, parfois très fortement, à obéir aux autres plutôt qu'elle ne nous apprenait tout simplement à être nous-mêmes. Également sur le sujet de la sexualité. Pour bien des Juifs, l'union conjugale est une belle façon de louer Dieu et de l'honorer le jour du sabbath. Mais je me souviens que quand j'ai commencé à être invité à prêcher certains dimanche dans la paroisse ou je résidais à Toronto en 1976, certains bons paroissiens étaient scandalisés. Pensez donc: j'avais peut-être eu des relations sexuelles avec ma femme la nuit précédente (sic).

Nous avons aussi été conditionné à évoluer dans un univers régi par le mental où tout ce qui est du domaine du ressenti, des émotions, est objet de méfiance ou tout simplement écarté. Or voici que ces mêmes dimensions de notre être sont maintenant réintroduites comme importantes, scientifiquement, dans la compréhension de la façon dont dansent les mondes. Par le canal de la science moderne, en particulier la physique quantique et la biologie, l'infiniment grand et l'infiniment petit surgissent dans notre vie et nous ouvrent des horizons nouveaux sur nous-mêmes et sur le monde que nous contribuons à bâtir. Ils nous accompagneront donc dans notre cheminement.

Car comme nous l'avons dit précédemment, il s'agit bien de cheminer ensemble avec Celui qui au début du livre de l'Exode dit à Moïse:«Je serai avec toi.» Mais c'est ce même Dieu qui clôt la Torah en disant: «Cette Parole, tu n'as pas à aller la chercher au-delà des mers. Elle est toute proche de toi cette Parole, elle dans ton cœur et sur tes lèvres pour que tu la mettes en pratique.» (Deut.30,14) Le chemin de libération est peut-être très long à parcourir dans le temps. Mais le lieu où doit se faire la libération n'est autre que là où se vit l'esclavage, en nous. Esclavage de nos modes de pensée, de nos habitudes, qui se résument peut-être à l'esclavage de nos peurs, peurs qui nous poussent à chercher refuge dans le connu, imparfait sans doute, mais par ailleurs rassurant parce que l'expérience prouve qu'on arrive à y survivre.

Je voudrais vous inviter, avant d'entrer dans le cheminement de la Torah à entendre ou réentendre cet appel de Bertolt Brecht qui, bien que vieux de près de trois quarts de siècle, n'a rien perdu de son actualité:

Sous le quotidien, décelez l'inexplicable.
Derrière la règle consacrée, discernez l'absurde.
Défiez-vous du moindre geste, fut-il simple en apparence.
N'acceptez pas comme tel la coutume reçue, cherchez-en la nécessité.
Nous vous en prions instamment, ne dites pas: "C'est naturel",
Devant les événements de chaque jour.
À une époque où règne la confusion, où coule le sang,
Où on ordonne le désordre, où l'arbitraire prend force de loi,
Où l'humanité se déshumanise... ne dites jamais: "C'est naturel"
Afin que rien ne passe pour immuable...

Nous voilà donc prêts à partir, à condition de ne pas oublier d'ouvrir nos cœurs à cette Joie dont nous parlions plus haut, cette Joie de la Torah. Non, je ne suis pas Juif et je ne danse pas à la synagogue en tenant amoureusement dans mes bras les rouleaux de la Torah. Cette Joie de la Torah, qui est la Joie même de Dieu, les prophètes en parlent peut-être plus explicitement que le Pentateuque lui même. Pensons à Isaïe: «Comme un jeune homme trouve sa joie dans son épouse, tu seras la Joie de ton Dieu» (Is.62,5) ou à Sophonie: «Ton Dieu dansera pour toi en poussant des cris de Joie.» (So.3,17) Cette Joie, il ne s'agit pas de la forcer, mais d'être prêt à l'accueillir à son heure. Cette Joie est en nous et c'est elle aussi qu'il s'agit de libérer sans chercher à la forcer, ce qui ne serait pas vrai. Quand elle se manifestera, sachons que nous avons reçu l'un des messages que la Torah avait en réserve pour nous... et rendons grâces en attendant la joie suivante. En courant le risque qu'elle ne nous quitte plus.

PREMIER CHAPITRE

Introduction

Au début de ce livre sur "La Torah, une loi de libération ", il n'est sans doute pas inutile de nous interroger sur la signification de ce titre et sur les raisons qui nous l'ont fait choisir. Le mot *Torah*, en hébreu, désigne les cinq premiers livres de la Bible, ce que, dans le monde chrétien, on désigne en général sous le vocable un peu barbare de Pentateuque. Le mot Torah nous a paru plus beau et plus simple. En plus, dans la pensée juive, il ne désigne pas seulement les livres bibliques. La Torah, en quelque sorte, c'est Dieu qui se dit, qui se communique au cœur des hommes et des femmes. Malheureusement aucun nom n'est parfait et le mot Torah a trop souvent été traduit par "Loi" en français, avec tout l'aspect contraignant que nous associons trop souvent à l'idée de loi. Il nous faudra sans doute un certain temps au long des chapitres avant que le mot Loi, Torah, cesse d'évoquer une obligation extérieure.

Dans le titre de ce livre, la Torah est présentée comme une loi de Libération. On aurait pu se risquer à parler, dans le sillage de l'apôtre Jacques, d'une Loi de Liberté, mais le mot liberté est tellement galvaudé dans notre monde qu'il convenait de s'en méfier. La liberté est devenu un bien qu'on doit pouvoir posséder, comme tous les autres biens, et qui est devenu un droit. Le mot liberté risque donc de devenir un concept figé, dénué du dynamisme que l'on trouve dans le mot libération. Pendant un certain temps, j'avais pensé au titre "La Torah, un itinéraire vers la Liberté". Cette solution aurait été acceptable en autant que nous restions conscients que c'est souvent au moment où l'on croit atteindre la liberté que l'on redevient esclave, car alors on croit pouvoir se dispenser du travail de libération. Ce travail de libération n'est jamais achevé, car cela signifierait que tout est accompli, que nous avons réalisé en nous, et dans notre monde, la ressemblance de Dieu.

Au cœur de la Torah, il y a la libération du peuple hébreu lors de la première Pâque et son corollaire, le don des Dix Paroles sur le mont Sinaï, cinquante jours plus tard. Cet événement de la première Pâque est fondamental, à tel point que c'est à partir de lui que se détermine tout le calendrier juif. "Ce mois sera le premier des mois… ", dit le livre de l'Exode. Au cœur du premier mois de chaque année nouvelle, on se doit de célébrer le mémorial de cet événement fondateur, comme un perpétuel recommencement du processus de libération auquel est appelé le peuple.

Ailleurs, le texte biblique précise qu'il faut relire la Torah au moins tous les sept ans, lors des années sabbatiques, comme pour faire le point, pour vérifier si on est toujours en marche ou redevenus prisonniers de nos habitudes. Il est moins facile d'être libre quand on est sédentaire que quand on est nomade. La libération d'Égypte correspond pour le peuple juif à une sortie d'un état de vie sédentaire ou semi sédentaire pour passer à un état nomade. Cette particularité est riche de sens et nous aurons à y revenir en de multiples occasions.

Parlons un peu du mot liberté que nous aurons quand même à employer, même si, aussi souvent que possible, nous lui préférerons le mot libération comme nous venons de l'expliquer. Fréquemment, par exemple, on entend dire que si l'être humain est pécheur, c'est parce que Dieu dans son amour l'a créé libre. Par contre, il est assez rare que l'on entende dire que c'est afin qu'il soit à sa ressemblance que Dieu a donné la liberté à l'être humain. Deux visions tout opposées de la liberté, l'une occasion de péché, l'autre condition de notre filiation divine. Là encore, il va falloir nous libérer de tout un contexte culturel et religieux qui pèse sur le sens des mots. Cela nous prendra sans doute quelques chapitres pour y parvenir. Dès aujourd'hui, faisons un premier essai d'affranchissement en écoutant des extraits de ce que Khalil Gibran dit sur la liberté dans son livre "Le Prophète".

Aux portes de la cité, et dans vos foyers je vous ai vu vous prosterner et adorer votre propre liberté, comme des esclaves qui s'humilient devant un tyran et qui le glorifient alors qu'il les détruit. Et mon cœur saigna en moi car vous ne saurez être libre que… lorsque vous cesserez de parler de la liberté comme d'un but et d'un achèvement… Et qu'est-ce sinon des fragments de vous-mêmes que vous voulez écarter pour devenir libres?

Si c'est une injuste loi que vous voulez abolir, cette loi fut écrite de votre propre main sur votre propre front. Vous ne pourrez pas l'effacer en brûlant vos livres de lois ni en lavant le front de vos juges, même si vous déversiez sur eux la mer entière.

Et si c'est un despote que vous voulez détrôner, voyez d'abord si son trône en vous est bien détruit. Car comment un tyran peut-il dominer les libres et les fiers, s'il n'existe une tyrannie dans leur propre liberté et une honte dans leur propre fierté?

Et si c'est un inquiétude que vous voulez chasser, cette inquiétude a été choisie par vous bien plus qu'elle ne vous a été imposée. Et si c'est une peur que vous voulez dissiper, le siège de cette peur est en votre cœur et non dans la main que vous redoutez...

Et votre liberté, lorsqu'elle perd ses entraves, devient elle même l'entrave d'une plus grande liberté.

Ce texte de Khalil Gibran insiste sur le fait qu'on n'a jamais fini de se libérer. Il souligne également tous les faux esclavages dans lesquels on s'enferme. Le livre de l'Exode fait dire à Dieu: "Vous-mêmes vous avez vu ce que j'ai fait à l'Égypte. Je vous ai porté sur des ailes d'aigle et porté jusqu'à moi." Le sens de la comparaison que l'on trouve ici n'est pas la rapidité des aigles ni leur force. Ici, Yahweh est comparé à l'aigle qui éveille sa couvée et plane çà et là au-dessus d'elle afin d'apprendre à ses petits à voler. Si elle les prend sur ses ailes, ce n'est pas pour les transporter d'un lieu à un autre, mais pour les amener à se risquer eux-mêmes à voler. Il ne s'agit pas pour le peuple hébreu de sortir d'Égypte pour retomber sous une autre tutelle, fut-ce la domination d'un roi issu de ses rangs. Il s'agit de répudier le pharaonisme éternel et de s'engager dans la liberté de Dieu. Quand deux siècles plus tard, le peuple demandera un roi au prophète Samuel, afin d'être comme les autres peuples, Dieu dira au prophète: "Ce n'est pas toi qu'ils ont rejeté, mais moi. Ils ne veulent plus que je règne sur eux."

C'est en tant que peuple que les Hébreux sont appelés à se libérer, car les mirages de l'individualisme étaient déjà présents à l'époque, même si cet individualisme n'était peut-être pas aussi exacerbé que de nos jours. On peut bien sûr rechercher notre petite liberté intérieure, indépendamment de celle des autres. Certains courants du Nouvel Âge ou des techniques de développement de la personne ne se privent pas pour encourager cette tendance. Sont-ils conscients qu'ils font le jeu des puissants de ce monde dont la stratégie millénaire consiste à diviser pour régner et à satisfaire un minimum des besoins individuels des populations plutôt que de chercher à leur apprendre à voler? Or cette tendance peut être celle des pouvoirs politiques et économiques tout autant que celle des pouvoirs religieux.

Le choix qui est présenté au peuple hébreu est de servir soit Dieu, soit le pharaon. C'est le même verbe hébreu *Abad* qui est utilisé dans les deux alternatives. Le service du pharaon correspond à la servitude, l'esclavage, alors que servir Dieu correspond à la vraie liberté. C'est ce que nous avons à découvrir au fil des pages. Le choix n'est pas entre deux servitudes; il s'agit de choisir la liberté. C'est au fond ce que chante le cantique de Zacharie, père de Jean-Baptiste, au premier chapitre de l'Évangile de Luc: "Le Seigneur, le Dieu d'Israël... nous a libérés des mains ennemies, il nous a donné de le servir sans crainte dans la sainteté et la justice, sous son regard, tout au long de nos jours." La première libération est sans doute la libération de la peur, car c'est la peur qui rend esclave. Sortir d'Égypte à l'appel du Seigneur, c'est ne pas nous laisser arrêter par nos peurs; peurs des dangers comme la traversée de la mer Rouge où la puissante armée du Pharaon périra; peur de l'inconnu, ou de l'absurdité de la démarche qui semble vouée à l'échec. Mais on peut aussi être esclave de notre paresse, comme le remarquait le philosophe Emmanuel Kant: "Par paresse, les gens préfèrent ne pas penser et être esclaves." Et à son époque, on n'avait pas encore inventé la radio et la télévision pour nous servir du prêt-à-penser qui flatte notre paresse intellectuelle et nous maintient en esclavage.

Se libérer, cela peut signifier aller au désert comme le peuple hébreu, le désert qui est comparable à ce que les hébreux appellent le *Tsimtsoum*, un concept qui ne nous est pas familier: c'est comme un vide, un rien, mais d'où pourrait jaillir la liberté des hommes. Au fond, la liberté est mystère.

Le chemin de la liberté n'est pas sans écueil. Pharaon ne verra pas d'un bon œil partir une main d'œuvre bon marché. Dans l'histoire de l'Exode nous ne sommes pas tellement loin des multinationales et de leur compétitivité qui justifie tout, y compris la rationalisation moderne anti syndicale. Et la plupart des gouvernements sont en compétition entre eux pour vendre leurs peuples à ces nouveaux maîtres. La Torah, elle aussi exprime ses bénédictions en termes de productivité et de fécondité; fertilité des hommes et des femmes, fertilité de la terre et des animaux. Mais elle n'hésite pas à émettre cette règle de sagesse: "Tu prêteras à beaucoup de gens (sans intérêt) et tu n'emprunteras à personne." En termes contemporains on pourrait ajouter: "sinon ce sont les banquiers de Wall Street ou le Fonds Monétaire International qui viendront faire la loi chez toi et tu te retrouveras en esclavage comme c'est le cas pour un grand nombre de peuples de nos jours."

Pour en finir avec le titre de ce livre, venons-en à dire quelques mots de la *Torah*. *Torah*, en hébreu, ce n'est pas l'ordre mais l'orientation, pas la loi mais la voie, la route, le chemin. Si on traduit *Torah* par Loi, c'est pour désigner une loi de l'être, de la création, un processus de croissance. La Loi, au sens de la Torah, c'est écouter Dieu te parler de l'intérieur. Ce n'est pas là une interprétation; c'est dit noir sur blanc à la fin du livre du Deutéronome: "Cette Loi, cette Parole, tu n'as pas à aller la chercher au-delà des mers... elle est dans ton cœur et sur tes lèvres." La Torah nous permet d'entrer dans l'intimité de Dieu. Au livre des Nombres, chapitre 7, il y a un verset qui est généralement traduit: "Dans la Tente de la Rencontre Moïse entendait Dieu lui parler." Mais les traducteurs juifs du Moyen-Âge tels Rashi et Maimonide n'hésitaient pas à traduire: "Moïse entendait Dieu se parler à lui-même." Autrement dit, Moïse était capable d'entrer dans le rêve de Dieu, de découvrir son désir. La Torah est Parole de Dieu. Elle appartient aux cœurs purs, mais il ne s'agit pas d'une pureté rituelle, c'est la pureté du regard qui permet de voir Dieu.

Précisons tout de suite, même si nous aurons souvent l'occasion d'y revenir, que cette vision de Dieu est parfois obscurcie par les auteurs qui ont donné à la Torah sa forme définitive, et bien sûr par les traducteurs qui ne peuvent pas faire tenir en une seule formulation la richesse du texte hébreu. Je me souviens d'un groupe de paroissiens auprès desquels j'avais animé quelques soirées d'études bibliques. Un jour, je leur avais demandé de lire à l'avance la Parénèse, c'est-à-dire le début du second discours de Moïse au livre du Deutéronome. C'est un texte admirable, que je n'hésite pas à appeler les Béatitudes de l'Ancien Testament et qui révèle la sollicitude de Dieu pour son peuple avant l'entrée dans la Terre Promise. Mais cette sollicitude est exprimée parfois en termes de mise en garde qui réveille les vieux fantômes d'un Dieu vengeur et punisseur et on avait l'impression que les paroissiens n'avaient retenu que cet aspect du texte.

Au cœur de la Torah, il y a le Décalogue, les Dix Paroles, plus connus en Christianisme par le titre des dix Commandements, une autre traduction tendancieuse. En fait, il ne s'agit pas d'articles de foi, ni de règles de morale, mais d'une constitution pour former un peuple et pour étendre aux douze tribus les règles qui existaient dans l'une ou l'autre d'entre elles. Pour comprendre la Bible, il faut entrer dans la mentalité juive, très éloignée de notre cartésianisme occidental. Un Juif ne dit pas, avec Descartes: "Je pense, donc je suis." Il dit plutôt: "Je mange, donc je suis." Il y a là une démarche existentielle de celui qui reçoit, en l'occurrence de quoi manger, et qui en déduit qu'il y a un être de donation. Il s'agit en quelque sorte d'un monothéisme pragmatique. On traduit souvent le mot hébreu *Misvoth* par commandements. Mais pour le juif, faire une *misva* (singulier du mot *misvoth)*, c'est faire le bien, et non pas obéir à une loi extérieure. La Torah, c'est l'histoire d'un Dieu qui suscite un être humain libre, partenaire d'une Alliance. Dans le livre de la Genèse, qui fait partie de la Torah, on insiste beaucoup sur les origines de la création, mais déjà l'histoire d'Abraham est un appel à la liberté. Des récits de la création on a surtout retenu l'histoire de l'Arbre de la Connaissance du bien et du mal, au point que l'Arbre de Vie qui se trouve à côté passe presque inaperçu. Mais désirer l'Arbre de Vie, c'est la motivation du Décalogue, des Dix Paroles. Le Décalogue ne menace pas de sanctions, car sanction n'est pas motivation.

La Foi apprend à apprendre à grandir. La Torah n'est pas un dépôt d'informations correctes, mais un vrai processus pédagogique; les Écritures sont là pour baliser notre chemin dans la vie. Quand on les lit, on est en droit de se demander si elles ne sont pas mémoire collective d'un peuple autant que Parole de Dieu. En fait, elles sont l'une et l'autre, s'adressant tout à la fois à chaque être humain et au groupe. Certains diront que le Décalogue est une morale pour soi, qui s'adresse à chacun et chacune de nous à la deuxième personne, et que le reste de la Torah est une morale pour les autres. Mais en fait, il s'agit sans doute plus d'une expérience de vie que d'une morale, une expérience de vie et de Dieu que l'on partage pour en tirer profit. Les livres de la Torah sont très brefs pour décrire l'esclavage; par contre ils insistent longuement sur la libération. Tout simplement parce que l'on n'a pas besoin d'apprendre à être esclave, alors que l'apprentissage de la libération est une entreprise de longue haleine. C'est pourquoi nous allons maintenant parler de libération.

Libération

Nous avons déjà souligné que le Décalogue, les Dix Paroles, ne constitue pas un code moral. La Torah, la Loi ne définit pas le bien et le mal mais le chemin vers l'accomplissement. Manger du fruit de l'arbre de la connaissance, c'est confondre le chemin et l'accomplissement, c'est geler le processus de croissance; et c'est cela la mort, la vraie mort. Il faut désirer l'accomplissement et ne pas convoiter le fruit. Convoiter nous rend esclave. C'est là l'une des Dix Paroles de l'Alliance. Car en hébreu, "faire alliance" se dit: "couper, trancher une alliance." L'union véritable libère de l'aliénation.

Or, chercher à se libérer de l'aliénation est souvent considéré comme révolutionnaire. À l'époque où l'une de nos filles œuvrait au Guatemala au début des années 80, la junte au pouvoir avait décidé d'interdire la Bible, parce que c'était un livre révolutionnaire. Ma fille commentait la nouvelle en disant: "Ils s'en sont enfin aperçu!" Disons que c'est le peuple qui s'en était aperçu, ce qui transformait sa vie, et le pouvoir soudain s'inquiétait de cette prise de conscience populaire. Le Décalogue doit conduire à la liberté, ce qui n'était pas le cas pour le jeune homme riche de l'Évangile pour lequel les Dix Paroles du Décalogue n'étaient pas sources de joie (Mc.10,17-23). Redécouvrir la Torah comme loi de libération, c'est chercher à arracher le jeune homme riche à sa tristesse, chercher à le libérer de l'esclavage de ses richesses et de sa bonne conscience.

Je précise tout de suite que le but de ces réflexions n'est pas de faire un genre de Théologie de la Libération au sens où elle a existé et existe encore en Amérique du Sud. Malgré certaines similitudes, le contexte de notre pays n'est pas celui des pays du Sud. Notre but est plus d'explorer une approche anthropologique, un humanisme pour notre temps, à la lumière de la Bible. Et pour cela il faut commencer par prendre conscience de ce qui nous lie: liens religieux, culturels, sociaux, politiques, psychiques, et chercher à découvrir à partir de là. le prochain pas que nous pouvons faire vers notre libération. Je dis bien le pas que nous pouvons faire et non pas le pas que nous devons faire. Le Décalogue, comme nous le verrons, s'exprime plus en termes de "tu peux" qu'en termes de "tu dois". Mais nous aurons peut-être, comme les peuples du Sud, à éduquer ou à rééduquer notre conscience, passer d'une conscience floue à une conscience plus précise, quoique encore naïve, conscience d'appartenance à certains groupes humains, classe, genre, etc. Le pas suivant serait d'acquérir une conscience critique, passer par exemple d'une conscience opprimée à une conscience de plus en plus claire de l'oppression ou de la simple auto-aliénation qui pèse sur nous. C'est là la conclusion de la Torah, écrite sans doute au retour de l'exil, soit plus de six cents ans après le don de la Loi au Sinaï. Le texte dit: "Jusqu'à ce jour, Yahweh ne vous a pas donné un cœur pour connaître, des yeux pour voir et des oreilles pour entendre." Mais la prise de conscience n'est pas nécessairement rationalisation. Il ne s'agit pas, au nom de la conscience, d'éliminer le mystère mais de voir si le mystère a été mis au service de l'être humain ou l'être humain au service du mystère. Car il y a des aliénations spirituelles tout autant que des aliénations économiques, politiques ou culturelles.

S'adressant aux Galates, Paul remarque que "si une loi, une Torah avait été donnée qui ait le pouvoir de faire vivre, alors la justice viendrait vraiment de la Torah." Mais ce n'est pas si simple que cela car si le mal consiste à s'abstenir du bien, le bien ne consiste pas à s'abstenir du mal, mais à produire des œuvres de Justice, à recevoir et à donner ce qui est gratuit. Et la croix de Jésus témoigne que ce bien n'a pas de limites. On n'est pas là dans une logique intellectuelle, mais dans la logique de la vie et de l'amour. Le mot même pour célébrer la Pâque, *Passakh* en hébreu, est le verbe qui signifie "sauter sur un pied, sautiller" et par extension "danser".

La Torah est composée essentiellement de récits, et le mot pour désigner un récit en hébreu vient de la racine qui signifie "s'opposer à". Comme nous l'avons déjà rappelé, la première partie de la Torah est constituée par des récits qui présentent la création comme une victoire de Dieu sur le tohu-bohu, le désordre initial. La libération d'Égypte apparaît comme une seconde victoire de Dieu contre ce qui peu à peu s'est installé et qui asservit l'humanité. On n'est pas loin du mythe grec de Chronos, le dieu du temps qui dévore ses enfants comme il le fait encore de nos jours. L'Alliance est là pour faire jaillir l'amour qui seul peut transformer Chronos en *Kairos,* l'instant libérateur mais dans lequel on ne peut s'installer, qu'il faut faire surgir à tout moment dans nos vies. De la même façon, c'est dans la Torah que jaillit la sabbath, un temps de liberté et l'année jubilaire, une année pour la libération.

Au début de ce chapitre nous évoquions Khalil Gibran parler de liberté. Écoutons-le à nouveau parler des Lois: *"Vous vous complaisez à établir des lois. Mais vous vous complaisez davantage à les violer, tels des enfants qui jouent au bord de l'océan et qui construisent avec persévérance des tours de sable qu'ils détruisent en riant... Mais qu'en est-il de ceux pour qui les lois de l'homme ne sont pas tours de sable mais pour qui la vie est un roc et la loi un ciseau avec lequel ils veulent la sculpter à leur propre ressemblance? Qu'en est-il de l'estropié qui hait les danseurs? Qu'en est-il du bœuf qui aime son joug et estime que le daim ou l'élan sont choses égarées et vagabondes? Qu'en est-il du vieux serpent qui ne peut rejeter sa peau et qui qualifie tous les autres de nus et sans pudeur? Et de celui qui arrive tôt à la noce et qui s'en va repu et fatigué, disant que tout festin est une faute et que tout convive enfreint la loi?*

Que dirai-je de ceux-là, sinon qu'ils se tiennent eux aussi dans la lumière mais le dos au soleil? Ils ne voient que leurs ombres et leurs ombres sont leurs lois. Et qu'est-ce que le soleil pour eux sinon un créateur d'ombres?" Et Khalil Gibran de conclure: *"Vous pouvez voiler le tambour et vous pouvez délier les cordes de la lyre, mais qui pourra interdire à l'alouette de chanter?"*

Le grand penseur mystique hindou Sri Aurobindo parle d'un "être libre de toute loi construite, bien que sa vie soit un accomplissement de toutes les vraies lois du devenir de l'homme dans l'essence de leur signification." On pense à Jésus qui est venu, lui aussi accomplir la Loi et les Prophètes, mais sans se sentir esclave d'une quelconque interprétation de la Loi qui ne serait pas au service de la croissance et de l'épanouissement de l'être humain. Il s'agit d'apprendre à garder les commandements autrement qu'en les gardant au réfrigérateur. Il s'agit de faire des disciples comme Jésus nous y a invités. Mais faire des disciples, ce n'est pas recruter de la main d'œuvre ou chercher des adhérents. D'abord, il s'agit d'aller. "Aller", c'est quitter, c'est être libre. "Aller", c'est le contraire d'être enfermé dans sa vérité et prisonnier de ses principes. Comme le dit le prophète Osée (12,14): "Par un Nabi, c'est-à-dire par un prophète, Yahweh fait monter Israël d'Égypte." Monter d'Égypte, c'est quitter la tranquillité des sédentaires qui se croient libres, pour devenir un peuple en marche!

Le *Nabi* dont parle le prophète Osée, c'est Moïse. Les prophètes en général s'opposent au pouvoir et c'est ce que fera d'abord Moïse. Ensuite, dans le désert, ce sera lui qui représentera le pouvoir, mais un pouvoir fondé au début uniquement sur Dieu et non pas sur une garde du palais, garde présidentielle ou autre police. Il s'agit là d'une attitude essentiellement nomade, accompagnée d'une croyance en l'autorité terrestre de Dieu. Ce qui compte, c'est de sortir, de retrouver une mentalité nomade, d'entrer dans un processus de libération. Dieu n'a pas créé un monde de lumière, mais un monde vers la lumière. Les plaies d'Égypte, dont nous parlerons longuement, sont les plaies d'une civilisation qui ne débouche sur rien, comme la nôtre. Les Hébreux quittent une civilisation dont la décadence est déjà commencée. Quand ils seront redevenus sédentaires dans la Terre Promise, les Hébreux institueront la Fête des Tentes où, pendant une semaine, on vit dans des abris de fortune pour essayer de se reconnecter avec la spiritualité du désert, pour retrouver un esprit nomade. L'institution de l'année sabbatique a, elle aussi, pour but de protéger le peuple contre les dangers de la sédentarité. Il y a des contradictions dans la Bible, mais peut-être viennent-elles pour une part de la nécessité de vivre en sédentaires en conservant une mentalité nomade.

Paul, au début de sa lettre aux Romains, note que "la justice de Dieu se révèle de la foi à la foi." Si on a une mentalité sédentaire, ce passage paraît obscur; que signifie ce "de la foi à la foi"? Il faut avoir un cœur nomade pour comprendre le besoin de se libérer de la foi pour la foi, afin que la justice de Dieu apparaisse ici, dans l'aujourd'hui. Or la question se pose à notre Église aujourd'hui: est-elle sédentaire ou nomade? Et quand je dis Église, je ne parle pas seulement de la hiérarchie catholique mais du peuple de Dieu, de nous tous qui sommes l'Église. Sommes-nous prêts à sortir d'Égypte? Sommes-nous prêts à produire du sens sans produire des normes, à proposer du sens sans l'enfermer? Car une caractéristique du désert, c'est qu'il n'y a pas de prisons! Les prisons sont des sous-produits des civilisations sédentaires.

Une Église nomade est une Église qui accepte l'inculturation, qui se laisse questionner, blesser au besoin par d'autres cultures et pas seulement par les pays du Sud. Une Église nomade, c'est une Église qui respecte les petits, les non instruits, qui ne cherche pas à répondre aux questions qu'ils n'ont pas posées et qui ne leur offre pas de la bouillie au lieu de nourriture solide sous prétexte de ne pas les troubler. Une Église nomade ne passe pas son temps à rappeler des lois et des principes. Elle invite au nomadisme spirituel. Elle propose une parole, mais pas une parole figée, une parole qui chemine de la foi à la foi pour accompagner l'humanité dans sa quête de sens, avec les questions d'aujourd'hui, signes précurseurs des questions de demain. La Torah, c'est six cents ans de vie du peuple juif concentrés dans quelques petits livres. Imaginons de chercher à répondre par les mêmes paroles aux interrogations d'aujourd'hui et à celles de nos ancêtres d'il y a six cents ans! Savoir distinguer les réponses correspondant à des conditions particulières d'une époque et l'inspiration qui guide le peuple nomade dans sa marche et dont dépend sa survie... et sa croissance. C'est peut-être tout cela cheminer de la foi à la foi. Mais l'essentiel, c'est d'être "en marche".

Ne nous illusionnons pas sur les difficultés d'un tel cheminement. Si on n'est pas prêts pour les risques d'une telle aventure, peut-être est-il préférable de rester à la maison à consommer des nourritures lactées. Comme le dit Paul aux Corinthiens dans sa première lettre (1Cor.3,1-3): "Du moment qu'il y a parmi vous jalousie et dispute, je ne peux pas vous donner de la nourriture solide, vous ne pourriez pas la supporter." Car se laisser rejoindre par la Torah, ce n'est rien d'autre que d'accepter une loi de sainteté. Tout au long de ce livre nous prendrons le mot sainteté dans son sens étymologique qui signifie "être à part", "séparé". Il ne s'agit donc pas dans la sainteté d'avoir un comportement conforme à une certaine morale mais d'accepter de ne pas être comme les autres. Il ne s'agit pas de demander des comptes à Dieu en fonction d'une loi qui nous justifierait si on l'observait, mais de lutter contre lui jusqu'à l'aube, se rouler dans la poussière en luttant contre lui pour en sortir transformé. C'est ce que la Torah nous raconte en parlant de Jacob au gué de Yabok et de Moïse quand il revient du pays de Madian pour rencontrer le pharaon. À cette occasion, Jacob change de nom, il devient Israël, c'est-à-dire "fort contre Dieu". Celui qui a su être fort contre Dieu pourra être fort pour Dieu. Car avoir la foi en une Parole qui libère est parfois plus exigeant que de croire en une parole qui asservit. Au long des âges, des hommes et des femmes se sont demandés: "Est-on vraiment libre si Dieu existe?" La réponse paraît être: "Oui, si on est fort contre Dieu!" Être fort contre Dieu, cela peut vouloir dire accepter de sacrifier nos idoles, nos fausses images de Dieu. Avoir le courage de cette vérité, c'est ce qui rend libre.

Le peuple d'Israël est appelé le peuple élu. Mais cette élection est une mission et rien d'autre. Il n'y a pas de quoi s'en enorgueillir. Si la mission n'est pas exécutée, l'élection se retourne contre le peuple choisi. Or la mission c'est d'être saint, séparé, d'accepter de vivre selon le désir de Dieu qui veut le bien de ses créatures. L'histoire de la libération d'Égypte est une histoire de vie ou de mort, comme toute histoire de libération. Nous aurons l'occasion de revenir sur la mort des premiers-nés des Égyptiens dans la nuit de la première Pâque. Comment ne pas la rapprocher du massacre des saints Innocents qui, lui, est accompagné d'un retour en Égypte. De nos jours encore, combien de tentatives pacifiques d'émancipation déclenchent la formation d'escadrons de la mort. Si la loi de liberté est sentie comme dureté, l'absence de cette loi aboutit à l'horreur.

Mais la loi elle-même, si on en abuse, peut elle aussi aboutir à l'horreur. Pensons à cette déclaration des Juifs à Pilate: "Nous avons une Loi et d'après cette Loi, il doit mourir…" C'est au nom de la Loi que le Juste est condamné!

L'épître aux Romains, au chapitre 7, insiste sur le rôle d'instrument joué par la Loi quand le péché s'empare d'elle comme un moyen privilégié pour arriver à sa fin qui est la mort. Le Christ malheureusement n'est pas le seul à avoir été victime d'un usage abusif de lois dites divines. Les victimes se chiffrent par dizaines de milliers et aucune religion, même celles qui se disent les plus tolérantes n'est innocente de tels abus. On ne tue pas toujours l'autre mais on l'écrase. Pensons à cette lamentation de Jésus sur les scribes et les docteurs de la Loi: "Ils lient de pesants fardeaux et en chargent les épaules des gens." (Mt.23,4) Un peu plus tard, ce qu'on a appelé le Concile de Jérusalem recommande de ne pas surcharger d'observances les nouveaux chrétiens, ce qui semble indiquer qu'il y a déjà une telle tendance dans la primitive Église.

Quand on lit la Bible, on a le choix de diverses interprétations. Quand la Torah dit: "Qui frappe un homme, de mort mourra", on peut y voir une loi de châtiment du coupable ou la constatation d'un cycle de violence, comme quand Jésus dit à Pierre: "Celui qui combattra par l'épée périra par l'épée."

Tout au long de la Bible, on a l'impression que l'on est appelé à garder en parallèle la Loi et les Prophètes, en parallèle et peut être plus souvent, en opposition. Car les prophètes appellent à autre chose qu'à l'observance d'une Loi. Il y a aussi des prophètes dans l'Église. C'est ainsi que dès les premiers siècles, Ambroise déclarait: "Que personne ne soumette la foi à la Loi, car la loi se limite à la mesure, mais la foi est sans mesure", et il continuait en parlant de la grâce qui, elle, est sans mesure. La loi peut être loi de vie aussi bien que loi de mort et on a à choisir.

Toute loi doit être liée au temps, au moins dans son interprétation, car elle est en rapport avec la vie et la vie est changeante. À moins qu'il ne s'agisse d'une loi de mort. On pourrait prendre pour exemple de ce rapport des lois à leur temps, l'évolution de la doctrine de l'Église sur la peine de mort au cours des trente dernières années. Bien sûr, nous aurons au cours de ces pages à nous confronter à cette parole de Jésus: "Pas un iota de la Loi ne passera jusqu'à ce que tout soit accompli." Il y a là une difficulté que nous n'avons pas l'intention d'escamoter ou de balayer sous le tapis. Comme nous l'avons déjà souligné tout à l'heure, nous savons que la Loi dont on ne change pas un iota peut s'avérer une loi de mort; elle conduit tout droit au Golgotha. "Nous avons une loi et d'après cette loi il doit mourir..." Mais c'est aussi au Golgotha que Jésus peut précisément déclarer que "tout est accompli".

Les enseignements de certains groupes amérindiens disent que les lois doivent être renouvelées tous les quatre ans. Ils expliquent: "*Peu importe la beauté des lois et peu importe la perfection avec laquelle les lois ou les règles génèrent l'ordre dans la vie du peuple, les pouvoirs doivent être renouvelés; sinon le gens deviennent séparés de leurs lois... Tout d'abord le rituel deviendra important, puis la loi et le rituel demanderont que les gens suivent la loi aveuglément. Les gens deviendront aveugles à leur propre lois, et le pouvoir les dévorera... Des lois qui ne sont pas comprises doivent être combattues et vaincues. C'est la même chose que si nos chiens de garde se retournaient contre nos enfants et nous-mêmes. Les chiens devraient être combattus. Les lois sont nos chiens de garde.*" Dans les campagnes de France, il y a environ trois quart de siècle, on a découvert un jeune de vingt ans qui était au *régime lacté (à l'exclusion de tout autre nutriment?)* parce que dix-huit ans plus tôt, le médecin avait un jour prescrit cette alimentation. Ailleurs, on a rendu les sacrements obligatoires, ce qui ne semble guère cadrer avec la définition d'un sacrement où Dieu donne un signe sensible de son Amour.

En nous traçant une image de perfection que nous n'atteignons pas, la loi ne risque-t-elle pas parfois de nous mettre en état de nous haïr nous-mêmes au lieu de haïr le mal? C'est ce que se demande Paul Beauchamp dans son beau livre sur "La Loi de Dieu". Notre moi idéal porte de la haine à notre moi réel, à moins que cette haine ne soit détournée vers les autres que l'on juge au nom de la loi. Là encore, on pourrait revenir à Saint-Jacques (4,11-12): "Celui qui médit d'un frère ou qui juge son frère médit de la Loi et juge la Loi... Il n'y a qu'un seul législateur et juge, celui qui peut sauver et perdre." Comme nous l'avons déjà dit et comme nous aurons souvent l'occasion de le répéter, la Loi est là pour aider, pas pour juger. Elle est là pour libérer, pas pour asservir.

Restons encore un peu en compagnie de Saint-Jacques. C'est lui qui dans l'Écriture semble insister le plus sur le lien entre la Loi et la liberté. Je le cite, au chapitre premier de sa lettre: "Mettez la Parole en application et ne vous contentez pas de l'écouter comme des auditeurs qui se font illusion. Qui écoute la Parole sans la mettre en pratique, ressemble à un homme qui observe sa physionomie dans un miroir. Il s'observe, part et oublie comment il était. Celui au contraire qui se penche sur la Loi parfaite, la loi de liberté, et s'y tient attaché, non pas en auditeur oublieux mais pour la mettre en pratique, celui-là trouve son bonheur en la pratiquant." (Jc.1,22-27) Pour Jacques, la Loi, la Parole, nous révèle qui nous sommes, nous présente notre vrai visage, nous libère de nos illusions. Un peu plus loin dans sa lettre, au chapitre 2, il continue: "Parlez et agissez comme des gens qui doivent être jugés par une loi de Liberté. Car le jugement est sans miséricorde pour celui qui n'a pas fait miséricorde; mais la miséricorde se moque du jugement." (Jc,2,12-13) Il faudrait avoir le temps de lire toute la lettre de Jacques pour saisir à quel point pour lui la religion ne consiste pas en des obligations cultuelles mais en des œuvres d'aide aux démunis.

Au fond, on peut dire que la Loi, la Parole, est obligation et liberté, exigence d'être, dans la liberté. La volonté de Dieu est un désir de sainteté pour nous, sainteté au sens de liberté comme nous l'avons déjà dit, c'est-à-dire ce qui nous libère des conventions du monde. Mais pas ce qui nous dispense de l'attention à nos frères. Notre liberté se construit à travers nos rapports à Dieu et à nos frères et sœurs. La seconde moitié du Décalogue, des Dix Paroles, nous met en garde contre ce qui asservit nos frères.

Mais avant de songer à ne pas asservir nos frères et nos sœurs, il convient de prendre conscience de notre propre asservissement. Ce regard sur la Torah serait du temps perdu si nous ne devenions pas plus libres. Souvent les humains ont peur de la liberté et se racontent des histoires pour se persuader que leur vie est toute tracée d'avance. C'est pourquoi il y a un lien entre la vérité et la liberté. Comme Jésus le dit aux Juifs: "Vous connaîtrez la vérité et la vérité vous rendra libres." Nous avons tout un patient travail à faire pour nous libérer de nous-mêmes, de ce que nous croyons être, de nos limites, pour nous ouvrir à plus, à ce que nous pouvons être. Même au niveau de notre foi, de notre image de Dieu, nous avons à nous libérer si nous voulons être capables, comme Paul y invite les Romains, à cheminer de la foi à la foi. La foi qui se veut authentique se doit d'être iconoclaste, de détruire en nous les idoles. L'une des Dix Paroles invite à ne pas se faire des images de Dieu, et les images mentales sont aussi dangereuses que celles faites de bois ou de métal. Dans toute relation d'amour d'ailleurs, il est dangereux de se faire une image de l'autre, car on risque de l'enfermer dans cette image alors qu'il est plus. Il en est de même pour l'image que nous nous faisons de nous-mêmes. Paul Beauchamp, dans son livre sur "La Loi de Dieu" appelle idole "tout ce qui, dans le monde créé, asservit l'homme à sa loi, lui offrant un détour pour se cacher qu'il est le seul auteur de cette loi."

"La liberté de conscience a pour responsabilité de ne jamais permettre que la loi devienne une parole de mort, mais qu'elle soit toujours parole vive." C'est ce qu'écrit Jean-François Malherbe dans le livre collectif "Croire en Liberté", et il élabore sa pensée en soulignant comment les Dix Paroles, et plus spécialement les cinq dernières d'entre elles, nous amènent à respecter la liberté de conscience des autres. Pour lui, la liberté de conscience est une vertu qui nous permet de prendre une distance de la lettre de la loi lorsque son application mécanique serait mortifère. L'Alliance de Dieu avec son peuple dans la Torah est orientée vers la vie, est source de vie. Le sang, symbole de vie, répandu sur l'autel et sur le peuple est là pour témoigner de cette vie. La Parole, la Loi se doit d'être vivifiante. Mais lorsque son application s'annonce mortifère, nous portons la responsabilité de transgresser la lettre au nom de l'esprit. Pourtant, cette affirmation en quelque sorte négative ne suffit pas. Pour chacune des Dix Paroles, nous avons à nous demander: qu'est-ce que cette Parole a à libérer en moi? Et ne nous hâtons pas de répondre par exemple que nous ne sommes pas homicides. Il y a bien des façons de tuer sans répandre le sang. Dans une société comme la nôtre, dont le taux de suicide des jeunes est si élevé, on ne peut écarter du revers de la main la question: Qu'est-ce que j'ai à libérer en moi pour que nos jeunes n'attentent plus à leur vie? C'est là l'appel qui clôt le deuxième discours de Moïse au chapitre 30 du livre du Deutéronome. Je lis, dans la traduction de Chouraqui: "Choisis la vie, afin que tu vives, toi et ta semence, pour aimer Yahweh, ton Elohîm, pour entendre sa voix, pour coller à lui: oui, il est ta vie." Jésus, lui, est venu accomplir la Loi, être l'homme accompli, qui est source de vie.

Car il ne faut pas oublier que pour lire et comprendre la Bible, nous avons maintenant la révélation en Jésus-Christ. Comme Paul l'affirmait aux Corinthiens dans sa seconde lettre: "Un voile demeure sur l'Ancien Testament, mais quand on se tourne vers le Seigneur, le voile est levé... Là où est l'Esprit est la liberté." C'est peut-être ce qui faisait aussi écrire à Thomas d'Aquin: "La Loi dans le Christianisme c'est l'Esprit Saint." Dans la forme où elle nous est parvenue, la pédagogie de la Torah est une pédagogie didactique, en ce sens qu'elle part de Dieu pour s'adresser aux êtres humains. La pédagogie des Évangiles part davantage des êtres humains, et c'est sans doute ainsi que la Torah a été formée au cours de ses six cents années d'élaboration. Comme il s'agit en quelque sorte d'un court résumé de l'expérience de six siècles, on a l'impression d'une pédagogie "précipitée", c'est-à-dire qui donne la réponse avant que la question soit posée. Les Évangiles seraient plutôt une pédagogie "attardée", c'est-à-dire qui prend le temps, qui commence par l'écoute.

. Dans la série d'émissions sur la Résurrection du Féminin, nous avions fait le lien entre le Féminin et l'écoute. Par opposition, comme le souligne Élisabeth Johnson, "une théologie masculine aboutit à des structures qui oppriment." Petit à petit, avec l'émergence de la philosophie, la raison a voulu imposer sa volonté d'organisation, de classification, de systématisation et de domination. Avec l'apparition de la classe bourgeoise à partir du seizième siècle, la raison est devenue un grand système de domination du monde. Ce règne de la raison a peut-être atteint son apogée. Il était déjà en germe dans l'opposition entre le philosophe et le prophète. Pour comprendre la Torah, il faut se rappeler que l'homme de la Bible n'est ni théologien ni philosophe, il n'est pas quelqu'un qui fait des théories, que ce soit sur Dieu ou sur l'être humain. L'homme de la Bible appréhende la vie de façon sensuelle, pas intellectuelle, et c'est là une des conditions de sa liberté.

Nous avons déjà souligné que certaines formulations de la Bible peuvent faire obstacle à notre intimité avec le Dieu Amour. C'est le cas en particulier quand il est question de la colère de Dieu. Mais Dieu est prompt à la colère quand la justice est bafouée, pas quand la loi sur les sacrifices ou autres lois cultuelles ne sont pas respectées. De cette colère il est parfois dit qu'elle retombe sur trois ou quatre générations, c'est-à-dire sur celles que l'on peut voir de son vivant. Quand on sème l'injustice, on récolte l'injustice. Quand on ne respecte pas pour les autres les lois ontologiques, les lois de l'être, ces mêmes lois se retournent contre nous. Elles existent ces lois de l'être, celles qui tissent à l'enfant sa tunique de peau dans le ventre de sa mère ou les liens entre les époux et entre les parents et leurs enfants. Les nier quand elles sont jugées trop exigeantes ne les fait pas disparaître pour autant. Ce que la Bible appelle la colère de Dieu, c'est peut-être tout simplement un ressort, une conscience qu'il a mis dans le cœur des êtres humains et de la création pour que la vie ne soit pas effacée de la surface de la terre par quelques individus inconscients. Cette conscience peut nous amener tout aussi bien à lutter contre la catastrophe que prépare la folie des hommes ou, comme Noé, à construire une Arche pour que la Vie continue. Mais, et c'est là le principe de Noé, celui qui survit est celui qui s'est soucié de préserver la Vie et non pas simplement sa petite vie à lui.

Certains ou certaines d'entre vous, lecteurs et lectrices, trouveront peut-être que nous consacrons beaucoup de temps à cette introduction générale à la Torah. Mais seule une lecture globale de la Bible peut nous permettre de la comprendre, car les contradictions, au moins apparentes, n'y manquent pas. Rappelons le psaume 89 où Dieu déclare: "Si mes fils abandonnent ma Loi, je visiterai, verge à la main, leur faute, mais je n'éloignerai pas d'eux ma miséricorde." Dans la pensée biblique, il y a toujours équilibre entre la Rigueur et la Miséricorde. Rigueur et Miséricorde sont comme les deux colonnes qui supportent tout l'équilibre de la pensée juive sur la relation qui unit Dieu et les hommes. Dans le schéma des Énergies divines, révélées dans l'arbre des *Séphiroth* des Kabbalistes, on retrouve ces deux colonnes, la Miséricorde à gauche et la Rigueur à Droite. Pour certains, si l'écriture juive va de droite à gauche, c'est parce que les Hébreux commencent à écrire appuyés sur la colonne de la Rigueur pour terminer appuyés sur celle de la Miséricorde. Et il faut comprendre le mot miséricorde comme étant synonyme d'Amour plus que de pardon au sens de rémission des offenses. De même, jusqu'au douzième siècle, le signe de la croix se traçait, quant à la branche horizontale, en allant de la droite à la gauche, de la rigueur à la miséricorde. Cette coutume a d'ailleurs été conservée dans la chrétienté orthodoxe.

Ce qu'il est important de garder à l'esprit, c'est qu'il n'y a pas de Rigueur de Dieu sans Amour, pas d'Amour de Dieu sans Rigueur. Toute l'histoire du peuple de Dieu semble caractérisée par une alternance des périodes où on privilégie l'Amour et d'autres où on privilégie la Rigueur. L'équilibre entre les deux colonnes n'est pas toujours facile à réaliser. De toute façon le mot Rigueur ne doit pas évoquer le Dieu vengeur, mais celui qui incessamment appelle à être, à croître, à réaliser en nous son image. Paul, écrivant aux Romains semble privilégier l'Amour, par exemple quand il leur dit: "Celui qui aime autrui a, de ce fait, accompli la Loi." Mais c'est après leur avoir rappelé que l'Amour vrai du prochain suppose de se conformer à la seconde moitié des Dix Paroles qu'il conclut: "La charité est donc la Loi dans sa plénitude."(Rom.13,8-10) Malachie, le dernier des prophètes de l'Ancien Testament, avait dit avant Paul, en s'adressant aux prêtres: "Vous avez fait de la Loi une occasion de chute pour la multitude", sans doute en trichant avec l'Amour au profit de la Rigueur. De nos jours encore, ce qu'on appelle la pratique religieuse est plus pratique cultuelle qu'Amour actif. Ceux qui se sentent en marge de l'Église sont ceux qui ne sont pas assidus à fréquenter ses rites et non pas ceux qui n'ont guère souci de leur prochain. Mais, au fond, comment faire de l'Amour un commandement? La Loi d'Amour, tout comme la Loi de Sainteté du livre du Lévitique dont nous aurons l'occasion de parler sont des appels à être plutôt que ce que nous désignons communément par le mot commandement.

Or l'Amour est un apprentissage. Ceux qui vivent un amour humain le savent bien. On passe sa vie à apprendre à aimer. Jésus n'a rien fait d'autre. Il a choisi de vivre avec les petits et les pauvres, et avec eux il a appris à apprendre à aimer. Au fond, "servir Dieu", cette formule que l'on retrouve souvent dans la Torah, c'est exécuter son plan d'Amour pour le monde.

Comme nous approchons de la fin de cette introduction, il est temps de parler de Vérité, mot que nous avons déjà prononcé plusieurs fois mais sans prendre le temps d'aller au cœur de sa signification.

Si Jésus avait seulement été fidèle à une loi extérieure, il ne serait pas mort sur la croix. Mais il était fidèle à une loi intérieure, il était fidèle à sa vérité propre. Jésus n'a jamais parlé contre le sabbath, il interrogeait la Loi par son être même, plutôt qu'il n'y contrevenait par ses actes. On peut se demander si ses adversaires se rebellent contre le fait que Jésus viole le sabbath ou contre le fait qu'il EST, qu'il est pleinement et donc qu'il a autorité. Quand au début de l'Évangile de Marc, Jésus confronte ses adversaires sur ce sujet, il le fait en terme de choix entre la vie et la mort. Lui a manifestement choisi ce qui va dans le sens de la vie: guérir. Il laisse à ses adversaires le soin de vérifier si eux ont choisi la voie de la mort. Vérifier, c'est-à-dire descendre en soi et non pas chercher dans des livres pour élaborer une théorie. La liberté se creuse plus qu'elle ne se construit. Elle se creuse en nous si nous en avons le courage. Le grand défi des vrais amoureux de la Torah est de faire surgir des libertés capables de vérité. Et ceci était aussi valable il y a trois mille ans que maintenant. La vérité a besoin de la liberté pour être vraie, comme la liberté a besoin de la vérité pour être libre. Au point que l'on aurait pu tout aussi bien appeler ce livre: "La Torah, une Loi de Vérité". Mais le risque aurait été plus grand car nous avons été habitués à une vérité enchaînée, détenue par certains et enseignée aux autres, prétendument pour leur bien. Or la vérité qui se met en mots est-elle encore la vérité? Revenons encore une fois à Khalil Gibran, cette fois en écoutant ce qu'il nous dit de la connaissance de soi-même. Il dit: *"Vos cœurs connaissent en secret les secrets des jours et des nuits. Mais vos oreilles espèrent entendre l'écho de la connaissance de votre cœur. Vous voudriez connaître en paroles ce que vous avez toujours connu en pensée. Vous voudriez toucher de vos doigts le corps nu de vos songes. Et c'est bien que vous le vouliez. La source secrète doit jaillir et courir en murmurant vers la mer; et le trésor de vos profondeurs infinies veut être révélé à vos yeux, mais qu'il n'y ait pas de balance pour peser votre trésor inconnu. Et ne recherchez pas les profondeurs de votre connaissance avec perche et sonde, car le moi est une mer sans limites et sans mesure.*

Ne dites pas: "J'ai trouvé la vérité", mais plutôt: "J'ai trouvé une vérité". Ne dites pas: "J'ai trouvé le sentier de l'âme", dites plutôt: "J'ai trouvé l'âme cheminant sur mon sentier". Car l'âme chemine sur tous les sentiers. L'âme ne chemine pas sur une ligne ni ne croît comme un roseau. L'âme se déploie comme un lotus aux pétales innombrables."

La vérité est dans le silence. Interrogé par Ponce Pilate sur ce qu'est la vérité, Jésus ne met pas la vérité en mots. Il se tait. Mais ailleurs il dit: "Je suis la Vérité et la Vie." Or pour que nous reconnaissions la Vérité, il a fallu qu'elle nous soit montrée en spectacle habillée de mensonge et pour que nous reconnaissions la Vie il a fallu qu'elle nous soit montrée en spectacle habillée de mort. Si nous reconnaissons la Vérité et la Vie dans le crucifié, c'est que nous n'avons pas d'autres moyens de les connaître; il est dans leur nature d'être connues sans moyen, de l'intérieur, si nous acceptons le don de cette connaissance. Alors l'absurdité des fausses interprétations de la Loi apparaissent au grand jour.

Car il ne faut pas s'y tromper. Comme nous l'avons déjà dit, la Loi n'est pas une morale qui pourrait guérir le mal. La Loi n'est pas donnée pour que le mal, déjà présent avant elle, guérisse; mais elle est donnée pour que le mal empire, qu'en empirant il se déclare, et pour que, déclaré, il puisse être guéri. C'est ce que Paul cherche à expliquer aux Romains en ces termes: "La Loi, elle, est intervenue afin que prolifère la faute, mais là où le péché a proliféré, la grâce a surabondé." (Rom.5,20) "Reconnaissons que le chemin est rude qui ne découvre pas dans la Loi divine un projet de guérison mais tout le contraire."

Le Nom qui "fonde".

Au fond, ce qui apparaîtra sans doute progressivement dans notre démarche, c'est que c'est en Dieu et en Dieu seul que nous pouvons bâtir ou creuser notre liberté. Ce point sera le dernier que nous considérerons au titre de cette introduction générale.

Jésus dit dans l'Évangile qu'il n'est pas venu abolir la Loi mais l'accomplir. L'accomplir peut se comprendre comme signifiant: la parachever, mais plus encore dans le sens qu'il la réalise en lui. De ce fait, en quelque sorte, il devient la Loi. Mais l'image fausse donnée par nombre de gens qui s'affirment chrétiens a pour effet de détourner ceux qui ne croient pas de la loi qui est dans leur cœur et que j'appellerais leur ADN divin. Cet ADN divin devrait les amener au Nom, à la connaissance de Dieu, tout simplement, car, comme le dit l'apôtre Jean: "Celui qui aime est engendré par Dieu et parvient à la connaissance de Dieu." La Loi, la Torah, s'enracine dans le Nom, le Nom de Dieu: "Je suis Yahweh." C'est la première des Dix Paroles, celle qui, en quelque sorte, fonde toutes les autres: "Je suis Yahweh ton Dieu qui t'ai fait sortir du pays d'Égypte, de la terre de servitude." Suit l'articulation sur les neuf autres Paroles: "en conséquence..." De même les chapitres 18 et 19 du livre du Lévitique, que l'on appelle la Loi de Sainteté, sont ponctués au moins vingt fois par l'affirmation: "Je suis Yahweh." C'est le Nom de Dieu qui fonde la Loi. Le Nom, *Shem* en hébreu, est parfois remplacé par *Shékinah* dans certaines bibles juives. Or la Shékinah, c'est la présence de Dieu dans le monde. Invoquer le Nom de Dieu, c'est le rendre présence. La Torah, c'est la présence de Dieu au monde.

Par exemple, la sixième Parole, "Tu ne tueras pas", est autant promesse que commandement: "Tu peux ne pas tuer." Je suis Yahweh ton Dieu, en conséquence tu peux ne pas tuer. On pense à Jésus disant à la femme adultère: "Ne pêche plus." Ce n'est pas un ordre, c'est un encouragement: "Ne pêche plus, tu en es capable, tu as été sauvée."

C'est le Père George-Henri Lévesque, mort il y a une vingtaine d'années, qui affirmait: "La liberté aussi vient de Dieu", et j'ajouterai: parce qu'elle a un rapport avec l'amour. Dans la Bible, la Loi est précédée par un "Je t'ai aimé" et suivi par un "Tu aimeras". Tu es aimé est le fondement de la Loi, tu aimeras est son dépassement. Si on oublie ce fondement et ce terme, on fonde la vie sur la loi au lieu de fonder la loi sur la vie reçue, et on bâtit un filet où l'être humain dépérit, asphyxié.

Dans le désert, la loi du juste roi est là pour compenser l'anarchie bédouine. Mais quand le voyant Balaam est appelé par Balak, roi de Moab pour maudire Israël, il voit le peuple hébreu tel qu'il est et décrit l'allégresse du peuple d'avoir Yahweh pour roi. Cela durera jusqu'à ce que le peuple hébreu demande un roi pour être comme les autres nations, parce qu'il ne peut plus supporter d'être saint, à part des autres. Ce qui n'empêche pas Yahweh de guider aussi les autres peuples, mêmes les ennemis d'Israël. Le peuple juif est élu pour une mission, comme nous l'avons dit, pas pour un amour exclusif.

Quand on lit la Torah, il faut comprendre qu'elle est écrite à une époque où l'on identifie Dieu au succès. Le comportement du prophète Élie est caricatural de cet état d'esprit. C'est là le comportement d'un peuple à la nuque raide comme l'appelle le texte divin. Mais ce type de comportement a survécu jusqu'à nous. Je me souviens de ce vocabulaire de théologie biblique en anglais où j'avais lu que le fait que le peuple américain était le plus riche du monde, avec réfrigérateurs et automobiles, était le signe que le Dieu qu'ils adoraient était le vrai Dieu!

Le Dieu libérateur n'est pas celui qui procure des biens matériels. Celui-là, c'est Baal le dieu de la fécondité des Cananéens ou Mammon, le dieu du marché de notre temps. Le Dieu libérateur n'est pas objet de possession, pas plus que la liberté qu'il offre. Il est transcendance qui pousse à la recherche, il est horizon qui appelle et dont l'appel rejoint, non pas les désirs superficiels de l'être humain, mais ce qui attend, souvent en vain, dans son être profond. Comme l'écrit le rabbin Philippe Haddad dans son livre sur "Les Rendez-vous de Dieu", "le rôle de Moïse consistera à faire sortir l'image divine enfouie en l'homme, cachée dans les structures impersonnelles et les eaux de la mort." Moïse ira trouver le pharaon au nom d'un "Dieu qui annonce que le plus fort n'est pas celui qui domine le faible mais celui qui l'aide à grandir." Moïse n'est pas né sujet de la Loi, mais comme nous le verrons, avant même que la Loi lui soit donnée, la loi qui est en lui l'amènera à prendre le parti des faibles.

Jésus, lui, est né sujet de la Loi, et la loi officielle qui lui fut transmise, encadrée par les institutions religieuses du judaïsme de l'époque, avait perdu sa force de vie. Mais il avait dû goûter aussi à la loi qui est dans le cœur des pauvres parmi lesquels il grandit, et en particulier ses parents. Donc Jésus est né sujet de la Loi mais il a reçu de l'Esprit de Dieu une grande force d'aimer; c'est d'elle qu'il tirait sa puissance de guérir et d'attirer à lui. C'est cette force d'amour que l'évangile du jugement dernier reconnaît aussi en ceux qui ont fait du bien aux petits et aux blessés de la vie. Ils ne sont pas déclarés "bénis" par le Père pour avoir fait du bien en son nom, par motif de foi, mais simplement par compassion envers ceux qui souffrent. Pour Jésus, ce que l'on appelle les actes de religion ne sont pas requis, ils ne pourront suppléer à une absence de charité. Mais puisque Jésus s'identifie aux petits, puisqu'il s'est mis le premier et pour toujours à la place de ceux qui souffrent, tout acte d'amour envers eux devient un acte religieux, de la vraie religion.

Dès lors, la question du salut ou de la libération n'est plus de chercher un sauveur et de le reconnaître pour tel, elle est de se préoccuper de ceux qui sont dans le besoin et de les reconnaître comme ayant des droits sur nous. Nous avons dit que servir Dieu c'est réaliser son plan d'amour pour le monde. C'est ce salut que le Christ vient réaliser. La nouveauté de ce salut implique que Jésus prend la place de la Loi. Elle agissait comme règle de salut et dispensatrice de la justice de Dieu, mais il tient lui-même la place de Dieu. Jésus prend la place de la Loi mais son joug est léger, "car il accomplit la perfection de la Loi en la ramenant à aimer le Dieu unique en tout prochain, aimer son prochain à la mesure sans mesure de la grandeur de Dieu."

Dieu ne réside plus immuable et immobile au sommet de l'univers, à l'origine des choses, et il n'est plus nécessaire de quitter l'histoire pour aller à lui. Bien au contraire. pour trouver Dieu, le chemin de l'autre remplace la montée au Temple, la route de l'histoire devient le chemin du salut, le retour de l'exil, de l'exil imposé par le sacré. Nul ne peut aller au Père, c'est-à-dire à la totale liberté sans passer par Jésus, c'est-à-dire par ses frères, les siens et les nôtres. Ce joug nouveau n'est pas moins exigeant que l'ancien. Il l'est peut-être davantage car il ne permet plus de se soulager de ses obligations envers Dieu et le prochain par l'immolation de quelque victime substitutive, fut-elle le Christ lui-même. Mais ce joug peut être léger si nous découvrons la joie de l'amour fraternel. "La liberté nous a été donnée pour l'Amour", dit l'abbé Pierre. On pourrait tout aussi bien dire que l'Amour nous a été donné pour parvenir à la liberté, à Dieu.

Je voudrais terminer cette introduction par une phrase que Hannah Arendt écrivait au philosophe Karl Jaspers après la Shoah. Cette phrase, je voudrais que nous la conservions comme une interrogation tout au long de notre écoute de la Torah. Elle dit: "Le mal s'est avéré plus radical que prévu. Le Décalogue n'avait pas prévu les crimes modernes." On peut se demander aussi si le Sermon sur la Montagne les avait prévus. Plus tard, lors du procès d'Eichmann, Hannah Arendt dénoncera la banalité du mal, simple obéissance à un ordre injuste. Puissions-nous, en interrogeant la Torah vue comme Loi de Libération y trouver la réponse pour aujourd'hui à ceux qui ont soif de vérité, de justice et de vraie liberté.

Pour clore cette introduction, nous exposerons brièvement. le schéma que nous suivrons pour nous mettre à l'écoute de la Torah. Je parle bien d'écouter la Torah, même quand nous en lirons des extraits. Il faudra essayer de laisser les mots chanter en nous pour qu'ils parlent à notre coeur. Dans le prochain chapitre, nous parlerons de la façon dont la Torah a été constituée au cours des siècles et par quels courants de pensée. Puis nous écouterons la Torah nous parler de libération, depuis l'appel de Moïse par Dieu, jusqu'à sa mort à la veille d'entrer dans la Terre Promise. Cela nous fera passer successivement par le récit des plaies d'Égypte, la sortie d'Égypte et la marche jusqu'au Sinaï, le Décalogue, les quarante ans de marche au désert, avec en particulier l'épisode de Mériba. Pour cela nous nous référerons surtout au livre de l'Exode et de celui des Nombres dont le nom hébreu est précisément: "Dans le désert". Toutefois, pour cette partie de notre écoute, nous irons faire quelques incursions dans le livre du Deutéronome. Mais ce livre fera par la suite, pendant tout un chapitre, l'objet d'une attention qui lui sera propre. Nous ferons la même chose ensuite pour le livre du Lévitique, avant de revenir, à la lumière de la Torah tout entière sur le sens de la Pâque.

Pour conclure le livre, nous reviendrons également, à la lumière de la Torah, sur les notions de Loi de Vérité et de Loi de Liberté dont nous avons déjà mentionné les enjeux généraux au cours de cette introduction. La Loi Nouvelle en Jésus-Christ, telle que mentionnée principalement dans le Sermon sur la Montagne et telle que vécue sur le Golgotha nous aidera aussi à préciser comment le Christ a accompli la Loi et comment il semble souhaiter que nous continuions à nous accomplir grâce à elle; même si, comme le disait Hannah Arendt, ses auteurs n'avaient peut-être pas prévu ce que serait l'évolution du mal... ni du bien, dans notre monde.

DEUXIÈME CHAPITRE

Constitution de la Torah

Nous prenons maintenant le temps de nous pencher sur ce que nous savons de la façon dont a été constituée la Torah. Toute Parole qui s'exprime est le résultat d'un cheminement. C'est aussi le cas pour la rédaction d'un livre. Il y a un temps de recherche et ce que l'on trouve peut se classer dans trois catégories. Il y a ce qui nous laisse indifférent, ce qui rejoint nos expériences ou ce que nous ressentons, et finalement ce avec quoi nous nous sentons en désaccord. De tous ces éléments épars va, peu à peu, se dégager un sens où les éléments vont s'éclairer les uns les autres, prendre une signification plus lumineuse qui progressivement demandera à être dite, partagée. D'après les informations que l'on a, c'est un peu de cette façon qu'a été constituée la Torah. La Bible est l'histoire d'une Foi. Comme le dit Martin Buber, "c'est cette foi qui a donné forme à la légende proche de l'histoire et à celle éloignée de l'histoire, selon l'époque où elle a été écrite." Ne donnons pas au mot "légende" un sens péjoratif. La légende, c'est ce qui conserve le souvenir de ce qui a touché l'âme de ceux qui ont vécu les événements et c'est au moins aussi important que le récit scrupuleux de chaque détail de cet événement. Le récit de ce qui a touché l'âme des gens peut paraître plus subjectif qu'un récit prétendument objectif de l'événement lui-même. Mais le récit subjectif est tout aussi vrai, sinon plus, même s'il donne une vision partielle et partiale de l'événement.

Dans la Torah, les textes narratifs et les textes législatifs se succèdent à tour de rôle, comme si c'était à l'école de la vie que pouvait se définir la loi de liberté. Dans le livre de l'Exode, il y a deux versions différentes du Décalogue, la seconde correspondant au moment où les tables de la Loi sont données à Moïse pour la seconde fois, les premières lois ayant été brisées lors de l'épisode du veau d'or. Certains spécialistes pensent que cette seconde version des Dix Paroles est en fait plus ancienne que l'autre. Elle s'en distingue par le fait que les grandes orientations vers la liberté, en particulier la liberté du prochain, sont remplacées par des petites obligations cultuelles plutôt asservissantes. Toute la seconde table de la Loi, celle consacrée au respect du prochain, se trouve ainsi remplacée par des obligations rituelles. Il y a sans doute là un effort pour s'adapter au niveau où en est le peuple, au moins dans l'opinion des gens qui se croient responsables. Pensons de la même manière aux "commandements de l'Église" qui se situaient uniquement au niveau d'observances rituelles: quatre-temps, carême, maigre du vendredi. Rien n'est mauvais dans tout cela, mais ce qui est choquant c'est que pas un seul de ces commandements ne concernait l'amour du prochain. Aujourd'hui on ne parle plus guère des commandements de l'Église, mais on parle davantage de justice sociale, en lien avec la foi en Jésus-Christ.

Acceptons donc la Torah comme une "légende historique" qui a quelque chose à nous transmettre. D'ailleurs nous n'avons pas d'autres choix, "toutes les hypothèses historiques sur cette période n'ont pas valeur de certitude." Ce que l'on connaît, ce sont des tendances; par exemple, le fait que dans le Moyen-Orient de l'époque, bonheur et malheur sont liés à la vénération de la divinité locale.

Il semble que la Torah aurait pris sa forme canonique, celle que nous lui connaissons, au retour de l'exil. Un gros travail de réflexion et de rédaction avait sans doute été fait durant la captivité à Babylone, mais c'est au retour de l'exil que les Judéens devaient avoir un texte normatif, définissant leur identité. Il aurait été logique d'inclure le livre de Josué dans le Pentateuque, car il raconte l'entrée dans la Terre Promise, la conclusion de ce long itinéraire de libération à travers le désert. Mais reconnaître ce livre parmi les textes fondateurs aurait sans doute trop ressemblé à une revendication territoriale. Par contre, l'Esprit de Dieu qui inspire la Torah avait peut-être ses raisons à lui pour que le livre de Josué soit traité séparément; car dès que l'on sort du processus de libération, la vraie liberté risque de régresser.

Le Décalogue doit d'abord être vu comme une constitution unique pour former un peuple qui avait des règles tribales disparates. Les détails de la Loi, tels qu'on les trouve dans les chapitres 12 à 26 du Deutéronome sont antérieurs au Décalogue qui les résume, même si la légende historique place le Décalogue à l'origine chronologique de toute la Loi. En fait, nous avons affaire à une théologie qui s'élabore au cours des âges. Par exemple, on date de l'époque de la captivité à Babylone la loi du jubilé. L'élite intellectuelle du peuple hébreu a été déportée et médite sur la liberté perdue: "Comment se fait-il que nous ayons perdu la liberté?" Finalement la raison trouvée est que l'on ne s'est pas assez soucié des pauvres: on a laissé l'écart entre les riches et les pauvres devenir toujours et toujours plus grand. Alors on imagine une loi qui va permettre, tous les cinquante ans, une redistribution de la richesse. Cet écart croissant entre riches et pauvres, c'est ce dont nous sommes aujourd'hui à nouveau témoins dans notre monde, et la loi du jubilé garde toute son actualité pour fonder les politiques de ce que d'autres, pour le dénigrer, appelleront l'état providence. Le "Droit des faibles", que l'on trouve au chapitre 24 du Deutéronome est calqué sur le code d'Hammourabi qui peu à peu est devenu connu au peuple hébreu. Pour bâtir un code de lois, il est parfois sage d'aller évaluer ce qui se passe chez le voisin. On a pu retracer au Moyen-Orient à cette époque au moins six codes de lois qui peuvent se comparer à la Torah. Il y a eu des influences des divers groupes ethniques les uns sur les autres. Le code d'Hammourabi est sans doute le plus connu de ces codes. Il ne comprend pas moins de 282 prescriptions. Peu importe si dans l'origine de certaines de ces prescriptions on pouvait déceler superstition et magie. Peut-être que la prescription de laisser quelques épis dans les champs était, dans le code d'Hammourabi, destinée à ne pas contrarier celui qu'on appelait "l'esprit du champ" et qui assurait sa fertilité. La même prescription peut être conservée en lui donnant pour raison que même la veuve doit pouvoir trouver sa nourriture en glanant.

De même, les rites ne sont pas tombés du ciel. Ils reflètent la mentalité religieuse d'une époque et d'une classe sacerdotale par opposition aux autres. Ce qu'on appelle la Loi de Moïse doit être reçue comme une doctrine à son heure. C'est ainsi qu'il convient de l'accueillir en étant conscients de la tendance millénaire à construire par la théologie un Dieu à notre image et à lui faire dire ce que l'on veut entendre. La Torah s'est constituée à partir de l'expérience d'un peuple qui découvre, un peu par la méthode d'essais et erreurs, la Loi de Dieu. Remaniée après l'exil, elle devient une pédagogie didactique qui part de Dieu pour asséner les vérités que l'on a découvertes dans la vie. Comme nous l'avons dit, la Bible est sans doute tout autant mémoire collective que Parole de Dieu. Prenons par exemple l'épisode du veau d'or au désert. On sait que peu après la mort du roi Salomon, environ deux cents ans après la sortie d'Égypte, il y a eu une sécession dans le peuple hébreu. Jéroboam, roi du Royaume du Nord a installé des lieux de culte à Béthel et à Dan où il a fait faire des veaux d'or pour représenter, non pas tant la divinité, que le siège de la divinité. La légende du veau d'or vient à point nommé pour disqualifier théologiquement le Royaume du Nord. Mais cette même légende peut aujourd'hui nous aider à nous positionner vis-à-vis du dieu du marché, présenté comme devant être source de liberté pour tous et devant lequel la plupart de nos gouvernements nous invitent à nous prosterner.

De la même façon, l'hésitation du peuple à entrer dans le pays de Canaan, racontée aux chapitres 13 et 14 du livre des Nombres, correspond à l'hésitation de certains exilés à Babylone à rentrer en Judée après l'exil. Parce qu'ils l'ont revécu récemment, les Hébreux retrouvent une signification plus importante à un événement qui date de six cents ans. Cet événement est aussi porteur de sens pour notre époque, chaque fois que l'on renâcle devant l'effort de changer ses habitudes et de se libérer. Mais au fond, la Loi cherche souvent à organiser une situation d'exil en ménageant des espaces de liberté. C'est à l'être humain qu'il appartient d'entrer dans un processus de libération, de sortir d'esclavage.

Pour comprendre comment a été constituée la Torah, on pourrait imaginer que l'on essaie de présenter la doctrine de la foi et l'histoire des six cents dernières années de chrétienté dans un livre qui ne devrait pas dépasser trois cents pages. Alors on prendrait une partie du discours du Magistère et des anathèmes des conciles, on prendrait une partie de ce qu'ont fait pour les pauvres tous les chrétiens qui se sont souciés d'eux et qui ont élaboré ce que l'on appelle la doctrine sociale de l'Église. On s'inspirerait aussi de la tradition monacale, de la vision des grands contemplatifs et des mystiques, et finalement, après avoir bien mélangé toutes ces sources on dirait: "Voilà, Dieu c'est tout cela!" Donc, pour essayer de s'y retrouver un peu dans cet agglomérat, nous devons maintenant nous tourner vers les grands courants qui ont contribué, directement ou indirectement, à la rédaction de la Torah.

Il y a cinq livres dans la Torah, d'où son nom français de Pentateuque. Les noms français de ces livres sont: la Genèse, l'Exode, le Lévitique, les Nombres et le Deutéronome. Au cours de la réflexion que nous allons faire, nous laisserons de côté le livre de la Genèse qui est un peu à part. Il contient les récits de création et l'histoire d'Abraham jusqu'à l'arrivée en Égypte de Jacob, son petit-fils, avec sa famille constituée de douze fils et leurs familles. Les quatre autres livres sont concentrés autour d'une même période allant de la sortie d'Égypte à l'entrée dans la Terre Promise, période qui se situe entre 1200 et 1100 avant notre ère. Le livre de l'Exode couvre principalement la période de la sortie d'Égypte et du don des Dix Paroles au Sinaï. Malgré un certain recouvrement, on peut dire que le livre des Nombres est la suite de celui de l'Exode. Il décrit principalement l'errance du peuple hébreu dans le désert, avant l'entrée dans la Terre Promise. Le nom hébreu du livre des

Nombres signifie d'ailleurs: "Dans le désert". Le livre du Lévitique comprend peu de récits; c'est plutôt un code de lois dont beaucoup tournent autour de la fonction sacerdotale et des questions de culte qui étaient la responsabilité de la tribu de Lévi; d'où son nom de Lévitique. On pourrait dire que le livre du Deutéronome fait double emploi avec ceux de l'Exode et des Nombres. Deutéronome veut dire copie de la Loi, mais le Talmud l'appelle aussi *Michné Torah,* la deuxième Torah. Pourtant c'est celui des quatre livres qui a été le moins remanié après la captivité à Babylone et dont la forme actuelle est par conséquent la plus ancienne. De fait, il a été constitué après les prophètes comme Osée qui, lui, date des années 750 à 720 avant Jésus-Christ. On sent une influence prophétique dans la pensée deutéronomique. Avec le livre d'Osée, le Deutéronome est le seul livre de l'Ancien Testament qui formule l'élection dans le langage de l'amour. Dieu nous a aimés le premier. Le second livre des Rois parle de la redécouverte du Deutéronome sous le règne de Josias en 622 avant notre ère, à peu près 30 ans avant l'exil à Babylone. Il est dit de Josias qu'il marcha sur les traces de David. Il s'efforça de réformer un peuple décadent. Est-ce dans l'esprit de cette réforme que l'on a rassemblé en un seul volume plusieurs textes, la plupart préexistants, comme si on faisait un livre avec des extraits des déclarations de divers conciles? On trouve dans le livre du Deutéronome des influences de la tradition élohiste ou sacerdotale comme de la tradition yahwiste. Mais de la même façon, des passages du livre de l'Exode se rattachent à une tradition qui a ses sources dans le Deutéronome.

Il y a des liens plus étroits entre le livre de l'Exode et le Lévitique et entre ce dernier et le livre des Nombres. Le réaménagement par la caste sacerdotale, au retour de l'exil, a été plus marquant dans ces trois livres. De la même manière, il y a un lien entre le livre de l'Exode et celui de la Genèse, alors que le Deutéronome serait plus proches des livres historiques qui suivent dans la Bible, à savoir les livres de Josué et les deux livres des Rois où la "légende historique" devient moins légende et plus historique. Nous aurons l'occasion de signaler certaines différences importantes concernant les mêmes faits entre le Deutéronome et les livres de l'Exode et des Nombres. N'ayons pas la tentation de dire que les uns sont plus près de la vérité que les autres. Il s'agit de deux visions théologiques qui l'une et l'autre ont leur valeur et leurs limitations. De façon très schématique, on peut retenir que par le Deutéronome, l'Amour est introduit dans la Loi. On pourrait aussi dire que le livre de l'Exode, c'est la Parole telle que donnée dans le "bouche à bouche" entre Moïse et Dieu, la Parole gravée dans la pierre. Dans le Deutéronome, présenté comme le Testament de Moïse, c'est la Parole telle que reçue par

Moïse en tant qu'être humain, la Parole telle qu'accueillie dans la chair. C'est en ce sens que certains déclarent que le Deutéronome est féminin. En tout cas, il a une dimension communautaire.

Il y a deux traditions principales dans la Bible : la tradition élohiste ou sacerdotale et la tradition yahwiste plus prophétique. La première appelait Dieu Elohîm, la seconde le désignait par Yahweh. Dans la Torah, il arrive que la tradition Élohiste désigne Dieu par Yahweh, mais sans pour cela entrer dans la spiritualité yahwiste. En outre on peut parler dans la Torah d'une troisième spiritualité qui est la spiritualité deutéronomiste. Par ailleurs, il ne faut pas dissocier la Loi des Prophètes. La Loi et les Prophètes sont les deux piliers de la spiritualité juive et, comme nous l'avons déjà dit, certains livres prophétiques sont très antérieurs à la rédaction finale de la plupart des livres de la Torah. Cette opposition ou complémentarité de la Loi et des Prophètes est essentielle. Les prophètes disent: "Convertissez-vous, aimez." Les prêtres disent: "Offrez des sacrifices pour les péchés", au point que certains cultes, prescrits par la Loi, sont de type idolâtriques. Les prophètes, au nom de Dieu, avaient dénoncé l'excès des sacrifices, mais les prêtres, qui président à l'assemblage final des textes, les maintiennent, car c'est de là qu'ils tirent une bonne partie de leur subsistance.

La date de la rédaction influe aussi sur le texte. Celui concernant la Pâque est d'origine sacerdotale, mais il a été écrit durant l'exil à Babylone où il n'y avait plus de Temple; d'où peut-être la raison d'un culte exclusivement familial. C'est un culte mémorial de libération pour un peuple en exil qui doit conserver l'espérance que Dieu interviendra à nouveau.

L'approche "sacerdotale" prône une obéissance absolue à Dieu, favorisant une religion selon la lettre, alors que l'approche deutéronomique valorise l'initiative de l'homme, en l'occurrence Moïse. Nous verrons que ces deux approches peuvent être utilisées pour expliquer la faute de Moïse à Mériba dans des sens très divers. Par exemple, au chapitre 14 de l'Exode, dans un passage d'inspiration deutéronomique, Moïse répond de sa propre initiative aux récriminations de son peuple en les assurant que Yahweh va manifester sa gloire. Dans des circonstances semblables, le récit sacerdotal montre Moïse sollicitant l'aide de Dieu. Au chapitre 40 de l'Exode, lors de la consécration de la Tente de la Demeure dont nous aurons l'occasion de parler, dans un passage de moins de vingt versets nous retrouvons huit fois l'expression: "Comme Yahweh l'avait ordonné à Moïse". Il s'agit là bien sûr d'un texte d'origine sacerdotal.

Rappelons une fois de plus que la rédaction finale de la Torah se fait durant l'exil à Babylone et juste après le retour de l'exil. Or à Babylone, la médiation entre Dieu et son peuple ne peut plus se faire par son roi; elle va donc de plus en plus se faire par le culte, d'où la mise en valeur des personnes et des fonctions sacerdotales. Et comme les textes deutéronomiques d'origine laïque contestent les prêtres, ces derniers ont tendance à réagir en radicalisant leur propos, au point que l'on trouve parfois dans le même texte comme une opposition entre le Dieu des prêtres qui sanctionne et le Dieu de miséricorde des laïcs deutéronomiques.

Au chapitre 15 du livre des Nombres, on lit l'histoire d'un homme qui est lapidé parce qu'il ramassait du bois le jour du sabbath. Or c'est à Babylone, c'est-à-dire à peu près six cents ans après la date où le récit place cet événement, que la sabbath a pris toute son importance pour les Juifs. Les Babyloniens essayaient de s'abstenir de travailler le jour du sabbath, non parce que c'était un jour béni de Dieu, mais au contraire parce qu'ils considéraient que c'était un jour maudit où tout ce qu'on entreprenait tournait mal. En en faisant un jour béni de Dieu, les prêtres juifs respectaient la superstition sans la reconnaître officiellement, mais en racontant pour faire peur cette histoire de l'homme lapidé pour avoir ramassé du bois, ils recréaient un autre type de superstition, cette fois en faveur de Dieu. C'est également dans un texte d'origine sacerdotale que l'on trouve le fameux "On ne peut voir Dieu sans mourir", alors qu'au chapitre 4 du Deutéronome on lit: "A-t-on vu un peuple rester en vie après avoir entendu du milieu du feu la voix de son Dieu comme tu l'as entendue?" Donc pour voir dans la Torah une Loi de Libération, il ne faut pas hésiter à la dégager de certaines formulations d'origine sacerdotale qui utilisent la peur pour motiver l'obéissance du peuple.

On trouve parfois dans la Torah la tendance à vouloir geler, à un moment donné, la relation de Dieu à son peuple. Dès lors, nous dit le texte, il ne faut rien ajouter ou retrancher à la Loi, alors qu'elle n'a cessé de prendre forme depuis plusieurs siècles. En fait, il aurait sans doute été préférable que la classe sacerdotale à Babylone et au retour de l'exil respecte elle-même un peu plus ce précepte, que l'on retrouve d'ailleurs aussi en conclusion de l'Apocalypse. Mais ce n'est pas ainsi que les choses se passent dans la vie. La Pâque est la remise en vigueur de l'ancien repas des bergers, une tradition nomade antérieure à la sortie d'Égypte, de même que la Fête des Azymes était une tradition sédentaire, un genre de nouveau départ pour la nouvelle année. Ces anciens rites se trouvent dans la Torah, renouvelés dans leur signification et dans leur forme. Toute mutation se fait en continuité avec les origines. Aujourd'hui encore, il est important de retrouver le sens de la première Pâque pour comprendre la Pâque du Christ que nous célébrons à chaque eucharistie et dont nous n'avons pas fini d'explorer le mystère. Mais certains trouveraient plus commode de museler l'Esprit et de geler les rites.

Quand Yahweh parle à Moïse depuis le Buisson Ardent, il lui dit: "Je serai qui je serai", ne se laissant pas enfermer dans un passé. Et il ajoute: "Je suis le Dieu de tes pères, le Dieu d'Abraham, le Dieu d'Isaac, le Dieu de Jacob." Il ne veut pas se laisser enfermer dans une seule image et personnellement je ne voudrais pas que le Dieu qui semble me parler aujourd'hui interfère avec celui qui se révèle à vous au cours de vos vies. Ce que je vous transmets de mon expérience, c'est uniquement en plus de la vôtre et qu'importe si des contradictions peuvent apparaître. Ce n'est pas par la raison que l'on parvient à Dieu.

La Torah, telle qu'elle nous est parvenue, porte aussi la marque des formes littéraires de l'époque. Quand on la lit, il faut donc trouver un juste milieu entre une interprétation littérale historique et l'interprétation qu'en donnerait un spécialiste des formes littéraires qui considérerait le texte comme simple littérature. Derrière telle conversation entre Dieu et Moïse, il faut chercher quel sont les sens possibles du message, au besoin en inversant l'ordre des interlocuteurs. Par exemple, le texte donne souvent à Dieu des réactions humaines et c'est comme si Moïse devait lui rappeler qu'il est Dieu et que ses chemins ne sont pas nos chemins.

Certaines mises en scène sont aussi des formes de style. Il est impossible que, dans l'Égypte de l'époque telle que nous la connaissons par l'histoire, les pourparlers entre le roi et les représentants des travailleurs forcés se soient déroulés sous la forme qui nous est rapportée. Mais comme nous le verrons, cela n'empêche nullement que l'épisode des plaies d'Égypte ait une signification très actuelle pour notre temps. Les chiffres et les dates eux aussi ont plus valeur symbolique que valeur historique. Pour le Deutéronome, trois jours se passent entre la traversée de la mer Rouge et la manifestation de Dieu au Sinaï. Pour le livre de l'Exode, c'est cinquante jours, ce qui comme nous le verrons rejoint le symbolisme de notre Pentecôte. De même, la vie de Moïse se trouve divisée en trois périodes de quarante ans; quarante ans jusqu'à l'exil à Madian, quarante ans à Madian, quarante ans dans le désert. Cela vient de ce que le symbolisme du chiffre quarante correspond à une période de transformation. En fait, si Moïse passe quarante ans à Madian et qu'il est le seul à avoir échappé au génocide, il n'y a plus beaucoup d'hommes juifs en Égypte quand il y retourne. De même, quand son beau-père Jethro le rejoint au désert avec sa première épouse Sipora et ses fils, ceux-ci auraient tout près de quarante ans et n'auraient plus besoin d'être tenus par la main de leur mère. Il nous faut donc accueillir ces textes comme des récits qui nous sont proposés pour nous permettre de croître. En fait, si on se fie à la racine du mot récit, ils nous sont "opposés" pour que nous nous transformions. L'expérience d'avoir été sauvé, libéré, est fondamentale pour le peuple juif. Quand ces textes sont écrits, il y a le souvenir lointain de l'esclavage d'Égypte, mais il y a celui, plus récent, de la captivité à Babylone. Tous les textes, ceux des récits de création, aussi bien que ceux de l'Exode, sont écrits à partir de ces expériences de salut.

Pour en finir avec ces réflexions sur la façon dont ont été constitués les textes de la Torah tels qu'ils nous sont parvenus, il faut s'arrêter sur l'importance donnée à ce personnage central qu'est Moïse. La Torah est une histoire de libération. Mais l'histoire de Moïse a été reprise par les prêtres à Babylone pour en faire un récit qui fonde une religion. Du coup, par exemple, la généalogie de Moïse et d'Aaron comme faisant partie de la tribu de Lévi, la tribu sacerdotale, prend une importance particulière.

Ce qui paraît sûr, c'est que Moïse a joué un rôle déterminant pour convaincre le peuple juif de quitter l'Égypte. C'est d'ailleurs là la mission que lui avait donnée Dieu: "Fais sortir mon peuple d'Égypte." Il n'y a aucune assurance que Moïse ait accompagné le peuple tout au long de son errance dans le désert. Les étapes de l'Exode sont attribuées à Moïse dans le texte. Mais n'est-ce pas pour leur donner plus de poids et authentifier le récit? De même, on peut se demander si le rôle d'intercesseur de Moïse n'a pas été gonflé par la légende. Comme nous le disions précédemment, dans la Torah Dieu cède aux prières de Moïse, mais ce n'est pas le cas dans les livres des prophètes où Dieu n'a pas besoin qu'on l'exhorte pour changer son cœur. De même, dans les livres des prophètes, il n'est pas question de la nécessité des sacrifices pour plaire à Dieu. C'est plutôt le contraire, comme nous le verrons. Dieu dénonce par ses prophètes ces sacrifices d'animaux dont il se dit dégoûté. La religion qui prend sa forme définitive sous l'influence des prêtres à Babylone n'échappe pas aux reproches qu'un Amérindien Hyemeyohsts Storm adresse aux religions dans son livre "Song of Heyoehkah. Je cite: *"Beaucoup de gens, beaucoup de centaines de milliers de gens, même des millions de gens se sont réunis parce qu'ils croient que certaines personnes représentent l'Éternel. Ils se rassemblent! C'est vrai, mais c'est tout. On les rassemble et ensuite on les organise. Cela arrive toujours de cette façon-là. Le fait qu'ils soient organisés donne naissance pour quelque temps à de bonnes choses, mais, ensuite, cela engendre la terreur. Cela se termine toujours par un échec à cause de deux raisons importantes: la première raison est qu'aucun homme ou femme sur cette terre ne peut représenter l'Esprit vivant de l'Éternel. La seconde raison est que toutes ces espèces de croyances mythiques organisées ne donnent que l'image de leur fondateur et par la suite des gens qui en sont les chefs. Cela empêche les individus de voir par eux-mêmes, cela écrase leur vrai esprit."* Ce langage est dur mais non pas dénué de vérité. Il y a eu, lors de la mise en forme de la Torah, des tendances sans doute plus soucieuses d'assujettir au pouvoir des prêtres que de libérer. On retrouve cette tendance dans certaines déclarations de Pie IX sur le laïcat.

Hyemeyohsts Storm continue: *"Il y a eu beaucoup de ces pouvoirs humains ainsi créés, des milliers et des milliers. Ils sont tous, de façon égale, bons et mauvais, fous et sages. Ils enseignent l'amour et la terreur, la haine et le pardon et tout ce qu'il y a entre les deux. Ils enseignent ces choses parce que toutes ces choses sont humaines. Le Pouvoir Éternel de l'Univers n'appartient pas à ces choses. Est-ce que le Pouvoir de l'Univers est si rétrograde? Est-ce que cela dépend d'un livre qui est vieux de centaines d'hivers, alors que le même Pouvoir amène chaque nouveau printemps?... Vous n'avez pas besoin d'un livre pour connaître le Pouvoir de l'Univers! Vous avez une intelligence, un cœur, un corps, un esprit. C'est là le point de départ duquel vous pouvez apprendre ce qui concerne votre Créateur."*

Visiblement la Torah n'a pas été présentée à Hyemeyohsts Storm comme une Parole vivante, invitant à se libérer à chaque nouveau printemps en faisant de la Pâque un mémorial. Les Amérindiens ont une mentalité de nomades, ce qui explique qu'ils se détruisent s'ils sont confinés dans des réserves. Comme nous le verrons, la Torah est donnée pour aider les gens à gérer les dangers du sédentarisme. C'est là le cœur du message du Deutéronome: une mise en garde contre les dangers de perdre dans la Terre Promise les bienfaits de la transformation intérieure qui s'est opérée dans le peuple à l'épreuve du désert. Je pense que sur ce point Hyemeyohsts Storm rejoint l'intuition des auteurs du Deutéronome.

TROISIÈME CHAPITRE

Appel de Moïse

Ayant un peu clarifié ce qu'on pourrait appeler l'historique de la Torah, nous pouvons commencer maintenant l'histoire de la libération du peuple hébreu telle que racontée dans la Bible. Le récit commence au début du livre de l'Exode par un très court rappel de l'arrivée en Égypte, quelques quatre cents ans plus tôt, du patriarche Jacob et de ses onze fils, puisque le douzième était déjà en Égypte où il était devenu le bras droit du pharaon. La famille de Jacob, avec ses troupeaux, s'installe dans le nord-est du pays, à la limite du désert où ils peuvent mener paître leurs troupeaux à la fin de la saison des pluies, réservant les terres plus riches pour les périodes sèches.

La croissance de ces tribus, en nombre et en puissance, annonce la persécution. La puissance des peuples semi-nomades comme les Hébreux consiste dans ses troupeaux, et les troupeaux sont une menace pour les cultures des peuples sédentaires. C'est encore ce qui se passe de nos jours dans des régions comme le Sahel où les troupeaux des Peuls favorisent l'avancée du désert, ce qui les repousse toujours plus au sud vers les terres cultivées de la vallée du Niger.

Les Hébreux sont les "marcheurs"; c'est le sens du mot *Habirou* ou *Hébirou* qui a donné Hébreu. Même après quatre cents ans de vie semi-sédentaire, ils sont encore considérés comme des marcheurs, des nomades, à cause de leurs troupeaux contre lesquels il faut se défendre si on est sédentaire. Mais il n'y a pas que les troupeaux qui font peur. Ils sont "les autres", les voyageurs que l'on considère comme instables et vagabonds, comme c'est encore le cas pour les Roms, les Gitans. Ce n'est pas par hasard si les persécutions nazies se sont concentrées sur les Roms et les Juifs, comme sur un corps étranger que l'on cherche à rejeter. C'est une question de perspective, qui se vit encore dans tous les pays occidentaux face à l'immigration des autres pays. D'ailleurs, les tribus juives ne devaient pas être les seules à rogner sur le périmètre égyptien.

Alors il faut fermer les frontières et certains pensent que c'est à la construction d'un mur de briques, fermant le nord-est du pays que les Hébreux ont été employés comme travailleurs forcés. Il ne s'agit pas de briques cuites au four comme nous les utilisons sous nos climats, mais de simples briques de boue séchées au soleil et renforcées en mélangeant de la paille ou du foin à la boue avant de former les briques. C'est ce qu'on appelle la brique adobe, encore utilisée de nos jours dans la plupart des pays d'Afrique. Jusque là, le peuple hébreu avait vécu relativement heureux en Égypte. Des promesses faites à Abraham, seule la promesse d'une terre n'était pas encore réalisée, mais le fait de vivre en terre d'accueil n'avait pas empêché la prospérité. Par contre, cette croissance en prospérité ne s'était pas accompagnée d'une croissance en sagesse. Nous en reparlerons quand nous aborderons l'épisode des Dix Plaies d'Égypte.

Donc, soudain, tout se met à changer. Le texte nous dit: "Alors les Égyptiens asservirent les fils d'Israël avec brutalité et leur rendirent la vie amère par de durs travaux, mortier, briques et toute sortes de travaux des champs." En l'espace de deux versets, les versets 13 et 14 du premier chapitre du livre de l'Exode, on trouve cinq fois des mots comme "asservir", "servitude", qui ont la même racine en hébreu. Même si on discute certaines bases historiques de la situation d'Israël en Égypte, elle est le modèle de toutes les servitudes.

On se rappelle que dans le livre de la Genèse, qui lui aussi fait partie de la Torah, Abraham avait choisi la vie nomade, au moment où Lot choisissait la vie sédentaire et ses problèmes; ne dut-il pas fuir Sodome voué à la destruction à cause de la corruption qui y régnait? Mais la descendance d'Abraham, à cause d'une famine, était redevenue sédentaire en Égypte. Par l'exode, elle redeviendra nomade, jusqu'à ce que l'entrée en Terre Promise ramène les dangers du sédentarisme. Nous en reparlerons, mais posons nous dès aujourd'hui la question: avons-nous une mentalité de sédentaires?

Rapidement la servitude imposée par les Égyptiens va se doubler d'une tentative de génocide par l'ordre donné par le pharaon de tuer tous les enfants hébreux mâles. Alors les sages-femmes organisent la résistance, car elles craignent Dieu plus que le roi. Craindre, ici, signifie respecter plutôt qu'avoir peur. Le texte nous donne les noms de ces femmes: Chiphra, qui signifie beauté, et Pua (fille ou splendeur). Il est possible que ce soit des Égyptiennes, mais le Dieu qu'elles respectent est le Dieu de la Vie. Après les sages-femmes, c'est la mère et la sœur de Moïse qui sauvent le bébé de la mort, puis ce sont à nouveau des femmes égyptiennes, la fille du pharaon et ses servantes, qui vont prendre le relais pour préserver la vie. Un peu plus loin, comme nous le verrons dans le récit, au pays de Madian, ce sont les hommes qui persécutent les femmes. Il en était sans doute de même en Égypte et c'est pourquoi les femmes, qui n'avaient pas la vie facile, sont les premières à réagir contre l'excès d'injustice.

L'histoire de Moïse est l'histoire d'un héros populaire auréolé de légende. Je pensais à lui récemment lors de la mort de Maurice Richard, héros du hockey québécois, en écoutant les interviews. Même les plus jeunes, ceux qui ne l'avaient jamais vu sur la glace parlaient de lui comme d'un héros de légende. Mais alors que pour Maurice Richard il y a encore des témoins oculaires de ses exploits et même des reportages de télévision enregistrés, dans le cas de Moïse, trois mille ans nous séparent des faits qui ont d'abord été transmis par tradition orale pendant plusieurs siècles. Le message que cherche à transmettre la légende veut faire comprendre quelle sorte d'homme il était et quel fut son action, plus que de relater chacun de ses faits et gestes. Par exemple, au chapitre 2 de l'Exode, nous voyons sa mère le déposer dans une corbeille sur le Nil, mais à un endroit où il y a des roseaux, pour que la corbeille ne soit pas entraînée par le courant. C'est une façon habile de contourner l'ordre du pharaon qui était de jeter les enfants mâles dans le fleuve.

Ce qui est surprenant, c'est qu'il existe une légende mésopotamienne, celle de Saigou, roi d'Agade, datant du troisième millénaire avant Jésus-Christ. Or nous retrouvons dans cette légende le même épisode d'un enfant important – ici, il s'agit d'un futur roi - déposé dans une corbeille enduite de bitume. Il est donc très possible que les rédacteurs du livre de l'Exode aient emprunté à cette légende pour expliquer comment Moïse avait survécu au génocide. Ce qui par contre ne fait pas de doute, c'est que l'enfant est appelé Moïse, Moshé en hébreu, et qu'il s'agit là d'un nom égyptien qui signifie "fils de...", "né de...". Donc c'est en quelque sorte comme un demi nom, comme "son" en anglais dans Johnson, Peterson. Le nom de "Moses" était souvent accolé au nom d'un Dieu égyptien: on s'appelait par exemple *Ptah Moses*, fils du dieu Ptah. On comprend que la Torah n'ait pas pu s'encombrer du nom d'un dieu égyptien et que la légende n'ait retenu que la terminaison "Moses".

Nous avons déjà souligné que les trois périodes de la vie de Moïse sont rapportées comme ayant duré quarante ans chacune, moins par souci de vérité historique que pour souligner qu'il s'agit de périodes de transformation, de croissance. Moïse est élevé au rang d'un prince d'Égypte du fait de son adoption par la fille de Pharaon, mais il perd ce rang à cause de son souci de justice. Par contre, ce même souci de justice est sa carte d'entrée au pays de Madian. Moïse est celui qui voit, comme Yahweh lui-même voit. Mais il ne suffit pas de voir, il faut savoir ce que l'on fait de ce que l'on a vu. Le récit de l'Exode dit qu'il sort vers ses frères et que voyant un Égyptien qui maltraite un Hébreu, il tue l'Égyptien. Ce n'était peut-être pas la réaction appropriée dans ce cas-la, c'était plus le comportement d'un prince que celui d'un homme de Yahweh. D'ailleurs, le lendemain, un autre Hébreu le lui reprochera. Un midrash antique, de son côté explique comme suit le bégaiement de Moïse. Ce dernier apercevant un Égyptien en prière devant une idole, une statue d'animal, lui fait des reproches: "L'être humain ne doit pas adorer une statue." Mais au milieu de cette intervention zélée, Moïse est interrompu par une voix céleste: "Moïse, Moïse, tu n'as rien compris à mes enseignements. Tu ne vois pas que cet Égyptien au cœur pur, au-delà de la statue, m'adore moi-même, Yahweh-Adonaï. Pour te l'apprendre, tu seras désormais affligé d'un bégaiement chronique."

Moïse a trois appartenances: égyptienne et il a connu la richesse; madianite où il a connu le désert et renoué avec son sang; et juive d'exil. Il a été arraché à chacune de ces appartenances, mais elles ont contribué à le bâtir. Même la mort l'arrachera à son peuple auquel il s'identifie, peut-être trop, pour lui permettre d'aller à Dieu.

Nous avons dit que Moïse sort vers ses frères, il tue un Égyptien. Alors que, jusqu'à présent, nous avons vu dans le récit les femmes protéger la vie, les hommes tuent. Il peut paraître normal que Moïse, persécuté dans son enfance parce que mâle, ait eu un pôle masculin exacerbé. Il doit fuir, mais à Madian il trouve un puits, symbole féminin. Les filles du prêtre Ragouel, que plus tard le récit appellera Jethro, viennent puiser au puits pour leurs bêtes. Mais, comme chaque soir, les bergers mâles arrivent alors pour faire boire à leurs bêtes l'eau puisée par les filles. Moïse les en empêche et cela le fera accueillir dans la famille de Jéthro qui a sept filles. Moïse entre dans un milieu féminin, qui a peut-être besoin de protection, mais qui va aider à le transformer, lui, Moïse.

Moïse a donc quitté l'Égypte, mais comme un esclave en fuite. Or ce n'est pas ainsi qu'on sort vers la liberté. Quand il se sera transformé, Dieu le renverra en Égypte, pour qu'il en sorte à nouveau, avec le peuple hébreu. En attendant, pour aider à sa transformation, il épouse Sipora, la fille de Jéthro. Or Sipora est un nom qui signifie oiseau, symbole de liberté.

Continuons à parler du début de l'histoire de Moïse et en particulier de son appel par Dieu qui le charge d'une mission. Nous n'avons pas lu le mot à mot des deux premiers chapitres de l'Exode qui sont comme un préambule à l'un des épisodes les plus importants de la Torah, l'histoire du Buisson Ardent. La révélation de Dieu dans le Buisson Ardent est un événement fondateur qui, comme le don des Dix Paroles, se passe à l'Horeb, un autre nom pour le Sinaï. Il est la condition des autres événements et leur donne sens. C'est comme si Dieu disait à Moïse: "Va chercher ton peuple et reviens ici." On connaît l'épisode: Moïse qui garde les troupeaux de son beau-père aperçoit un buisson qui brûle sans se consumer. Dieu appelle Moïse du centre du buisson. Tout d'abord il se présente: "Je suis le Dieu de ton père, le Dieu d'Abraham, le Dieu d'Isaac et le Dieu de Jacob." Puis il continue: "J'ai vu l'humiliation de mon peuple en Égypte. Je suis descendu pour le délivrer de la main des Égyptiens et pour le faire monter vers une terre spacieuse et large, un pays où coulent le lait et le miel. Va donc, je t'envoie vers le pharaon pour faire sortir d'Égypte mon peuple: lorsque tu feras sortir le peuple d'Égypte, vous servirez Dieu sur cette montagne." Donc l'appel de Dieu à Moïse est un appel à passer de la servitude au service de Dieu. Comme nous l'avons déjà souligné, c'est la même racine que l'on retrouve dans les deux mots servitude et service, mais le service de Dieu c'est réaliser son plan d'amour. Il s'agit d'adhérer à une mission.

Se faire proposer une mission entraîne souvent une réaction de recul. C'est ce qui arrive avec Moïse. Il dit à Dieu: "Qui suis-je pour aller trouver pharaon et faire sortir mon peuple?" Dieu répond: "Je serai avec toi." On a l'impression que Dieu répond à côté de la question mais ce n'est pas le cas. Désormais Moïse est celui avec qui Dieu est. Sa faute à Mériba, comme nous le verrons plus tard, sera de l'avoir oublié. Moïse a des tas d'objections à présenter à Dieu pour refuser la mission: on ne le croira pas, il ne pourra pas dire de la part de qui il vient, d'ailleurs il est bègue. À chaque fois, sous une forme ou sous une autre, Yahweh répond: "Je Suis", "Je Serai". On pense à Jésus envoyant ses apôtres en mission avant l'Ascension: "Et voici que je suis avec vous jusqu'à la fin du monde." On pense aussi au "Dominus vobiscum", "Le Seigneur est (ou soit) avec vous" de nos célébrations liturgiques, que nous devrions entendre comme un envoi en mission.

Comme gage de la mission de Moïse, Dieu consent à lui révéler son Nom. D'après le récit, Moïse n'a pas vraiment pu connaître le Dieu de son père. Dès l'âge de trois ans, il a été élevé à la cour du pharaon. D'ailleurs le Nom de Dieu est indicible. La Bible rapporte que Dieu prononce son Nom: "Éhyeh, Asher, Éhyeh", dont les traductions varient d'une bible à l'autre: "Je suis celui qui suis", ou "Je suis celui qui est", ou "Je suis qui je serai", ou encore "Je serai qui je serai", ou enfin "Je serai qui je suis", ou même "Je deviens qui je deviens". Dans le contexte du Buisson Ardent on pourrait dire: "Je serai là comme je serai là." Aucune manifestation de Dieu ne peut être prévue. À Élie qui l'attend dans la tempête sur ce même mont Horeb, il se manifeste dans une brise légère. Il faut le reconnaître dans ce qu'il choisit d'être à chaque instant. Je suis le Dieu qui ai parlé à ton ancêtre Abraham, mais je suis aussi celui qui s'est révélé au cœur d'Isaac et encore celui qui a accompagné Jacob. Je t'appelle pour parler, je serai avec ta bouche. Même si tu es bègue et que ton frère Aaron parlera à ta place, la Parole viendra de moi, c'est moi qui la mettrai dans ta bouche pour que tu la fasses proclamer par Aaron.

Tout cela ne suffit guère à convaincre Moïse. Le récit dit que Dieu y ajoute quelques prodiges pour convaincre Moïse, mais certains voient là une addition tardive et faible. C'est la Foi qui fait les miracles et non le miracle qui est à l'origine de la Foi. C'est le Nom de Dieu qui fait les miracles et c'est pourquoi nous allons prendre le temps de parler encore de ce Nom de Dieu révélé à Moïse sur l'Horeb, car c'est lui qui est source de toute libération.

Cette vision de Dieu par Moïse au Buisson Ardent, plus qu'une vision d'Elohîm, c'est plutôt la vision d'un phénomène divin Yahweh, vision d'un rayonnement, expérience réelle mais pas nécessairement physique. Dieu est <u>dans</u> la flamme. Au-delà de ce que capte la rétine, il y a la signification de la vision, et, dans ce cas-là, elle est révélation du Nom de Dieu: "Éhyeh Asher Éhyeh", "Je serai qui je serai". Le "Je", "Je Suis", de Yahweh apparaît à l'Horeb par opposition au vague pluriel du mot Elohîm. Dieu n'existe pas au sens que nous donnons au verbe exister, Dieu EST. Yahweh ajoute: "C'est là mon Nom pour toujours, c'est ainsi que l'on m'invoquera de génération en génération", aussi bien dans la célébration pascale qu'à chaque eucharistie.

Mais il faut noter que dans la langue des Hébreux, le verbe "être" n'existe pas au présent. Le mot "Éhyeh" prononcé dans le Buisson Ardent est une forme verbale que l'on appelle l'inaccompli, comme un présent qui ouvre sur un futur sans limite, capable de toutes les manifestations. Dans le contexte du Buisson Ardent, Yahweh explicite un peu une de ses manières d'être: "Je suis et je serai là, avec toi." C'est un peu comme s'il disait: "Je n'ai pas besoin d'être invoqué ni même évoqué car je suis à chaque instant avec vous", mais en même temps il précise: "D'ailleurs, il n'est pas possible de m'évoquer." Mais s'il est l'Être par excellence, il est non seulement celui qui est mais aussi celui qui <u>fait être</u>, et par là le Nom de Yahweh rejoint aussi celui de Père ou de Mère. Je suis la source de tout être.

Yahweh, ou le "Éhyeh Asher Éhyeh" est ce qui fonde une religion. Jésus, lui aussi, est "Je Suis". C'est par le Nom de Jésus que l'infirme de la Belle Porte est guéri par Pierre comme le rapporte le récit des Actes des Apôtres. Le Nom de Jésus, tel qu'annoncé par l'ange à Joseph, *Iéhouda* en hébreu, signifie: "Dieu sauve". Mais le Nom que Jésus se donne est JE Suis, le Nom de Dieu révélé à Moïse à l'Horeb, "afin qu'au Nom de Jésus tout genou fléchisse..." comme le dit Paul aux Philippiens.

Nous avons déjà donné un commentaire du Midrash sur le bégaiement de Moïse. Mais au fond, si Moïse bégaie, c'est peut-être d'abord parce qu'il a à être Voix de Dieu, Parole de Dieu qui ne peut être mise en langage humain. Le Christ sera Parole de Dieu plus par ce qu'il est, JE Suis, que par ce qu'il dira. Nous verrons d'ailleurs disparaître le bégaiement de Moïse au cours de l'épreuve de purification des dix plaies d'Égypte. Le texte du Buisson Ardent est sous le signe de la vision. Comme Dieu, Moïse entend et voit. Mais c'est parce qu'avant, Dieu s'est souvenu de son peuple dont il connaît les épreuves. En hébreu, le verbe connaître ne réfère pas à une connaissance intellectuelle. Dieu épouse les misères de son peuple. Il les ressent en lui. Il affirme sa maternité-paternité divine. Moïse devra dire au pharaon de la part de Yahweh: "Israël est mon fils premier-né." Comme le Christ.

Le retour de Moïse se produit quand ceux qui cherchaient à le faire mourir sont eux-mêmes morts. Il faut savoir attendre le temps propice dans le processus de libération. Le roi d'Égypte est mort, Dieu intervient à sa place. Est-ce que Dieu accompagne Moïse: "Je serai avec toi", comme il le dira aussi au prophète Jérémie, ou est-ce qu'il vient régner sur son peuple, en se faisant accompagner par Moïse? De la même façon, dans le récit évangélique de Matthieu, Dieu retournera en Égypte en Jésus accompagné de ses parents, avant de venir régner à nouveau sur son peuple.

Sur le chemin du retour de Moïse, Dieu se dresse contre lui comme pour le faire mourir. Moïse, comme Jacob avant lui, doit lutter contre Dieu, au péril de sa vie, pour devenir Israël, c'est-à-dire fort contre Dieu. Le récit du Buisson Ardent n'a pas révélé un Moïse fort. Il faut qu'il devienne Israël, fort contre Dieu, qu'il s'identifie à son peuple. Rapidement pendant le combat, Sipora sa femme se porte au secours de Moïse en circoncisant leur fils Guershom. La circoncision est le symbole d'une force de Vie qui est libérée. Sipora touche les pieds de Moïse avec le prépuce de leur fils pour que la force libérée par le rite soit en lui. On peut penser que Guershom est circoncis à la place de son père, mais on peut aussi voir dans sa circoncision la volonté de

Sipora, sa mère, de soumettre son clan au Dieu d'Israël. Dieu attaque Moïse pour que l'appel qu'il a reçu ne soit pas pour lui seul mais pour son clan, en particulier pour son féminin qui avait jusqu'alors un rôle de protégé et devait devenir protecteur. Le sang de l'Égyptien tué avait marqué le départ d'Égypte de Moïse. Le sang de son fils et donc, en quelque sorte, son propre sang, marque son retour en Égypte. Le temps passé à Madian lui aura fait comprendre qu'avant de chercher à corriger les autres, il faut commencer par se changer soi-même.

Nous venons de parler de ce combat de Moïse avec Dieu, qui rappelle celui de son ancêtre Jacob au gué de Yaboq que rapporte le livre de la Genèse. Si on a dû se mesurer avec Dieu, on saura affronter n'importe quel être humain, fut-il le plus puissant roi de la terre. On pourra aussi affronter le Diable. La vision de la divinité est dangereuse car là où se trouve Yahweh, se trouve aussi le démonisme sous toutes ses formes. De retour en Égypte, Moïse sera confronté au peuple qu'il faudra convaincre, mais aussi au pharaon et à ses magiciens.

Tout d'abord Moïse doit faire face à son peuple. Mais ce peuple n'a qu'une vague solidarité, qui est peut-être plus un instinct de survie face à une menace. Les coutumes ancestrales de type nomade sont dégénérées par quatre siècles de vie semi-sédentaire. Yahweh n'est pas connu de son peuple. Dieu a chargé Moïse de dire au pharaon qu'Israël est son premier-né, mais Israël lui-même n'en est pas conscient. Comme on dit au Moyen-Orient, le premier-né est celui qui ouvre le sein de sa mère, le chemin vers la liberté. Israël doit être convaincu qu'il est appelé à naître en tant que peuple, et, en répondant à l'appel de Dieu, à ouvrir pour les autres peuples le chemin vers la liberté. C'est en souvenir de cette naissance en tant que premier-né de Dieu que par la suite, au chapitre 13 de l'Exode, le peuple sera appelé à consacrer à Dieu les premiers-nés des êtres humains mais aussi du bétail. La liberté, comme la vie, est un don de Dieu qu'il faut savoir accueillir.

Le mot "sortir" est important dans la Bible, à l'image du premier-né qui sort du ventre de sa mère. Nous avons vu Moïse sortir vers ses frères une première fois. Maintenant il sort de Madian pour aller convaincre ses frères, comme Jésus, vers trente ans, sortira de Nazareth. Avant eux, Abraham était sorti de Mésopotamie, Noé de l'arche. La mission de Moïse est de faire sortir son peuple d'Égypte. Par contre, nulle part on ne verra Dieu lui confier la charge de faire entrer le peuple dans la Terre Promise. Or, pour pouvoir faire sortir les autres, il faut avoir fait soi-même l'expérience de la sortie, de l'exil. Il faut avoir vécu en terre étrangère, avoir développé la spiritualité de l'étranger, proche de celle du nomade ou de celle du Fils de l'Homme, Jésus, qui n'a même pas un nid comme les oiseaux ou une tanière comme les renards; même pas une pierre où reposer sa tête!

Au fond, pour faire sortir le peuple, il faut être devenu prophète et le récit de l'Exode va se continuer par l'opposition classique entre le prophète, en l'occurrence Moïse, et le roi, le pharaon. Le prophète est comme le catalyseur d'une évolution nécessaire. Comme il fallait s'y attendre, le début d'une tentative de libération entraîne un surcroît d'esclavage. Cette règle est encore valable de nos jours. Ce peut être au niveau des tentatives de former un syndicat, et les organisateurs sont rapidement licenciés. Ce peut être au niveau d'un gouvernement endetté qui est menacé de décote par les maîtres de la finance, tels la firme Moody, s'il prend des mesures sociales qui ne plaisent pas aux financiers: vous voulez vous libérer de la Loi de la finance, vous payerez plus d'intérêts sur vos emprunts existants. La riposte du pharaon à la première demande de Moïse a une connotation encore très moderne: "Augmentez le travail du peuple pour qu'il n'ait même plus le temps d'écouter les messages de libération." De nos jours on dirait: "Créez leur suffisamment de besoins pour qu'ils ne puissent joindre les deux bouts sans que les deux parents travaillent chacun soixante heures par semaine!"

Alors, bien sûr, le peuple se retourne contre Moïse pour le rendre responsable de l'aggravation de l'esclavage: "Laisse tomber, nous préférons rester esclaves." Alors de nouveau Dieu s'adresse à Moïse pour confirmer son alliance, pour assurer Moïse que c'est lui Yahweh qui sera plus fort que Pharaon et qui aura le dernier mot. Puisque la Parole n'a pas suffi à convaincre, elle sera maintenant accompagnée de signes, de prodiges, qui seront l'incarnation de la Parole. C'est ce qu'on appelle les dix plaies d'Égypte et nous en parlerons longuement car elles nous semblent constituer un itinéraire de libération. Elles sont comme une préparation au don des Dix Paroles, du Décalogue, par Yahweh. Les dix plaies d'Égypte sont le début d'une longue histoire de libération qui s'étend sur quarante ans et qui en fait n'est jamais finie parce que ni Moïse ni le peuple ne sont prêts pour la liberté. Pavel Longine, réalisateur du film soviétique "Taxi Blues", conscient de la difficulté de réapprendre la liberté après soixante-dix ans de régime communiste, évoque cette histoire de Moïse qui fait en quarante ans le chemin entre l'Égypte et Israël, alors qu'on peut le parcourir à pied en deux semaines: "Il voulait, dit Pavel Longine. que la génération des esclaves meure en chemin et que l'état soit fondé par des gens libres. C'est une métaphore absolument géniale quand on pense que Moïse tournait en rond dans ce désert, en attendant sa propre mort parce que lui-même, fondamentalement, il était un esclave."

Nous avons couvert jusqu'à présent les six premiers chapitres du livre de l'Exode, non pas en en suivant le mot à mot où se trouvent déjà mélangées plusieurs sources. Nous préférons nous attacher à ce qui nous paraît l'essentiel du message. Dans cette section de la Torah, il tourne autour de l'épisode du Buisson Ardent où:
   -Premièrement, Dieu révèle son Nom, ce Nom qui <u>est</u> et qui <u>fait être</u>.
   -Deuxièmement, ce Nom se traduit en un message de libération pour le peuple hébreu. Il faut que le peuple lui aussi puisse <u>être</u> et donc qu'il soit libre.
   -Troisièmement, Moïse est chargé de faire sortir d'Égypte le peuple hébreu et Yahweh l'accompagne dans cette tâche.
   Sur ces trois points fondamentaux je pense que tous les auteurs des livres de la Torah et tous les exégètes et critiques modernes de ces textes seraient d'accord. Si les autres détails de la "légende historique" nous aident à retenir ces trois points essentiels, tant mieux. La légende est vraie en ce qu'elle signifie, pas forcément en ses détails si on veut leur donner une valeur historique au sens où nous entendons le mot historique aujourd'hui. Notre monde se rend coupable jour après jour de bien des tentatives de désinformation et les nouveaux moyens de communication amplifient cette action des désinformateurs professionnels. Même les images sont au besoin falsifiées ou biaisées pour transmettre un message déformé.
   La Bible a été écrite pour parler au cœur de chacun et de chacune selon ce qu'il ou elle est capable d'en recevoir. Pour les Juifs, elle est Parole de Dieu s'adressant individuellement à chacun et chacune de ceux qui la reçoivent aujourd'hui. Peut-être demain sera-t-elle porteuse d'un autre message pour les mêmes personnes. C'est bien souvent la peur qui nous empêche de recevoir le message de liberté de la Torah, de même que c'est la peur qui va empêcher Moïse et les Hébreux de franchir certaines étapes vers leur libération.
   Parce qu'elles ne se laissent pas arrêter par la peur, des femmes Maya du Guatemala, réfugiées au Mexique, ont su comprendre de l'intérieur cette histoire du Buisson Ardent. Leur destin ressemble en bien des aspects à la condition du peuple hébreu en Égypte: plus de quatre cents ans d'esclavage aboutissant dans les années 80 à ce qui ressemblait fort à un génocide. Elles ont rédigé la prière qui suit:

Nous te rendons grâces, Seigneur, parce que nous avons été conquis mais non vaincus.

Nous te rendons grâces, parce qu'ils nous ont dépossédés de nos fleuves, mais nous sommes les fleuves et les veines de nos peuples.

Nous te rendons grâces, Seigneur, parce qu'ils nous ont refoulés dans les montagnes stériles, mais nous sommes l'Arbre indispensable de l'histoire latino-américaine.

Nous te rendons grâces, parce qu'ils nous ont pressés comme des oranges, mais nous sommes des puits d'eau douce.

Nous te rendons grâces, Seigneur, parce qu'ils nous ont évangélisés, mais nous les évangélisons.

Nous te rendons grâces, Seigneur, parce qu'ils nous arrachent la Bible, ils la souillent, la brûlent, mais ta Parole ne peut se corrompre.

Merci pour ta présence comme un mystère en nous! Nous sommes les pauvres parmi les pauvres. Nous sommes le buisson qui brûle et jamais ne se consume.

Ta présence en nous est comme le glyphe Maya que personne ne comprend.

Pauvres mais riches, rejetées mais au centre, morts mais ressuscités.

Même si ces femmes étaient les plus pauvres des pauvres, elles savaient que le vrai développement de l'Amérique latine était à rechercher dans la ligne des valeurs culturelles qu'elles avaient été capables de conserver vivantes. Les valeurs d'un peuple qui avait su acquérir cette liberté intérieure sans laquelle il n'y a pas de vraie liberté.

QUATRIÈME CHAPITRE

Les Dix Plaies d'Égypte

Lecture symbolique
Nous commençons l'écoute du récit des Dix Plaies d'Égypte. Nous allons d'abord donner une lecture symbolique de cet épisode biblique. Cette lecture fera appel non seulement à la symbolique des images, mais aussi à la symbolique des mots et des lettres, conformément à la tradition juive de la guématrie et autres sciences des lettres et des nombres. Cette approche doit beaucoup à l'excellent livre d'Annick de Souzenelle sur ce sujet, livre intitulé "L'Égypte intérieure ou les dix plaies de l'âme." Par la suite, nous reviendrons à d'autres interprétations possibles de ce récit.

Le livre de l'Exode nous fait le récit de ce qu'on appelle communément les Dix Plaies d'Égypte. Une lecture rapide nous fait voir dans ce texte dix épreuves envoyées par Dieu au peuple égyptien et à son pharaon pour que ce dernier consente à laisser partir d'Égypte le peuple hébreu qui y est en esclavage. Pourtant cette lecture simpliste ne tient pas. Quand Dieu envoie Moïse discuter avec Pharaon, il le prévient qu'il endurcira le cœur du pharaon et, après chaque plaie, cet endurcissement est répété. Pourquoi? Pour que le peuple égyptien souffre davantage, ou, au contraire, pour que chaque plaie soit pour le peuple hébreu une épreuve de purification, une étape de transformation, une étape sur le cheminement initiatique qui doit l'amener à se libérer? Devenir libre, même quand cela est au départ le résultat d'un choix, cela demeure une longue et souvent difficile mutation. Le mot que l'on traduit couramment par plaie dans ce texte correspond davantage au mot français "merveille" ou "signe", au sens où l'on retrouve ce terme dans l'évangile de Jean. Seule la dixième plaie a un nom différent que l'on peut traduire par plaie. Je donnerai d'ailleurs des correspondances entre l'Évangile de Jean, et aussi les Béatitudes, et les Dix Plaies, et m'en expliquerai par la suite.

1) Le premier signe, c'est que pendant sept jours, dans tout le pays d'Égypte, l'eau est changée en sang; même le fleuve, le Nil au débit énorme. L'eau et le sang, dans la symbolique de l'époque sont l'un et l'autre symbole de vie. Le sang est même plus, c'est la vie elle-même. L'eau est symbole de vie plus primaire, plus extérieure, vie végétale aussi bien qu'animale. Le sang est symbole d'une vie plus haute, plus intérieure, et c'est à cette dimension spirituelle de l'être humain que le signe cherche à ouvrir les Hébreux. Nous retrouverons le sang lors de la dernière plaie, ce qui signifie que toute la succession des signes est orientée vers la croissance de la vie intérieure.

Par contre, si l'être humain ne se bâtit pas pour accéder à sa vie intérieure, il est destructeur et le sang est symbole de mort; même si l'humain est vertueux: c'est l'inconscience qui verse le sang. Les Hébreux sont invités à regarder la part d'eux-mêmes qui verse le sang, qui détruit la vie. Sinon, ce qui s'est passé au Rwanda risque de surgir. Nous reviendrons plus tard sur ce point. Les Égyptiens passent à côté du problème en se creusant de nouveaux puits pour avoir de l'eau. Rappelons que dans l'Évangile de Jean, le premier signe accompli par Jésus est aussi de l'eau changée cette fois-là en vin; mais le vin n'est qu'une étape, parce qu'il est encore trop tôt, l'heure n'est pas venue pour que le vin soit changé en sang. À chaque messe, une goutte d'eau, censée nous représenter, est versée dans le calice, devenant ainsi vin, pour être changée en sang. Pourtant cette première étape n'est qu'un tout petit début de l'itinéraire de transformation et les magiciens du pharaon n'ont pas de peine à faire le même prodige.

2) Dans la deuxième merveille, des grenouilles infestent tout le territoire des Égyptiens, pénétrant dans les maisons, jusque dans les chambres à coucher, les fours et les pétrins. Dans la symbolique des contes, la grenouille, qui est associée à l'eau, à l'élément liquide, représente le subconscient, le féminin des profondeurs.. "Il n'est pas bon que l'être humain soit seul", dit le mythe de création, il n'est pas bon qu'il soit déconnecté de son Féminin, de cet autre côté de lui-même, de ses ténèbres qui contiennent le secret de son retournement vers la lumière. "Cherchez d'abord le Royaume de Dieu qui est à l'intérieur de vous-mêmes et le reste vous sera donné par surcroît." Mais quand Jésus parle à Nicodème de renaître d'eau et d'Esprit, il précise bien que ce n'est que le début du processus de transformation de l'être humain, qu'il ne s'agit là que des choses de la terre. D'ailleurs, les magiciens du pharaon arrivent, eux aussi à reproduire le prodige des grenouilles.

Les grenouilles pénètrent dans les pétrins et dans les fours, les premiers étant des matrices d'eau, les seconds des matrices de feu. Au niveau du corps humain, la matrice d'eau est le ventre, la matrice de feu est le cœur. Il s'agit de savoir si ces matrices seront utilisées, pour le ventre au niveau psychique et pour le cœur au niveau passionnel qui seuls ne peuvent mener qu'à la mort, comme pour les Égyptiens; ou si ces matrices seront utilisées pour produire un pain qui, par l'amour, pourra être transformé en pain de vie. "Ce qui est né de la chair est chair, ce qui est né de l'esprit est esprit."

3) Nous en sommes maintenant au troisième signe. Après le signe des grenouilles, Moïse frappe avec son bâton la poussière de la terre et elle devient de la vermine qui se met sur les Égyptiens et leurs animaux. Ce signe est la suite logique du précédent. La vermine qui couvre le corps symbolise l'attachement à ce qui est extérieur, richesses, productions de l'intellect, connaissance. Nous notons que la vermine vient de cette poussière de la terre dont, dans le symbolisme d'un des récits de création, l'être humain est aussi fait. Mais ici cette poussière reste poussière, il lui manque l'élément liquide qui en ferait de la boue et lui permettrait de commencer à s'élever comme un modelage d'argile. Il lui manque l'humilité, de même racine que le mot humide, qui lui donnerait sa cohésion. La deuxième béatitude parle de ceux qui pleurent, ceux dont les larmes mouillent la poussière de la terre. Il s'agit bien du même itinéraire de croissance.

Le troisième signe est lié au second et pourtant l'Esprit de Dieu est déjà plus actif dans ce début de verticalisation. Les pleurs ne sont pas de l'énergie psychique et les magiciens d'Égypte ne peuvent rien faire devant ce prodige. Ils vont même jusqu'à reconnaître dans ce signe le Doigt de Dieu. Or le Doigt de Dieu, en langage biblique, c'est son Esprit. Luc utilise le mot Doigt de Dieu là où Matthieu parle d'Esprit de Dieu. Nicodème, tout docteur en Israël qu'il soit, bute sur la même question que les magiciens: "Renaître de l'Esprit, comment cela peut-il se faire?" Les trois premiers signes forment un tout, le début de la démarche, une première purification au niveau des sens. Jean, dans sa première épître déclare qu'il y en a trois en bas qui sont en résonance au Père, au Fils et à l'Esprit, et c'est l'eau, le sang et l'esprit. Ils sont tous trois évoqués dans ces premiers signes.

4) Le quatrième signe est l'insecte ou le moustique. Dans la science des nombres, le chiffre 4 évoque un temps d'arrêt, comme le passage dans une matrice en vue d'une nouvelle naissance, ou dans un tombeau en vue d'une résurrection à un autre niveau d'être. Or une matrice est un lieu d'ombre. C'est la femme qui est la matrice pour porter l'enfant biologique. C'est elle aussi qui sera chargée d'aller annoncer la Résurrection; c'est l'être humain qui a rencontré son pôle féminin qui est également matrice pour inviter l'humanité à son enfantement intérieur.

C'est le même mot qui en hébreu désigne l'insecte et le soir, le moment où le ciel s'obscurcit. Refuser l'obscurité, refuser le soir, c'est refuser le jour suivant qui en est le fruit. Le quatrième jour du récit de création, c'est celui où Dieu crée les luminaires, soleil et lune qui marqueront cette alternance nécessaire d'ombre et de lumière. Il ne s'agit pas d'un pis-aller, mais d'une loi ontologique de la croissance des êtres. La lumière vient de ténèbres qui ont été assumées. Dans la fin de son entretien avec Nicodème, Jésus parle de l'humanité qui s'accroche aux ténèbres au lieu d'accepter l'alternance d'ombre et de lumière. Il ne s'agit pas de s'accrocher aux ténèbres, de mâchonner nos ombres, mais au milieu des ténèbres de s'accrocher à Yahweh, Je Suis, comme à un cordon ombilical.

Ce qui a été semé pendant les trois premiers signes commence à germer, à se verticaliser comme une pousse. L'insecte envahit l'Égypte et les maisons des Égyptiens, mais sur la terre de Goshen où l'Hébreu *dresse* sa demeure, l'insecte n'atteint pas celui qui se verticalise à l'appel de l'Esprit, comme la pousse à l'appel de la lumière.

5) La cinquième plaie est une peste très grave qui s'abat sur tout le bétail des Égyptiens, mais épargne celui des Hébreux. Tout y passe, chevaux, ânes, chameaux, gros et petit bétail. C'est pratiquement le même mot hébreu, *Dabar*, qui désigne la peste et le Verbe, la Parole de Dieu. Moïse, le bègue qui jusqu'alors devait faire parler Aaron à sa place, peut maintenant s'adresser lui-même au pharaon. Il lui dit: "La main de Dieu est sur ton bétail." C'est la seule fois où l'inaccompli du verbe "être", qui en général désigne Yahweh, est employé dans la Bible.

Le cinquième jour de la création, au livre de la Genèse, est celui où apparaissent les êtres vivants. L'hébreu, en Égypte, est appelé à développer ses animaux intérieurs, mais sans s'en rendre esclave. Ou bien ils sont utilisés pour se verticaliser au contact de la Parole de Dieu, ou bien ils meurent. Le symbolisme attaché à ces animaux va de la libido à l'écoute, à l'obéissance, à la libération et à la capacité de franchir les déserts. Le gros bétail est lié à la triade: jouissance, possession, puissance, que l'on retrouve dans les tentations du Christ au désert. Le menu bétail sont les dons intérieurs qui peuvent aider à se mettre debout, mais qui, inutilisés, deviennent poussière dont le serpent se nourrit. Si l'être humain n'est pas capable de transfigurer ses animaux intérieurs en se transfigurant lui-même, il crée la peste et terre et Cosmos deviennent stériles. Parce qu'il force la Samaritaine à regarder en vérité ses difficultés conjugales, Jésus l'amène à devenir adoratrice en esprit et en vérité, même si elle continuera peut-être à avoir les mêmes problèmes avec les hommes. L'ouverture à l'Esprit devient le lien entre le créé et l'incréé.

6) La lèpre est le sixième signe, en similitude avec le sixième jour de la création, celui de la création de l'être humain, mais aussi en similitude avec le sixième mois d'une gestation humaine, celui où le fœtus peut devenir viable. Avec le sixième signe, l'être humain devient viable, non pas simplement en tant que corps et psychisme engendré par la femme, mais en tant qu'humain complet, corps, âme et esprit, engendré par Dieu.

Le chiffre 6, c'est aussi le symbole de l'épée de la Parole de Dieu qui pénètre au plus profond de l'être de l'humain pour féconder tout entier son potentiel divin. Le texte biblique donne ici à Moïse le qualificatif de "céleste" pour bien souligner cette filiation divine. Le sixième signe, c'est le symbole du baptême par le feu. Pour répandre la lèpre sur la terre d'Égypte, Dieu dit à Moïse et à Aaron: "Remplissez vos mains de la suie de la fournaise et que Moïse la jette aux yeux du pharaon. Elle deviendra lèpre sur toute la terre d'Égypte." Dans sa verticalisation, l'être humain s'est bâti un premier moi nécessaire mais centré sur lui-même. Le baptême par le feu va détruire ce premier moi pour que l'être humain se reconstruise dans la lumière de sa personne profonde, que seul l'amour peut faire émerger. La suie représente l'illusion du moi qui refuse de mourir; la lèpre est le symbole des maladies d'orgueil, de vanité, d'enflure de soi; elle est le péché des bien-pensants, des pharisiens, de ceux qui n'ont pas purifié leur regard et leur coeur. On est là au niveau de la béatitude des cœurs purs. Les Hébreux vivent cette purification, mais cependant ils ne sont pas encore prêts pour leur libération et Yahweh endurcit le pharaon.

7) Le septième signe est symétrique du cinquième, même au niveau du mot qui le désigne, *Barad*, la grêle qui est bâti avec les mêmes consonnes que *Deber*, la peste. Dans le récit biblique, la grêle est associée à un feu tourbillonnant, en continuité avec le sixième signe. En fait les signes 5, 6 et 7 forment un tout, comme les trois premiers signes étaient aussi associés, mais à un autre niveau de l'humain. Par les trois premiers signes, l'être humain bâtissait ses terres intérieures. il s'agissait de choses de la terre. Il bâtit maintenant ses cieux intérieurs, donnant naissance au *fils intérieur*, à l'enfant d'éternité en lui, celui qui est Amour et devient Parole. Moïse, dont nous avons vu au cinquième signe qu'il pouvait désormais parler, a franchi un pas de plus: il est devenu Parole. C'est pourquoi cette Parole rejoint maintenant le cœur du pharaon qui commence à se repentir. Elle rejoint aussi certains de ses serviteurs qui révèrent la Parole et mettent à l'abri leur bétail qui ne sera pas tué par la grêle. L'être humain qui a accès à l'amour change son rapport aux autres, à la nature, aux animaux. Sa sexualité, vécue dans l'amour, lui permet de se bâtir. "Celui qui aime est engendré par Dieu."

Le chiffre 7 marque une étape atteinte, prélude à autre chose. Comme la peste, la grêle est qualifiée de très grave, mots qui signifient aussi "la

Gloire divine". Au niveau de la symbolique de Jean, nous en sommes au septième signe, la résurrection de Lazare après quatre jours au tombeau. "Je te dis que si tu crois, tu verras la Gloire de Dieu."(Jn.11,40)

8) Le huitième signe est une nuée de sauterelles. La grêle a tué le bétail et détruit une bonne partie des moissons, mais pas le blé qui est plus tardif. Dans la symbolique chrétienne, c'est le pain fait à partir du blé qui devient corps du Christ ressuscité. Or, voilà que les sauterelles viennent dévorer ce qui en nous pourrait devenir Dieu, le noyau de notre être. Mais ce qui périt sous la dent de la sauterelle, pour qui la reçoit dans sa dynamique de vie, ce sont en fait les démons de l'être humain spirituel, sa bonne conscience, ses oeuvres, ses vertus, tout ce qui risque de l'enfermer dans une autosatisfaction stérilisante. La sauterelle s'oppose à certaines formes de spiritualité Nouvel Âge qui font l'économie des morts et renaissances intérieures; on se croit arrivé parce que l'on a expérimenté des flux d'énergie ascensionnelle, des extases ou autres phénomènes psychiques. Jean le Baptiste mangera les sauterelles au lieu de se laisser manger par elles. Le mot hébreu pour sauterelle est aussi le verbe augmenter, augmentation qui peut se vivre à l'horizontale ou à la verticale, mais il ne s'agit pas ici d'énergie psychique. Dans la symbolique de Jean l'évangéliste, nous nous trouvons ici au niveau de l'élévation du Fils de l'Homme, la crucifixion, élévation au-dessus du Golgotha, le Crâne, ce qu'il y a de plus élevé dans l'être humain. Le signe de la sauterelle est le signe par excellence. "Tu le raconteras à tes fils et à tes petits-fils, dit le texte, car tes pères et les pères de tes pères n'ont jamais rien connu de pareil."

Le nom hébreu de la sauterelle peut aussi se lire comme fenêtre, ouverture. Après la circoncision du cœur du septième signe, elle ouvre à une vision nouvelle. Le quatrième signe évoquait le soir, le huitième évoque l'ouverture à la lumière. La sauterelle est le principe de l'Amour, de la confiance. Au-delà de tout calcul, seul l'Amour, dans sa gratuité, fait de la mort une source de Vie.

9) Le neuvième signe est constitué par des ténèbres épaisses. Après les alternances d'ombre et de lumière, nous pénétrons dans la dernière matrice. Le chiffre 9 est celui de l'accomplissement. C'est celui du neuvième mois de la grossesse. Le neuvième signe est à l'image des derniers jours d'une grossesse où tout est accompli, tout est dans le mystère de l'attente du premier cri. Le neuvième signe est présenté comme un événement cosmique. Les ténèbres couvrent toute l'Égypte pendant trois jours, comme il y aura trois heures de ténèbres sur toute la terre le Vendredi Saint. De même, Jésus passera trois jours dans le tombeau pour aller féconder les ombres les plus profondes. Les ténèbres du neuvième signe sont d'une densité écrasante: les Égyptiens ne peuvent même pas se lever de leur siège. L'être humain atteint

un niveau de connaissance qui est au-delà de toute représentation et explication. Les ténèbres sont une réponse au cri de Jésus, "Mon Dieu, pourquoi m'as-tu abandonné?" Pour qu'il ne reste que l'indicible, le Saint Nom de Dieu. "Il est bon pour vous que je m'en aille", dit Jésus à ses disciples; pour que vous fassiez l'expérience des ténèbres où l'être humain devient Dieu, où se vivent les noces mystiques de l'être humain et de Dieu. Dieu se retire de l'être humain pour que celui-ci devienne épouse pour lui.

Au Golgotha se vit une troisième matrice pour le salut de l'humanité. La première ténèbre avait été une purification des sens; la seconde avait été une purification spirituelle; la troisième ténèbre est mystère. Personne ne sait ce qui se passe dans cette dernière matrice. Elle se vit dans le silence, en acceptant de ne plus rien comprendre, car tel est le chemin de la Lumière.

10) La dixième plaie est exprimée par un autre mot que pour les neuf autres et ce mot est mieux traduit par "plaie" que par "signe". Il s'agit de la mort des premiers-nés des Égyptiens. Le chiffre 10 correspond en hébreu à la lettre *Yod*, la première lettre du nom de Dieu, Yahweh, et, à ce titre, elle contient le mot tout entier. Cette plaie est la manifestation de Dieu. Si l'être humain ne donne pas en lui naissance au "fils intérieur", ses fils extérieurs, biologiques meurent, faute de trouver un sens à la vie. C'est là une loi ontologique, que les nombreux suicides de jeunes confirment encore de nos jours. Le récit biblique dit qu'il faut faire de cette plaie un mémorial pour toujours, non pas comme une menace, mais comme un appel à être sans cesse renouvelé. Car si les premiers-nés des Égyptiens meurent, les Hébreux accèdent à un autre niveau d'être. La mort des premiers-nés est le symbole de ce qui doit mourir en nous pour que la libération soit possible. Pour l'Hébreu, la dixième plaie est en fait une résurrection: l'humanité met au monde son fils premier-né. La porte de la maison des Hébreux sera marquée de sang comme la vulve d'une accouchée, et ils ne la franchiront pas avant d'avoir mangé jusqu'au dernier morceau l'agneau immolé, symbole de ce qui les empêche de ressusciter, c'est-à-dire de se relever complètement. Pour ressusciter il leur faut aussi se libérer de leur rancoeur et manger, sous formes d'herbes amères, toute la rancoeur générée par l'esclavage.

Nous ne nous étendrons pas maintenant sur le récit de la Pâque, mais nous lui consacrerons quelques pages vers la fin de ce livre, quand nous verrons mieux à quel genre de libération, de résurrection, la Torah nous appelle. La dixième plaie est une résurrection. La résurrection fait irruption dans l'histoire, elle en brise toute continuité. Il est normal que les disciples de Jésus doutent. "Est-ce possible?" demandent les enfants juifs quand on célèbre la Pâque. "Qu'est-ce qui distingue cette nuit de toute les autres nuits?", demandent-ils aussi. À cette question il n'y a pas de réponse que l'on pourrait formuler avec des mots, à moins de réduire la Résurrection à un événement ponctuel qui s'est produit il y a deux mille ans. Si tel était le cas, il n'y aurait guère de place en nous pour le Ressuscité, pour l'Esprit de Dieu qui fait de chaque instant de notre vie l'espace possible et réel de la Résurrection. "Qu'est-ce qui différencie cette nuit de toute les autres?" C'est qu'elle est présente au cœur de toutes les autres nuits.

Comme je l'ai déjà signalé, il y a un parallèle entre cette lecture symbolique des dix plaies d'Égypte et la façon dont Jean a bâti son Évangile et aussi dans la progression proposée par les Béatitudes. Cette comparaison est plus détaillée dans mon livre intitulé "Lumière du Rwanda suivi de "Les Béatitudes, un itinéraire". Il s'agit d'itinéraires de croissance de l'être humain en vue de son accomplissement, de sa libération véritable, comme pour les plaies d'Égypte.

Après la dixième plaie, les Hébreux sortent d'Égypte mais les Égyptiens les poursuivent et les rejoignent sur les bords de la mer Rouge. Les Hébreux traversent à pied sec la mer qui se referme sur les Égyptiens dont les cadavres flotteront sur la mer. Avec la mer "Rouge" nous voilà revenu au symbolisme du premier signe, l'eau changée en sang, et c'est pour le peuple hébreu le début d'une autre transformation qui durera quarante ans. J'ai revécu ce même symbolisme en 1994 lors des événements du Rwanda. J'étais alors dans le Sud du Soudan et la radio de Kampala, en Ouganda, faisait état des dizaines de milliers de cadavres que le Nil Rouge amenait dans le Lac Victoria. Le Nil Rouge, c'est bien le nom que l'on donne au Nil au Rwanda. On retrouvait le symbolisme de la première plaie, ou de la traversée de la mer Rouge, c'est-à-dire un appel à toute l'humanité à se transformer. Mais qui d'entre nous l'a vraiment compris et en a tiré les conséquences pour sa vie?

Autres commentaires.

Continuons notre exploration du texte des dix plaies d'Égypte dont nous avons commencé par donner une lecture symbolique. Cette lecture n'est qu'une lecture parmi d'autres possibles. Buber, ce grand maître juif du début du vingtième siècle pense que le récit des plaies d'Égypte a été élaboré dans les cénacles des disciples d'Élysée. D'autres explications sont possibles. Pour certains, c'est le culte de la nature, que pratiquaient les Égyptiens, qui se retournent contre eux à cause d'excès de la nature. Le Nil changé en sang serait une crue du Nil chargée de beaucoup plus de limon rouge que d'habitude. Les ténèbres seraient une tempête de sable d'une exceptionnelle violence. Cette interprétation d'un excès des forces de la nature que l'on adore se retrouve au livre de la Sagesse entre les chapitres 11 et 19.

Certains voient dans la mort des premiers-nés des Égyptiens un parallèle avec la mort des enfants mâles des Hébreux. Mais pour d'autres, les plaies se révèlent l'image du permanent combat entre le Bien et le Mal, entre l'accompli et ce qui n'est pas encore accompli. Dans cette optique la mort des premiers-nés est le symbole d'un monde qui meurt, qui s'autodétruit.

Le séjour des Hébreux en Égypte avait commencé avec l'histoire de Joseph, le fils de Jacob, qui prophétisait, à partir des rêves du pharaon, des années d'abondance et des années de famine. Là encore, il s'agissait d'excès de la nature dans le sens de la fécondité ou dans le sens de la stérilité. De la même façon, Moïse prophétisait d'autres catastrophes naturelles. Le séjour du peuple hébreu en Égypte se trouverait situé entre ces deux interprétations par les Juifs des malheurs séculaires de l'Égypte. Pensons au poids que pourrait avoir sur les consciences un prophète qui aurait annoncé à l'avance, comme châtiment de Dieu, l'ouragan Mitch en Amérique Centrale ou l'épidémie mondiale de sida.

Il y a d'ailleurs une autre façon de compter les signes si on introduit dans le décompte un premier signe où Moïse, rencontrant le pharaon pour la première fois, change son bâton en serpent, ce que les magiciens du pharaon se hâtent d'imiter. Si on tient compte de ce premier signe, il y aurait donc dix signes et une plaie. Cette façon de compter n'offre pas l'avantage du parallèle avec les Béatitudes et la pédagogie de l'Évangile de Jean. Il n'en reste pas moins que ce que nous avons appelé la dixième plaie est d'un ordre différent, et d'ailleurs elle porte un nom différent. Même si c'est elle qui entraîne la capitulation définitive du pharaon, faut-il y voir une dixième plaie ou une introduction à la Pâque, c'est-à-dire au Passage du Seigneur, événement d'un autre ordre que les événements naturels amplifiés? La dixième plaie est en lien avec le salut, qui est alors symbolisé par la libération. Dans la pédagogie de l'Évangile de Jean, le dixième signe est la Résurrection qui elle aussi fait éclater les cadres de la nature. C'est pourquoi quand je parle des Béatitudes en Matthieu, j'en rajoute une dixième qui est en lien avec la Résurrection, le Salut.

Revenons à cette question des signes. Il en est qui sont discrets et qui ne parlent qu'au cœur de ceux qui sont en recherche de Dieu; il en est de spectaculaires dont il ne faut pas abuser. Moïse fait des signes pour montrer qu'il est l'envoyé de Dieu. Il doit le démontrer aussi bien à son peuple qu'au pharaon et aux Égyptiens. Car eux aussi ont besoin d'être libérés, au même titre que les Juifs du temps de Jésus qui se croyaient libres simplement parce qu'ils étaient les fils d'Abraham (Jn.8,33). Si les signes sont trop spectaculaires, on se rallie les gens, comme le fera par exemple le prophète Élie au Mont Carmel, mais on ne les libère pas. Car, quitter le culte d'un dieu pour celui d'un dieu plus puissant ne demande pas de conversion; on va simplement dans le sens de la facilité. De la même façon, Jésus fera des signes pour être reconnu par ses disciples et par la foule. Mais dès que les signes deviennent trop spectaculaires, comme la multiplication des pains, les foules veulent se saisir de lui pour en faire leur roi. C'est une solution plus facile que de changer son cœur. Alors Jésus change de registre et annonce sa mort et sa Résurrection. Les vrais signes, les vrais miracles, ne sont pas ceux qui se réalisent dans la puissance mais ceux qui se manifestent dans la faiblesse. Le pharaon, lui, qui est au niveau du pouvoir, va finalement s'incliner mais pas avant que le sang ait coulé. Lui qui, lors de sa première rencontre avec Moïse disait ne pas connaître le Seigneur, soudain il appelle les Juifs les Fils d'Israël, ils les reconnaît comme un peuple car ils se sont laissés transformer par les signes. Il dit même à Moïse et à Aaron: "Et bénissez-moi!" Il a reconnu l'élu de Dieu qui, les autres fois, a fait cesser les plaies. Mais cette fois-ci, les premiers-nés ne seront pas rappelés à la vie. Peut-être que pour le pharaon, ce Dieu des Juifs n'est-il qu'un magicien plus puissant que les autres dont il vaut mieux se concilier les bonnes grâces. Moïse, lui, a éprouvé le néant de la magie qu'il avait dû connaître à la cour de pharaon. Il a reconnu la force de Dieu dans l'événement.

Yahweh a discerné entre les Égyptiens et Israël; discerner, c'est-à-dire littéralement séparer, comme lors de la création. Ici le récit est celui de la création d'Israël comme peuple. Mais ce qui va marquer cette distanciation, ce qui va protéger les maisons des Hébreux durant la nuit de la mort des premiers-nés, c'est le sang de l'agneau pascal; c'est la vie célébrée qui protège de la mort. Certains des épisodes de ce récit se retrouvent presque semblables, ailleurs dans la Bible. Par exemple, au chapitre 9 du livre d'Ézéchiel, il y a aussi le passage d'exterminateurs. Mais auparavant, Dieu a fait marquer d'une croix les maisons de ceux qui déplorent toutes les abominations qui se commettent dans la ville. Dieu dit aux exterminateurs: "Commencez votre œuvre de mort par le sanctuaire." C'est la pratique de la justice qui est le signe de la Vie et non pas les cultes quels qu'ils soient.

Avant de quitter le sol égyptien, les Hébreux "empruntent" les objets d'or de leurs voisins égyptiens. Nous retrouvons ce même geste décrit au moment où le peuple juif quitte la captivité à Babylone. Les "objets d'or" peuvent être considérés comme le symbole de ce qui est bon, ce qui est pur, dans une culture. Il ne faut pas hésiter à emprunter à chaque culture que l'on côtoie ce qu'elle a de bon, ce qui va dans le sens de la vraie libération de l'être humain.

Comme nous le disions plus haut, nous nous réservons de revenir plus tard sur la célébration et le sens de la première Pâque. Donc, nous pouvons commencer à cheminer avec le peuple hébreu, pas encore vers la Terre Promise, mais d'abord vers l'Horeb, là où Dieu a déjà parlé à Moïse dans le Buisson Ardent et où il lui avait dit: "Voici le signe que c'est moi qui t'ai envoyé: quand tu auras fait sortir d'Égypte le peuple, vous servirez Dieu sur cette montagne." Autrement dit, le vrai "signe" de Dieu reste encore à venir. Nous allons cheminer vers ce rendez-vous avec Dieu.

La Marche vers l'Horeb

Nous parlerons maintenant de la marche du peuple hébreu entre la sortie d'Égypte et la manifestation de Dieu au Sinaï, quand se fera le don des Dix Paroles, le Décalogue. Nous avons déjà signalé que selon le livre du Deutéronome, ce trajet prend trois jours alors que dans le livre de l'Exode, il en prend cinquante. Et pourtant l'intention des auteurs semble être la même, souligner le lien entre la Pâque et le don de la Loi; soit en les situant dans le même ensemble de trois jours, soit en les espaçant de sept semaines de sept jours, comme la Pentecôte l'est de Pâques. De la même façon, le récit de Luc situera le don de l'Esprit cinquante jours après la Résurrection, alors que l'Évangile de Jean situe cette effusion de l'Esprit le soir de Pâques, "Recevez le Saint-Esprit", soit trois jours après que Jésus ait célébré la Pâque avec ses disciples. Ce qui est important, c'est de retenir le lien d'unité entre les deux événements.

L'opinion de la plupart des exégètes, aussi bien juifs que chrétiens, à l'heure actuelle, est que la rédaction sacerdotale du livre de l'Exode s'est permis un réaménagement de textes, replaçant avant le don de la Loi des événements qui lui seraient postérieurs. Ce serait le cas pour le chapitre 17 de l'Exode qui raconte le combat contre les Amalécites et le manque d'eau à Massa et Mériba; ce dernier événement est aussi repris plus tard dans le livre des Nombres, mais cette fois dans le désert de Tsin au lieu du désert de Sin. Peut-être ce réaménagement a-t-il été voulu pour créer un chiasme, une forme littéraire mettant en valeur le don de la manne entre deux manques d'eau? Ou bien est-ce intentionnellement, pour que les mêmes récriminations du peuple ne donnent pas lieu à la colère de Dieu avant le Sinaï, alors que ce ne sera plus le cas après la manifestation de Dieu sur la montagne?

Ce qui est certain, c'est que le chemin de la liberté n'est pas le chemin de la facilité, que les Hébreux en font l'expérience et ne tardent pas à regretter le temps où ils pouvaient s'asseoir devant des marmites de viande et manger du pain à volonté (Ex.16,3). Le peuple rappelle à Moïse qu'il lui avait conseillé ce que recommandait la sagesse, à savoir rester en Égypte et servir les Égyptiens. Il s'agit en effet d'un choix difficile: accepter d'être esclave ou prendre le risque de mourir, libre, au désert. Car au désert, la survie dépend de Dieu, lui qui a promis à Moïse: "Je serai avec toi."

Le chemin pris par le peuple n'est pas celui des caravaniers, plus court. Il fait un détour comme pour buter sur un obstacle, la mer Rouge. Mais cet obstacle est source de salut. Sur le chemin des caravaniers, les chars du pharaon n'auraient pas eu de peine à rejoindre les Hébreux et à les ramener en esclavage. Il semble, d'après le texte, que le peuple marche jour et nuit avant le passage de la mer. Il s'agit d'un peuple en fuite, pas encore d'un peuple libre. Le chemin de la Terre Promise comprend en effet un passage au fond de la mer. Symboliquement, cela signifie que l'on ne devient pas libre sans accepter le risque d'être confronté au féminin des profondeurs, sans accepter de passer de la bonne conscience à la conscience. Le peuple est forcé par les poursuivants à pénétrer dans la mer, à explorer ses profondeurs. Au-delà de la peur, Dieu permet cette descente, cette immersion qui a été préparée par les dix plaies mais pour laquelle les Égyptiens ne sont pas prêts. Ce miracle de la mer est peut-être un événement naturel qui survient à un moment propice. Le texte dit d'ailleurs que les eaux se retirent sous l'effet d'un fort vent d'est. Ce qui est miraculeux par contre, c'est la synchronicité de cet événement avec la menace de l'armée égyptienne.

D'une autre façon, on peut dire que c'est le choix de ce chemin qui est providentiel et que les "petits", les faibles qui vont à pied sont sauvés par le marécage où les chars des puissants s'embourbent. De même, on peut faire toute sorte de supposition sur la nature de cette nuée qui était sombre du côté des Égyptiens et lumineuse du côté des Hébreux et qui empêchait les poursuivants de rejoindre le peuple en fuite. Ce qui est important, c'est que ce qui s'est produit a été perçu comme l'action de Dieu. Tout cet épisode doit être vu comme une sortie, et nous avons déjà vu l'importance du mot "sortir" dans la Bible. Il rejoint l'appel à Abraham, à Noé. Nous le retrouvons dans la parabole des dix vierges de l'Évangile: "Sortez au-devant de l'époux qui vient." Le mot Égypte en hébreu peut être lu comme signifiant le pays de la double étroitesse. Les Hébreux sont appelés à sortir vers Canaan qui leur est présenté comme une terre "large" et bonne. Pour nous aujourd'hui, sortir d'Égypte signifie se libérer de nos étroitesses sécurisantes, affronter le risque de la haute mer et de ses tempêtes, c'est-à-dire la confrontation avec un monde changeant. Avancer sur un chemin non tracé. Les rives de la mer Rouge commencent à la maison. "Sortir d'Égypte" ou d'ailleurs est un acte de foi, de confiance dans le Seigneur. Aujourd'hui encore!

Cette question de la foi au Dieu qui accompagne son peuple est au cœur de ce cheminement du peuple hébreu dans le désert. Lors des récriminations à cause du manque d'eau, le texte résume la question en ces termes: "Dieu est-il vraiment au milieu de nous?" pourtant, trois chapitres plus tôt, à la fin du chapitre 14 de l'Exode, la gloire de Yahweh avait été confirmée par le passage de la mer Rouge. Le texte dit: "Israël vit les prodiges que Yahweh avait faits contre l'Égypte et le peuple craignit le Seigneur. Ils crurent en Yahweh et en Moïse son serviteur." Puis suit, au chapitre 15, le cantique de Moïse. C'est le premier cantique que l'on trouve dans la Bible, et la première fois qu'on y rencontre le verbe chanter. La libération d'Égypte est confirmée et le cantique est composé de façon à chanter la gloire de Yahweh. Il y a quelque chose d'un peu triomphaliste dans le cantique; le Seigneur y est magnifiquement glorifié, par rapport à l'humble glorification de la croix... et même à la Résurrection du Christ qui, sur le moment, passe presque incognito. Dans le Nouveau Testament, il faut attendre la Pentecôte pour que la Résurrection soit proclamée et chantée. Mais ici, le peuple hébreu n'est-il pas en marche vers une première Pentecôte au Sinaï? Le Psaume 90 est parfois attribué à Moïse. Il chante la gloire de Yahweh en terme de confiance, ce qui est plus en accord avec la spiritualité juive. Le livre des Proverbes dit: "Quand ton ennemi tombe, ne te réjouis pas." Il y a un commentaire rabbinique concernant la noyade des Égyptiens dans la mer Rouge qui dit: Les anges voulaient chanter et danser au ciel comme les Hébreux sur le rivage, mais Dieu les en empêche: "Vous voulez chanter alors que les œuvres de mes mains se noient dans la mer." Yahweh est le Dieu de tous puisqu'il est le Dieu qui est et qui fait être. Le miracle, c'est "ce qui arrive", dans la mesure où l'événement rencontre un homme ou une femme prêt à l'accueillir comme miracle. Je me souviens du séjour d'une de mes filles qui était venue me voir en Côte d'Ivoire. Elle avait réuni les jeunes du village et leur avait fait peindre de grandes murales pour décorer l'église à Pâques. L'une représentait la crucifixion et l'autre la Résurrection. Le vieux sacristain avait accueilli cette décoration comme un miracle.

À Mara, le peuple ne trouve que de l'eau amère. Mais sur le conseil de Dieu, Moïse purifie l'eau en y jetant une certaine sorte de bois et le peuple est sauvé de la soif. Ceci est en ligne avec le rôle important de l'eau, du bois et du rocher dans le livre de l'Exode. Mais on peut y voir une préfiguration du bois de la croix qui sauve. Puis ce sera du rocher que Moïse fera jaillir l'eau et Saint-Paul nous dit que ce rocher était le Christ.

Tout cela nous amène à parler du rôle de Moïse dans la Torah. Nous avons déjà dit que l'importance de Moïse avait sans doute été amplifiée par les prêtres dans les rédactions tardives de la Torah. Il n'en demeure pas moins que le peuple doit mettre sa confiance en Dieu et en Moïse. C'est déjà ce que disait le verset que nous citions tout-à-l'heure: "Ils crurent en Yahweh et en Moïse son serviteur." Un peu plus loin, en préparation au don des Dix Paroles, Dieu dit à Moïse: "Je vais venir à toi dans la nuée pour que le peuple entende quand je parlerai avec toi et qu'il ait confiance en toi pour toujours." (Ex.19,9) Moïse est pasteur du peuple de Dieu, au moins jusqu'au Sinaï. Le cantique de Moïse, dont nous avons parlé plus haut, évoquait le chemin, non pas jusqu'à la Terre Promise, mais jusqu'à la Demeure de Dieu. Or ce rôle de pasteur est loin d'être de tout repos d'après ce qu'en dit le texte. Quand le peuple n'est pas satisfait de l'action de Dieu, il blâme Moïse. Quand Dieu n'est pas satisfait du comportement du peuple, bien souvent il accuse Moïse. C'est ce qu'exprime un commentaire rabbinique où Moïse dit à Dieu: "Quand le peuple marche selon la justice, tu dis que c'est ton peuple, mais quand il se rebelle, tu dis que c'est mon peuple." Ceci est simplement le signe que la Bible est Parole de Dieu en langage humain; ne parle-t-on pas parfois à son conjoint ou à sa conjointe de mes enfants ou de tes enfants selon qu'ils sont gentils ou insupportables!

Dans le passage du livre de l'Exode qui parle du manque d'eau à Massa et Mériba, et malgré les remaniements de texte dont nous avons parlé, Moïse parle avec autorité au peuple de la part de Yahweh. Il s'agit là d'un récit ancien. Quand le même épisode sera repris au livre des Nombres après le don des Dix Paroles, le texte d'inspiration sacerdotale insistera beaucoup plus sur le fait que c'est l'obéissance intégrale à Dieu qui est requise.

Nous avons parlé brièvement du cantique de Moïse. Martin Buber n'hésite pas à l'appeler le chant de Miryam, qui l'aurait chanté avec les femmes juives sur le bord de la mer. Ce cantique a pu être développé par la suite, mais la conclusion est du temps de Moïse: "Yahweh sera roi dans le temps et pour l'éternité." Le roi, le *Mélek* en hébreu, c'est celui qui guide, qui conseille, mais en laissant aux autres un espace de liberté. Il est celui qui fait être, non pas celui qui est à la place des autres.

Dieu est celui qui fait être et non pas celui qui est à notre place. La marche vers le Sinaï impose d'adopter un comportement d'êtres libres. Chaque année, la Fête des Azymes ouvrait une nouvelle ère de liberté où l'on cherchait à redémarrer à neuf, libéré des vieilles habitudes assimilées au vieux levain. La Fête des Azymes était d'origine sédentaire. Le livre de l'Exode la combine avec la Fête de l'Agneau qui était célébrée elle aussi, chaque année, dans les tribus nomades, et qui, elle, était plus orientée vers Dieu.

Le peuple hébreu, sorti d'Égypte va connaître l'insécurité du désert par opposition à la sécurité de l'esclavage. À bien y penser, souvent nous aimons nos esclavages, nos habitudes, car ils nous sécurisent. La survie du peuple va dépendre de Dieu qui fera jaillir l'eau, qui donnera la manne quotidienne, et les cailles les jours de festin. C'est durant la marche vers le Sinaï que le peuple découvrira la manne, cette nourriture que ni lui ni ses pères n'avaient connue, comme le dit le livre du Deutéronome. Pour la manne, quand on lit le texte, on a l'impression que chacun en recueille selon ses besoins, plutôt que selon une mesure qui serait la même pour tous. Saint Benoît recommande aussi que la règle monastique sache s'adapter aux besoins de chacun. La règle est pour le moine et non pas le moine pour la règle. L'image de la manne sera reprise dans le Nouveau Testament par Jésus, en analogie avec le pain eucharistique où il se donne en nourriture. Les disciples disent: "Donne-nous de ce pain", comme la Samaritaine dira: "Donne-moi de cette eau." Car ce changement d'habitude ne doit pas être simplement subi; sinon, on n'est pas libre. Paul le rappelle dans la première lettre aux Corinthiens, au début du chapitre 10: "Frères, je dois vous rappeler l'exemple de nos pères: tous ont passé sous la nuée et tous ont traversé la mer... Tous ont mangé du même aliment spirituel et tous ont bu de la même boisson spirituelle, l'eau qui jaillissait du rocher... et pourtant la plupart n'ont pas plu à Dieu et leurs corps sont restés dans le désert." Même celui de Moïse, et nous consacrerons un chapitre à chercher à comprendre quelle fut la faute de Moïse à Mériba.

Le combat avec les Amalécites a finalement abouti dans cette section du livre de l'Exode, ce qui le situe donc avant le Sinaï, alors que l'événement est très probablement postérieur au don des Dix Paroles. Mais puisqu'il en est ainsi, parlons-en maintenant. Les Amalécites représentent l'ennemi à abattre, un peu comme l'ennemi légendaire des Juifs. On retrouve les Amalécites ailleurs dans l'histoire du peuple de Dieu. Saul, premier roi des Juifs, doit lui aussi se battre contre les Amalécites et il a reçu l'ordre de Dieu de les tuer tous. Mais Saul les épargne, en particulier le roi Agag. À l'époque du roi perse Assuérus, Aman, son conseiller, qui veut le génocide des Juifs, sera présenté comme descendant de roi Agag. On sait que la reine Esther sauvera son peuple du génocide. On peut donc voir dans les Amalécites le symbole de l'ennemi intérieur auquel il ne faut pas faire pitié car il empêche de se transformer. Ce serait pour cela que la rédaction sacerdotale le ferait apparaître tout de suite dans l'histoire, comme le premier obstacle sur le chemin de la liberté et de la vie.

Pendant le combat avec les Amalécites, Moïse se tient sur la colline voisine. Il a les mains levées, et même l'une de ses mains se trouve prolongée par son bâton. Ce sont les forces spirituelles qui doivent triompher des Amalécites, et on sait que quand Moïse baissait les bras à cause de la fatigue, les Amalécites reprenaient l'avantage. Le récit donne des images très précises de Moïse s'asseyant sur une pierre pour que l'on puisse soutenir ses bras levés. Mais il ne faut pas perdre de vue la symbolique du récit: c'est en se tournant vers les forces d'en haut que l'on peut triompher de l'ennemi intérieur qui nous empêche d'être libre.

En préparation de l'Alliance, Dieu dit aux Hébreux: "Vous serez pour moi une race de prêtres, une nation sainte." Certains se demandent encore si cela signifie que tout le peuple est saint ou simplement le prêtre. Mais un peuple de prêtres, c'est un peuple qui offre à Dieu toute la création, à commencer par eux-mêmes. C'est l'exhortation que Paul redira aux Romains: "Je vous en prie, frères, au nom de Dieu et de sa grande tendresse, offrez à Dieu votre propre personne, comme une victime vivante et sainte capable de lui plaire."(Rom.12,1)

CINQUIÈME CHAPITRE

Le Décalogue

Diverses versions du Décalogue

Nous abordons l'écoute du Décalogue, les Dix Paroles, qui sont au cœur de la Torah. Est-ce qu'elles en sont la source comme semble le dire le récit? Est-ce qu'elles en sont le résumé comme le pensent certains exégètes qui se penchent sur les dates estimées des divers textes qui constituent le Pentateuque? Nous ne nous avancerons pas trop sur ce terrain réservé aux experts. Malgré tout, il nous faudra tout un long chapitre pour couvrir ce sujet. Disons simplement qu'il y a dans la Torah trois versions des Dix Paroles. La première, de rédaction sacerdotale, se trouve au chapitre 20 du livre de l'Exode. C'est, nous dit le texte, celle que Dieu donne une première fois à Moïse sur la montagne et qu'il grave sur des tables de pierre après que le peuple ait accepté ce code de l'Alliance, au chapitre 24 de l'Exode. Ces premières tables seront brisées par Moïse après l'épisode du veau d'or. Puis Moïse, sur l'ordre de Dieu, taillera d'autres tables de pierre et remontera sur la montagne. Nous sommes maintenant au chapitre 34 du livre de l'Exode. Moïse, sous la dictée de Dieu, gravera à nouveau les Dix Paroles, mais si on compare cette nouvelle version avec celle du chapitre 20 dont nous avons parlé précédemment, on s'aperçoit que toutes les prescriptions de la seconde moitié des tables, les cinq Paroles concernant le respect du prochain, ont été remplacées par des prescriptions cultuelles se référant aux fêtes et aux sacrifices à offrir à Dieu. Même si ce chapitre 34 de l'Exode est un assemblage tardif de textes, il semblerait que cette seconde version soit plus ancienne que celle du chapitre 20. Cela signifie-t-il que ces prescriptions cultuelles qui avaient pu apparaître comme essentielles pour fonder l'unité du peuple hébreu à partir de douze tribus se seraient révélées à l'usage moins importantes que le respect du prochain? Est-ce pour donner plus de poids aux Dix Paroles qui se soucient plus du prochain que du culte que celles-ci sont gravées dans la pierre par le doigt même de Dieu et non pas par Moïse?

Dans le livre du Deutéronome, au chapitre 5, nous trouvons une autre version des Dix Paroles, très proche de celle du chapitre 20 de l'Exode, celle qui se soucie plus du prochain que du rituel. C'est normal, parce que les auteurs du Deutéronome sont plus des laïcs que des prêtres. Il y a une seule différence notable entre la version de Deutéronome 5 et celle d'Exode 20, et elle concerne les raisons données pour l'observance du sabbath. Dans le livre du Deutéronome, dont la rédaction est antérieure à l'exil à Babylone, il est dit que le sabbath doit être sanctifié en souvenir de l'esclavage en Égypte et afin de ne pas retomber esclave du travail. Dans le livre de l'Exode, la raison donnée est que Dieu s'est reposé au septième jour de la création et qu'en cela il a béni le sabbath comme jour de repos. On sait que c'est lors de la captivité des Hébreux à Babylone que les prêtres juifs ont été au contact avec un mythe babylonien de création qui, remanié par leurs soins pour devenir conforme à la foi juive du moment, est devenu le premier récit biblique de création, au chapitre 1 du livre de la Genèse. Le sabbath avait revêtu une importance particulière à Babylone comme l'un des signes d'appartenance du peuple hébreu exilé. Il était donc important que Dieu lui-même ait respecté le sabbath. Cela donnait une justification théologique à une règle que les Babyloniens observaient au moins partiellement, mais pour des raisons de superstition.

Au chapitre 10 du Deutéronome, il est précisé que les Dix Paroles ont été données une seconde fois sur la montagne, mais selon les mêmes termes que la première fois et le texte n'en est pas repris.

Ces différences peuvent nous surprendre, mais pas plus que si on compare le catéchisme qui était utilisé au Québec en 1960 et le Catéchisme de l'Église catholique de 1992. Ce qu'on appelait en 1960 les Commandements de l'Église et qui étaient constituées essentiellement de prescriptions rituelles, semblent difficiles à trouver dans le Catéchisme de 1992. Quand on y pense, il est surprenant que ces Commandements de l'Église n'aient contenu que ces questions rituelles et aucune instruction sur l'amour du prochain qui, si l'on en croit l'apôtre Jacques, est pourtant la base de la vraie religion. Ne nous étonnons pas alors si, de nos jours encore, on évalue la "pratique" religieuse d'après la présence à des rituels et non pas d'après la solidarité avec nos frères dans le besoin.

Finalement, les tables de la Loi, qui étaient peut-être devenues des reliques inertes dans le Temple de Salomon, ont disparu à une époque où le peuple s'était éloigné de la Parole. Mais la Parole a subsisté, en particulier grâce à la tradition deutéronomique. C'est la parole gravée dans la chair qui demeure, celle inscrite dans le cœur de l'être humain plutôt que dans la pierre.

Il y a une quatrième version du Décalogue qui est constituée par les dix commandements de Dieu tels qu'enseignés par l'Église catholique romaine. Ce Décalogue avait été versifié pour en rendre la mémorisation plus facile. Il comporte cependant, par rapport aux versions bibliques trois différences notables, dont deux affaiblissent la force libératrice des Dix Paroles. La première différence, c'est que dans la version catholique, la majeure partie de la première Parole n'est pas reprise. C'est celle qui dit: "Je suis Yahweh, ton Dieu, qui t'ai fait sortir du pays d'Égypte, de la maison de servitude." Pour certains auteurs juifs, la première parole se limite à ces mots; pour d'autres, elle se continue par: "En conséquence, tu n'auras pas d'autres dieux que moi." Cette première Parole situe bien le Décalogue dans un contexte de libération. Les Dix Paroles sont la conséquence de la libération d'Égypte. Je suis le Dieu libérateur, en conséquence tu n'as pas besoin de t'asservir à nouveau dans le culte des idoles. C'est là la seconde Parole dans la Torah, que l'on ne retrouve aucunement dans les dix commandements de Dieu enseignés par l'Église. Dans le tableau comparatif que l'on trouve dans le Catéchisme de l'Église catholique et qui met en parallèle les Dix Paroles de l'Exode, celles du Deutéronome et les dix commandements de Dieu de l'Église, on a même omis trois versets du Deutéronome, ceux qui justement concernent la seconde Parole. Du coup, cette omission dans les dix commandements apparaît moins anormale. Elle n'en est pas moins sérieuse à cause de tous les asservissements que nous créons, comme nous le verrons, avec des idoles en tout genre, à commencer par Mammon, le Dieu de l'argent.

Du fait que nos dix commandements de Dieu ont oublié une des Paroles, il en résulte un décalage dans la numérotation de toutes les paroles, par exemple la sixième de la Torah, "Tu ne tueras pas" devenant le cinquième commandement de Dieu. Cette question de numérotation est plus importante qu'il ne peut y paraître au premier abord, car il existe une symétrie entre les cinq premières Paroles qui se trouvent écrites sur l'une des tables et les cinq dernières qui leur font face sur l'autre table. Nous reviendrons sur ce point qui permet une lecture très éclairante des Dix Paroles.

Enfin, dans le cas des commandements de Dieu selon l'Église catholique, on finit par boucher le vide créé par l'omission du deuxième commandement, en divisant en deux la dixième Parole de la Torah, ce qui force à couper en deux un verset de la version du Deutéronome ou à remanier le verset correspondant de l'Exode.

Pour toutes ces raisons, nous ne retiendrons pas ici la version des dix commandements de Dieu transmise par L'Église et nous nous limiterons à celle plus complète et plus balancée de la Torah. Pour ceux qui veulent approfondir les dix commandements, le Catéchisme de l'Église catholique offre quatre-vingt-dix pages sur le sujet. Je signalerai aussi le quatrième tome du livre du Père Rey-Mermet intitulé "Croire". Le sous-titre de ce quatrième tome est: "La Morale". Il repart des Dix Paroles dans leur version biblique dont il fait une lecture à la fois morale et pastorale, sur plus de deux cents pages, complétées par un chapitre intitulé: "Du Décalogue aux Béatitudes". Ce dernier point est important et rejoint l'approche de Paul Beauchamp dans son livre "La Loi de Dieu" qui a comme sous-titre: "D'une montagne à l'autre", c'est-à-dire du Sinaï à la montagne du Sermon sur la Montagne.

Il n'est pas question d'amour du prochain dans les Dix Paroles du livre de l'Exode, simplement du respect de l'autre, mais l'amour du prochain est amplement couvert ailleurs dans la Torah. L'Amour de Dieu pour ses créatures est également révélé dans la Torah. Ce que Jésus viendra révéler, ce n'est pas que Dieu aime mais comment il aime. C'est cela la Loi d'Amour de l'Évangile.

Un dernier point à préciser concernant les Dix Paroles bibliques, c'est que ce sont des paroles d'Alliance. Leur présentation ressemble à celle de très anciens traités entre le roi des Hittites et ses vassaux. Les traités commencent tous par ces mots: "Je suis le roi Untel qui ai fait pour vous telle ou telle chose", puis continuent: "En conséquence..." et suivent les obligations du vassal. Enfin, pour terminer, il y a les bénédictions qui s'en suivront si l'alliance est respectée, les malédictions dans le cas contraire. Comme nous l'avons dit, les Dix Paroles sont un texte d'alliance, mais pas une alliance imposée par un suzerain conquérant à un vassal vaincu. Le peuple a ratifié les Dix Paroles avant qu'elles soient gravées dans la pierre. Mais bien sûr, on ne peut s'attendre à ce qu'il ait compris parfaitement ce à quoi il s'engageait. Rien de moins que de se libérer complètement pour réaliser en soi la ressemblance de Dieu!

Diverses lectures
1. Une lecture hébraïque

Nous ferons successivement plusieurs lectures du Décalogue. La multiplicité des significations du texte hébreu pourra nous amener parfois assez loin de ce que nous sommes habitués à mettre sous les mots de Dix Paroles. Toutefois nous commencerons par une lecture qui, tout en sortant un peu des sentiers battus de la morale, ne nous éloignera pas trop de ce qu'on peut découvrir dans une bonne traduction française. Cette lecture empruntera entre autres au livre récent d'André Chouraqui, "Les Dix Commandements aujourd'hui". Je rappelle que nous sommes appelés à voir dans le Décalogue, non pas un code de bonne conduite qui pourrait tout aussi bien venir des êtres humains, mais une Parole de Dieu, une Loi pour se bâtir intérieurement, condition pour être libre.

Pour qu'il n'y ait aucun doute, les Dix Paroles commencent par le Nom de Dieu. "Je suis Yahweh, ton Dieu…" Comme "Je Suis" est le Nom de Dieu, on peut dire que ce Nom est répété trois fois. En fait, ce n'est pas le verbe être qui est traduit ici par "Je Suis", mais le mot *Anokhi*, forme emphatique du pronom "moi", que l'on pourrait rendre par "Moi-même". Les Dix Paroles sont placées sous le signe de celui qui est et qui fait être. Dieu précise: "Je t'ai libéré de l'esclavage." Comprenons: je t'ai appelé à la liberté, je t'ai appelé à être. Les Dix Paroles proposent à l'humanité la charte des libertés d'un peuple libéré de son esclavage. Cette charte des libertés a peut-être été partiellement élaborée par les Prophètes, mais, comme nous l'avons dit, il y a analogie entre l'Esprit de Dieu parlant par les Prophètes et le Doigt de Dieu gravant ses Paroles dans la pierre. Il ne s'agit pas d'une liberté intellectuelle. Les Prophètes se sont battus pour que le peuple ne retombe pas en esclavage. Dans cet univers, les Dix Paroles ne sont pas une fin en soi, mais le moyen d'arriver à la liberté, facteur d'épanouissement de toute vie qui est sacrée puisque émanant de l'Être créateur. La Vérité biblique se situe, non pas dans l'idéal hédoniste d'un bonheur matériel, mais dans la liberté et la joie de notre incessante quête de l'Être. Dans la première Parole, Dieu se présente comme la source unique de l'Être. Il ne peut donc pas y avoir d'autres dieux que lui. Tout est en lui: Fécondité, Force, Amour. Avant d'en terminer avec ce survol de la première Parole, je précise qu'il existe aussi un décalogue dans le Coran, qui est proche des Dix Paroles bibliques mais plus orienté vers l'amour du prochain: on y sent l'influence de l'Évangile. Mais la première Parole est inchangée: "N'adorer qu'Allah seul!"

Nous passons maintenant à la deuxième Parole, celle qui concerne les idoles: "Tu ne feras pas pour toi sculpture ni toute image de ce qui est dans les ciels en haut, sur la terre en bas, et dans les eaux sous terre. Tu ne te prosterneras pas devant elles et ne les serviras pas." Suivent un verset et demi où Dieu se présente comme un Dieu ardent qui n'empêche pas que les conséquences de nos fautes retombent sur nos enfants et leurs enfants, mais qui garantit son amour jusqu'à la millième génération. Bien sûr, il est difficile pour les Hébreux, habitués aux dieux égyptiens que l'on vénère dans les temples, de s'habituer à un Dieu sans représentation que l'on ne peut même pas nommer de peur de le chosifier. Dans la région, on honorait le dieu Moloch à qui on sacrifiait des enfants et on a retrouvé des cendres et des ossements près de ses temples. Mais de nos jours, on continue à adorer Mammon, le Dieu de l'argent et la survie du Système monétaire international semble plus important que la vie de nos enfants et de populations entières des pays du Sud. Les idéologies sont des formes d'idolâtrie: on idolâtre tel système politique ou économique, telle façon de penser. Le philosophe Michel Serres a bien saisi le rapport entre l'idolâtrie et l'audiovisuel lorsqu'il dénonce la télévision comme la plus grande fabrique d'idoles que les hommes aient inventée au cours de leur histoire.

Les images mentales de Dieu sont autant sujet d'idolâtrie que les images de bois, d'argile ou de métal. Le Dieu de la Bible est celui qui se révèle à chacun personnellement. Quand les croyants renonceront à la primauté de leurs dogmes et de leurs rites, dont ils se sont fait des idoles, alors les juifs, les chrétiens, les musulmans, les bouddhistes et les agnostiques pourront communier enfin à l'essence de la divinité, Yahweh, celui qui est et qui fait être et que, sous prétexte de définir l'indicible, on cache derrière des doctrines et des théologies.

Dans le Décalogue il y a trois stades. D'abord trois Paroles concernant Dieu; puis deux Paroles concernant le temps; enfin quatre Paroles concernant la communauté complétées par une au niveau de l'attitude intérieure. Nous commençons donc maintenant la troisième Parole, la dernière de celles orientées vers Dieu. Elle se lit: "Tu n'invoqueras pas le Nom de ton Dieu en vain, car Yahweh ton Dieu n'innocente pas celui qui porte son Nom en vain." Nous avons banalisé le Nom de Dieu en le prononçant en toute occasion. Nous avons créé un concept Dieu, dépourvu de toute force et de tout mystère. L'enjeu de ce commandement dépasse l'interdit chrétien de ne pas prononcer un blasphème ou un juron. Prononcer en vain le Nom de Dieu, c'est chercher à mobiliser la puissance de ce Nom pour nos petits objectifs humains, même bien intentionnés. Sur la boucle du ceinturon des soldats allemands du Kaiser au début du vingtième siècle était gravée la formule "Gott mit uns", ce qui signifie "Dieu avec nous". Sur la monnaie de nos voisins du Sud on peut lire. "In God we trust". "Nous mettons notre confiance en Dieu", c'est cela invoquer en vain le Nom de Dieu. Certains intégristes n'hésitent pas à mobiliser leur Dieu, juif, chrétien, musulman ou autre à la rescousse de leurs intérêts et de leurs haines. En général quand ils invoquent le Nom de Dieu, c'est pour réduire les autres en esclavage. On a tué beaucoup de gens et on continue à en tuer au Nom de Dieu, mais on en a blessé un bien plus grand nombre dans leur être profond en utilisant le Nom de Dieu ou la religion pour établir un pouvoir temporel, même s'il se prétend spirituel.

Passons à la quatrième Parole que beaucoup s'accordent pour considérer comme centrale dans le Décalogue. C'est la Parole concernant le sabbath. Elle s'entend comme suit: "Souviens-toi du jour du sabbath pour le consacrer. Tu travailleras six jours: fais tout ton ouvrage. Le septième jour, sabbath pour Yahweh ton Dieu, tu ne feras aucun ouvrage, toi, ton fils, ta fille, ton serviteur, ta servante, ta bête, l'étranger qui est dans tes portes." Comme nous l'avons déjà dit, suit la justification du sabbath, dans le livre de l'Exode en relation avec le repos du Créateur le septième jour, et dans le Deutéronome, en lien avec le souvenir de la libération de l'esclavage d'Égypte. Certains rabbins juifs expriment cette quatrième Parole en disant: "Souviens-toi de ton futur", c'est-à-dire prends le temps de t'arrêter et de te souvenir de ce que tu es appelé à être. Et au besoin, refuse que le monde soit absurde. Le sabbath est comme une pause pour renouveler le monde, car notre futur n'est pas un futur solitaire. Chercher à se libérer tout seul, c'est, soit présumer de ses forces, soit sous-estimer le poids des choses. Le sabbath est pour tous, en lien avec la libération de l'esclavage. Il est même pour ton esclave et pour l'étranger qui vit près de toi. Le sabbath nous rappelle notre responsabilité vis-à-vis du futur lointain, au-delà des soucis qui nous assaillent au jour le jour pendant les six autres jours de la semaine. Le Jubilé est un sabbath de sabbath d'années, tous les sept fois sept ans. Lui aussi est orienté vers le futur lointain. Il nous rappelle de ne pas épuiser la terre, même si cet aspect du Jubilé a peu été mis en lumière, et ceci à l'échelle mondiale.

Le sabbath nous invite à sortir de l'habitude, du chemin tout tracé. Le rabbin Nahman de Braslav disait à ses disciples: "Ne demande jamais ton chemin à quelqu'un qui le connaît, sinon tu ne pourras pas t'égarer." S'égarer, trouver de nouveaux chemins: souviens-toi de ton futur, de ta capacité à engendrer du nouveau, à percevoir le monde comme en cours de création. C'est le sens du sabbath pour le juif qui a compris la Torah.

Le sabbath est un temps pour effacer ce que l'on croit savoir, lâcher ce que l'on croit avoir, pour se laisser engendrer, pour entrer dans le mystère de ce que l'on est appelé à être. En ce sens, l'observance du sabbath est porte vers la liberté. On a l'impression dans l'Évangile que Jésus guérit non pas malgré le sabbath, mais à cause du sabbath, parce que c'est le jour où on doit se rappeler que l'être humain est appelé à la liberté.

Souviens-toi de ton futur. Le sabbath est un jour pour voir. Ce n'est pas par hasard si dans le rituel du repas du sabbath, le vendredi soir, dans les familles juives, on se ferme les yeux pendant quelques instants pour les rouvrir sur la lumière des chandelles que la mère de famille vient d'allumer. Il s'agit bien de chercher à renouveler son regard, notre perception des choses au-delà de la routine. Le sabbath est un temps pour l'invisible, pour ce que l'on ne peut pas voir sans prendre du temps, car cela ne s'impose pas au regard. Par exemple, tu t'arrêtes pour voir ton frère souffrant, même si tu te dévoues pour lui toute la semaine. Ce jour là, tu prends le temps de le "voir" vraiment. C'est tout l'inverse de la télévision: dans des clips de vingt-cinq secondes, il n'y a pas de place pour l'invisible.

Un temps pour voir! En particulier, tu t'arrêtes pour voir ta femme. Dans la liste des gens qui doivent observer la sabbath, il y a toute la maisonnée y compris le bœuf et l'âne, mais la liste ne parle pas de la femme. Non pas parce qu'elle n'a pas droit au repos ce jour-là, mais parce qu'elle est la reine du sabbath. La Parole s'adresse à elle en premier. Si c'est elle qui allume les chandelles du sabbath, c'est sans doute parce qu'elle est spécialement responsable de ce nouveau regard. "La femme est l'avenir de l'homme", disait Louis Aragon. Souviens-toi de ton futur. Retrouve l'amour du temps des fiançailles, avant que s'installe la routine entre vous. Le chant qui ouvre la célébration du sabbath chez les Juifs évoque la fiancée, et c'est le jour où on lit à la synagogue le Cantique des cantiques, ce grand poème d'amour. On pourrait aussi bien dire: "Souviens-toi de ton pôle féminin." Il t'est donné un temps pour cesser de faire, un temps pour être; un morceau de temps dans un écrin de lumière. Puissent nos dimanches, à l'instar du sabbath juif, être un temps pour nous arracher à nos routines et nous permettre de découvrir le pas vers la liberté que nous sommes appelés à franchir durant la semaine qui vient.

Le sabbath est transfiguration du quotidien. Pensons à cette transfiguration du Christ à laquelle nous sommes aussi appelés. Peut-être avons-nous besoin de réapprendre à rendre grâces tout seuls, au long des jours, pour être capables de le faire ensemble le dimanche, pour que nos messes dominicales soient vraiment eucharisties. Le grand maître juif Rachi disait: "Demeure dans le souvenir du sabbath." Demeurer dans le souvenir du sabbath pourra se faire si le rituel n'est pas dissocié de notre foi de tous les jours, s'il n'est pas dissocié de la vie qui est espace et temps

La quatrième Parole que nous venons d'entendre était la première de celles concernant le temps. Il en est de même pour la cinquième Parole, mais cette fois, non plus au niveau du rythme hebdomadaire, mais à celui de la succession des générations: "Glorifie ton père et ta mère pour que se prolonge tes jours sur la terre que Yahweh, ton Dieu, te donne." Bien sûr la cinquième Parole signifie qu'il ne faut pas laisser ses parents dépérir, avec l'espoir que cet exemple influencera nos enfants qui, à leur tour, veilleront à nous assurer une vieillesse heureuse. Mais il y a plus. C'est par nos parents que Dieu se fait connaître à nous. Quand Yahweh se présente à Moïse et qu'il lui dit de parler de sa part au peuple, il se présente comme le Dieu de leurs pères. Glorifier son père et sa mère, c'est aussi glorifier le créateur et célébrer la vie, c'est accueillir de nos parents à la fois notre code génétique humain et le Nom de Dieu qui est notre ADN divin. À partir de là, les cinq dernières Paroles régleront les relations entre les individus au sein du groupe, les rapports entre les fils et les filles d'Elohîm. La vie en société peut commencer. Dans la religion juive, c'est le père et la mère qui officient lors de la célébration du sabbath le vendredi soir, qui se vit à la maison. Remarquons enfin que la cinquième Parole met le père et la mère exactement sur le même pied, invitant peut-être les enfants à collaborer à l'harmonie dans le couple de leurs parents.

La sixième Parole est très courte; elle se dit: "Tu n'assassineras pas." J'utilise le verbe assassiner plutôt que tuer, parce que le verbe hébreu *Ratsah* désigne le meurtre avec préméditation. Cette Parole n'était pas évidente à l'époque. Rappelons que Moïse, à qui cette Parole est donnée, nous est d'abord présenté comme le meurtrier d'un Égyptien. Avec la sixième Parole, nous abordons la deuxième des tables des Dix Paroles, celle concernant la communauté, le respect de l'autre, condition pour que l'on soit soi-même respecté. On peut rattacher à cette Parole tout ce qui est atteinte à l'intégrité physique ou psychique de l'autre, toute forme de violence, même si elle n'entraîne pas la mort, comme, par exemple, le trafic d'organes. Certains objecteront que cette Parole ne semble pas compatible avec toute la violence et les guerres que l'on voit étalées dans la Bible, souvent soi-disant au nom de Dieu. N'oublions pas que le Décalogue, dans la forme où il nous est parvenu, est le résumé de l'expérience de vie d'une communauté pendant six cents ans. C'est toute cette violence expérimentée qui rend la sixième Parole essentielle. Même si cela prendra encore des millénaires pour parvenir à ce que l'on ne tue plus. De nos jours, on en est encore à faire des lois de la guerre, faute d'avoir réussi à changer suffisamment le cœur des humains pour éliminer la guerre. Pourtant il n'y a pas de lois concernant la bonne manière, la manière humaine de voler, de violer ou d'assassiner. Il convient de noter que quand ailleurs la Bible dit que celui qui tue est passible de mort, cela signifie d'abord, d'après la pensée des théologiens juifs, qu'en guise de sanction, il s'expose à une mort naturelle provoquée miraculeusement par Dieu. Ce qui, au fond, se rapproche de la loi du Karma des Orientaux.

Passons à la septième Parole. nous allons un peu vite, mais nous reviendrons plusieurs fois par la suite sur chacune de ces Paroles. "Tu ne commettras pas d'adultère." Le verbe "adultérer", de la racine *Na'af* en hébreu est utilisé trente-deux fois dans la Bible, dont la moitié pour parler du peuple hébreu qui se détourne de son Dieu. Le sens de *Na'af*, c'est "putasser", "se prostituer", et cela dépasse de beaucoup le simple adultère. La racine *Na'af* donne le substantif *Noef* qui désigne tout aussi bien l'adultère que le brigand, l'escroc, le dévoyé, le débauché en tout genre et celui qui est déloyal. Ce sont les traductions qui ont limité cette Parole à la débauche sexuelle, alors qu'au Moyen-Âge, un "adultérator" désignait encore un faux monnayeur. Les musulmans parlent de l'adultération du Nom d'Allah, plus grave à leur yeux que l'adultération sexuelle. N'oublions pas encore que la septième Parole est donnée dans le contexte d'une société polygame et que certaines branches du judaïsme ont connu la polygamie jusqu'au seizième siècle de notre ère. Chez les Juifs, la septième Parole a surtout été vue, au niveau sexuel, comme l'interdiction pour une femme mariée d'avoir des relations extraconjugales, les coupables étant dans ce cas aussi bien la femme que son partenaire du moment.

La huitième Parole se lit en général comme: "Tu ne voleras pas", mais le Père Rey-Mermet n'hésite pas à traduire par: "Tu ne commettras pas de rapt, de vol d'être humain." Il est vrai que dans la société agricole des anciens Hébreux, le vol concernait avant tout le cheptel et la main d'œuvre humaine. Pour Rey-Mermet, la dixième Parole, qui parle de la convoitise, couvre du même coup le vol des biens d'autrui. Avec cette demande de ne pas voler d'êtres humains pour en faire des esclaves, nous retrouvons cette vocation à la liberté des Dix Paroles, mais si tu prives ton prochain de ce qui lui est nécessaire pour vivre, tu attentes à sa liberté; même si tu le fais légalement, car ce sont en général les riches et les puissants qui font les lois. Saint Augustin disait: "Tout riche est voleur ou fils de voleur", et au dix-neuvième siècle, Proudhon, découvrant la misère du monde, déclarait: "La propriété, c'est le vol." Le vol ne concerne pas seulement les biens individuels. Le trafic d'influence, la corruption sous toutes ses formes et la spéculation financière se font finalement aux dépens du bien public et donc d'argent pris dans la poche des simples citoyens. Les voleurs de notre temps ne percent plus la maison du voisin ni les coffres-forts des banques; ce sont parfois les banquiers eux-mêmes et les gens qui ont pu se hisser à un poste d'autorité. La corruption est devenue la gangrène de notre monde.

La neuvième Parole peut s'entendre ainsi: "Tu ne répondras contre ton compagnon en témoin de mensonge." Les exemples de faux témoignages ne manquent pas dans la Bible. Pensons à l'épisode de Suzanne et les vieillards, à Jézabel qui veut obtenir la vigne de Nabot. Pensons aux faux témoignages contre Jésus ou Étienne. Dans tous ces cas, il s'agit d'obtenir une condamnation à mort d'un prochain et on rejoindrait là la sixième Parole. On est au niveau d'une parole qui tue ou qui blesse profondément, si bien que les Juifs n'hésitent pas à inclure la simple médisance, même vraie, parmi les comportements que la neuvième Parole nous invite à exclure. L'accusation de peuple déicide portée contre les Juifs a pu, à elle seule, être responsable de milliers de morts. Bien souvent, si nous mentons ouvertement, en cherchant à faire retomber la faute sur les autres, c'est d'abord et avant tout parce que nous nous mentons à nous-mêmes, refusant de faire face à nos sensations, nos sentiments, nos pensées. Cette neuvième Parole est très importante, elle est la symétrique de la quatrième, celle du sabbath qui est le jour de la vérité.

La dixième Parole peut se résumer en trois mots: Tu ne convoiteras pas", même si elle prend la peine de préciser que cela s'appliquera aussi bien à la maison du prochain qu'à sa femme, son serviteur, sa servante, son bœuf, son âne et tout ce qui est à lui. Cette parole va plus loin que de conseiller tel ou tel comportement extérieur, elle concerne une attitude intérieure. Le texte hébreu emploie *Hamad*, qui est bien la convoitise et non pas le mot *Hèphèts* qui est le désir et qui lui est bon et naturel. L'être humain est un être de désir. La convoitise est la mère de tous les vices et nous en trouverons des exemples dans la Bible. Aussi la loi orale des Juifs, qui accompagne toujours la loi écrite, enjoint à l'homme et à la femme de ne pas susciter la convoitise, que ce soit par l'étalage de ses appâts ou de ses richesses. Un certain mode de vie occidental, mondialisé par les médias est objet de convoitise pour le reste du monde. Beaucoup seraient prêts à sacrifier leurs "valeurs" culturelles pour embarquer dans le "rêve américain". Il ne s'agit pas de leur opposer la dixième Parole, comme ce fut le cas au douzième siècle quand la secte des Vaudois fut impitoyablement persécutée parce qu'elle prêchait un partage plus équitable des richesses de ce monde. Il n'y a pas besoin d'attendre la naissance du catholicisme social à la fin du dix-neuvième siècle pour parler de partage des richesses. La Torah en parle déjà, car elle est loi de liberté pour tous.

2. D'autres regards

Continuons maintenant l'écoute des Dix Paroles, dont nous avons noté qu'elles avaient peut-être été inscrites d'abord par le Doigt de Dieu ou par l'Esprit de Dieu dans le cœur des hommes et des femmes avant d'être gravées dans la pierre. Ce qui semble clair, au-delà des analyses de textes et des tentatives de reconstitution historique, c'est qu'au Sinaï, il y a eu rencontre de Dieu et de son peuple, soit directement, soit par l'intermédiaire de Moïse. La manifestation de Dieu, la théophanie du Buisson Ardent se répète, mais cette fois pas simplement pour Moïse mais pour le peuple tout entier. Si le peuple a été libéré de l'esclavage, c'est pour rencontrer Dieu et cette rencontre est le gage de la liberté future. Le rôle de Moïse est de faire sortir l'image de Dieu enfouie dans l'être humain. D'après le récit, le peuple doit se purifier pendant deux jours et se tenir prêt le troisième jour où la montagne est secouée comme par une éruption volcanique. Le texte dit: "La montagne du Sinaï était toute fumante parce que Yahweh était descendu sur elle dans le feu; la fumée s'élevait comme la fumée d'une fournaise et toute la montagne tremblait. Le son de la trompe devint de plus en plus fort: Moïse parlait et Dieu lui répondait par le tonnerre. Yahweh descendit sur le Mont Sinaï, au sommet de la montagne, et de là, Yahweh appela Moïse. Alors Moïse monta." (Ex19, 18-20)

Selon le Deutéronome (5,4-27), Moïse et le peuple reçoivent simultanément les Dix Paroles, alors que le livre de l'Exode oppose fortement la proximité de Moïse et l'éloignement du peuple. Mais, même dans ce cas, ce qui se passe sur la montagne est décrit comme ayant une puissance telle que tout le peuple en est témoin; au point de dire à Moïse, au livre de l'Exode: "Que Dieu ne nous parle pas ou nous allons mourir." Moïse répond: "C'est pour vous mettre à l'épreuve que Dieu est descendu, pour que le respect pour lui soit toujours avec vous et que vous ne péchiez pas." (Ex.20,19-20) Nous avons déjà dit que les Dix Paroles s'enracinent dans le Nom de Dieu: "Je Suis Yahweh." Elles s'enracinent aussi dans la manifestation de Dieu, qui est une façon de dire son Nom: "Je Suis."

C'est également à l'Horeb que Dieu se manifeste au prophète Élie. Mais dans ce cas, Dieu ne sera ni dans le tonnerre et les éclairs, ni dans le tremblement de terre, ni dans l'ouragan, mais dans le silence d'une brise légère. Les vraies manifestations de Dieu sont celles qui rejoignent le cœur de l'être humain dans sa profondeur. On pense aussi à la manifestation de Jésus lors de la Transfiguration, sur le Mont Thabor, en présence des mêmes Moïse et Élie. On pense surtout à la manifestation de Dieu sur la colline du Calvaire lors de la mort de Jésus, qui fait dire au centurion romain: "Vraiment celui-là était le Fils de Dieu." Le phénomène du Sinaï, décrit comme une rencontre du feu du ciel et du feu de la terre, est difficile à visualiser et à expliquer; mais sa signification est donnée par cette Alliance que Dieu conclut avec son peuple et avec le genre humain tout entier. La quatrième Parole, celle qui parle du sabbath étend en effet la signification de l'Alliance à l'étranger et même à toute vie animale. Mais le scénario est tel qu'il est clair que cette Alliance n'est pas un contrat entre égaux, mais un pacte royal entre un suzerain et un vassal, ou un pacte paternel entre un père et ses enfants.

Le texte parle de voir Dieu, ce qui signifie voir son rayonnement. Il s'agit là d'une expérience réelle, mais pas nécessairement physique au sens où on l'entend habituellement. Comme dans le cas du Buisson Ardent où Dieu est la flamme ou dans la flamme. On ne sait, mais au-delà de ce que capte la rétine, il y a la signification de la vision. Lors de la cinquième montée de Moïse sur la montagne, après l'épisode du veau d'or dont nous parlerons plus tard, il est dit que Moïse reste quarante jours dans la proximité de Dieu; la gloire de Yahweh l'imprègne et fait rayonner son visage au point qu'il doit se voiler le visage en présence du peuple. Il n'y a rien là de miraculeux à proprement parler. Lors d'un bref séjour à Bénarès, la ville sainte des Hindous, au bord du Gange, il m'avait suffi de m'imprégner de l'atmosphère de prière de la ville et de compléter cela par quelques exercices de respirations yoguiques assez poussés pour que le garçon d'étage de mon hôtel soit stupéfait devant le rayonnement de mon visage. "You are shining!", s'était-il écrié. Ce rayonnement de l'énergie en nous est ce qu'on appelle l'auréole des saints, mais rares sont les peintres qui savent de quoi il s'agit, sauf peut-être Matthias Grünewald et quelques autres. Les autres peintres dessinent une espèce d'assiette dorée autour de la tête, ce qui n'a rien à voir avec le rayonnement de l'énergie divine.

Mais tout n'est pas éthéré dans la manifestation du Sinaï. Quand Moïse monte ensuite avec Aaron, Nadab, Abilou et les soixante-dix Anciens d'Israël, le texte nous dit qu'après leur vision de Dieu, "ils mangèrent et ils burent." (Ex.24,9-11) Déjà la première Alliance se célèbre dans un repas, comme la Nouvelle Alliance se célèbrera lors de la Cène.

Nous avons parlé des Dix Paroles comme d'une Alliance, mais en fait, c'est plus qu'une Alliance, c'est un Amour. Jésus est venu accomplir la Loi, être l'être humain accompli et à ce titre révéler le visage de Dieu. C'est à cette lumière que nous pouvons maintenant entendre les cinq dernières Paroles qui nous renvoient à notre frère:
 -Tu ne tueras pas, parce que Dieu est Vie.
 -Tu ne commettras pas d'adultère, parce que Dieu est Amour.
 -Tu ne voleras pas d'être humain, parce que Dieu est Liberté.
 -Tu ne mentiras pas, parce que Dieu est Vérité.
 -Tu ne convoiteras pas, parce que Dieu est Don.
Les Dix Paroles nous révèlent le visage de Dieu et nous amènent à désirer l'Arbre de Vie et pas seulement l'Arbre de la Connaissance du Bien et du Mal qui ramènerait les Dix Paroles au niveau d'un simple code moral.

L'être humain qui accepte la lumière divine se trouve sans arrêt confronté aux deux questions que Dieu pose à sa créature dans les récits de création: "Où es-tu?" et "Où est ton frère?" Les cinq dernières Paroles sont en lien avec cette dernière question "Où est ton frère?", alors que les cinq premières renvoyaient à la première "Où es-tu?"; les parents ne sont pas les frères, ils sont le lien avec notre ascendance divine. L'acte de création de Dieu ne s'achève que dans l'engagement de l'homme à continuer. Le jour de la création de l'homme est le sixième. Le don du Décalogue est le sixième jour du mois, mais c'est aussi le cinquantième après la Pâque, comme la Pentecôte. De même que la Pentecôte chrétienne vient compléter la Résurrection en responsabilisant les Apôtres pour la propagation de la Bonne Nouvelle, le don des Dix Paroles responsabilise le peuple en vue de la prolongation de l'œuvre de libération commencée par Dieu.

Le Décalogue est à la deuxième personne. C'est une Parole qui m'est adressée à moi, personnellement. C'est grâce à ce "tu" que la voix divine s'est conservée, car elle rejoignait le cœur de l'être humain. Il est temps de signaler que les Dix Paroles ne sont pas à l'impératif, comme le serait un ordre, mais à un temps hébreu qui est l'imperfectif et qui révèle leur vocation éducative. Elles sont appel à être. Avec Jean-Yves Leloup, on pourrait les énoncer à peu près comme suit:
1) Je suis Yahweh, la Présence, qui te fais sortir d'Égypte, la maison de servitude. En conséquence, tu peux ne pas avoir d'autres dieux que moi, tu n'en as pas besoin.
2) Tu peux ne pas faire d'idole, d'image, ni rien qui ait la forme de ce qui se trouve au ciel là-haut, sur terre ici-bas ou dans les eaux sous la terre. Tu peux ne pas te prosterner devant ces dieux et tu es libre de ne pas les servir, car c'est moi qui suis - JE SUIS.
3) Tu peux ne pas prononcer en vain le Nom de Celui qui Est, qui Était et qui Vient - YHWH - Je Suis. Tu peux ne pas juger du tout. Tu peux laisser être Celui qui Est, le laisser se nommer en toi comme il lui plaît, sans que ce Nom devienne ta possession ou ton pouvoir, car aucun nom ne peut le définir ou le cerner.
4) Tu peux te souvenir d'honorer le jour du Sabbath, d'en faire un jour Saint. Tu as le droit de t'asseoir en présence de Celui qui Est et de te réjouir avec ta femme, tes enfants, tes amis et tes frères en cette Présence. Tu peux honorer ce jour parmi les autres jours, qu'il soit pour toi mémoire de l'Essentiel, sortie des soucis et des contingences qui t'oppriment. Tu peux affirmer publiquement ta liberté à l'égard du monde et de ses pouvoirs, de ses savoirs, de ses avoirs.
5) Tu peux honorer ton père et ta mère, et si tu peux ne te prive pas de les aimer.
6) Tu peux ne pas tuer, tu peux mettre le progrès technique au service du progrès de l'être humain et non au service du progrès de la bestialité.
7) Tu peux ne pas être adultère. Jésus dit à la femme adultère: "Va et ne pèche plus, tu en es capable." Au cœur de la relation consciente et aimante,

tu es invité à faire l'expérience de l'Amour qui demeure. Lorsqu'un véritable Amour a uni deux êtres, rien ne peut les séparer, même si le mariage peut user l'amour.
8) Tu peux ne pas voler d'êtres humains pour les réduire en esclavage, que ce soit un esclavage physique, sexuel ou économique.
9) Tu peux ne pas porter de faux témoignage contre ton prochain, tu es capable de ne pas mentir. Si tu as rencontré le regard de Dieu sur toi, tu peux être capable de ne pas porter de faux jugements et de ne pas te mentir à toi-même.
10) Tu peux ne pas convoiter pour les avoir, ni la maison de ton prochain, ni sa femme, ni son serviteur, ni sa servante, ni son bœuf, ni son âne, ni rien de ce qui lui appartient.

En résumé, accueille l'Amour de Dieu et tu pourras l'aimer de tout ton cœur, de toute ton âme et de tout ton esprit, et en particulier l'aimer dans ton prochain.

"Tu ne tueras pas... tu ne convoiteras pas... etc." Ce n'est pas un ordre, c'est une constatation: si tu es sauvé, libéré, tu ne tueras pas! La frontière entre liberté et asservissement passe à l'intérieur de nous-mêmes. C'est à nous de décider, sachant que, face à la difficulté de la libération, Dieu a dit à Moïse au Buisson Ardent: "Je serai avec toi."

Nous avons déjà entendu plusieurs fois les Dix Paroles depuis le début de ce chapitre. Avons-nous pensé à nous demander pour chacune des Paroles, comme nous l'avions suggéré: "Qu'est-ce que cette Parole peut libérer en moi?" Par exemple pour la deuxième Parole, celle concernant les idoles, qui nous invite à ne pas ériger en idoles nos ambitions, nos croyances, nos dogmes, à ne pas nous laisser asservir dans les ghettos où ces idoles nous enferment. Le Dieu libérateur n'est pas objet de possession. il est transcendance qui nous pousse à la recherche. Il est horizon qui appelle, qui appelle à être et non pas à posséder. Être libéré de nos convoitises, comme nous y invite la dixième Parole, c'est entrer dans une paix nouvelle. Cela ne veut pas dire de se contenter d'un petit pain, mais cela signifie être capable de goûter le présent et de ne pas chercher à vivre dans un futur idéal qui sans cesse recule; car si ce que nous convoitons nous est donné, l'expérience prouve que cela ne nous satisfait pas mais sert juste de tremplin pour passer à un autre niveau de convoitise.

Si on appelle "commandements" les Dix Paroles, cela pose la question de la liberté de l'être humain face au divin. Il ne faut pas escamoter la question, mais il faut chercher la réponse au plus profond de nous-mêmes comme savait le faire les mystiques. Pour Maître Eckhart, ce grand mystique dominicain du Moyen-Âge, croître et croire sont une seule et même action.

Pour lui, l'être humain devient davantage humain en se laissant détacher par l'Amour de Dieu de toutes les fausses images qu'il se forme des créatures, de lui-même et de Dieu. C'est en renonçant à nos idoles que nous sommes affranchis de notre condition d'esclave. La vraie liberté s'acquiert au fil d'un difficile travail sur soi qui consiste à "lâcher-prise" de nos fausses certitudes et à accueillir la Grâce et le Dieu qui "nous est plus intime que nous mêmes."

On peut s'imaginer que l'on doive à tout prix défendre notre liberté, ou ce que nous appelons de ce mot. Cela nous amène, soit à vivre sur la défensive, ce qui peut aller jusqu'à se bâtir à grands frais un bouclier de missiles protecteurs, soit même à empiéter sur la liberté des autres au nom de notre propre liberté. On peut au contraire, avec le Décalogue, croire que notre liberté propre est inséparable de la protection de la liberté d'autrui, par nous-mêmes d'abord et par le groupe humain dont nous faisons partie.

Jésus est venu accomplir la Loi et les Prophètes, et pour lui la Loi c'est que le sabbath soit au service de la libération et non pas un culte organisé et imposé par les prêtres. Il faudrait se demander chaque dimanche soir: "Qu'ai-je fait pour me libérer et pour aider les autres à se libérer?" Est-ce que ce dimanche a été un dimanche pour l'être humain, en moi et autour de moi? "Le sabbath a été fait à cause de l'humain et non pas l'humain à cause du sabbath." Tout cela peut paraître utopique. Mais les Dix Paroles sont dites par celui qui dit aussi: "Je serai avec toi", par celui qui rend l'utopie possible. Nous avons déjà cité cette parole d'Hannah Arendt disant que le mal s'était révélé plus radical que prévu, que le Décalogue n'avait pas prévu les crimes modernes. Je pense plutôt qu'il faudrait dire que la lecture que l'on a faite du Décalogue s'est révélée trop légère et trop superficielle. Trop légère parce qu'on a cherché à s'en tenir à un bref résumé sans chercher à en tirer toutes les conséquences comme nous y invitent d'autres passages de la Torah, d'ailleurs repris et amplifiés par Jésus dans le Sermon sur la Montagne. Nous nous étendrons sur ces points dans la seconde moitié de ce livre. Soyons patients, se libérer est un long cheminement.

Plus important encore, il ne faudrait pas que toutes ces livres chargées de sens que nous découvrons dans la Bible ou dans l'Évangile soient reçues par nous comme une connaissance qui nous vient de l'extérieur. Ce serait chercher à goûter à l'Arbre de la Connaissance du Bien et du Mal et faire des Dix Paroles une morale source de mort. Le Décalogue réfère à une loi intérieure et c'est en nous qu'il faut découvrir ses racines. L'Arbre de Vie est planté en nous, au milieu de notre jardin intérieur; et il est Arbre de Vie pour tous. Nous allons avoir recours à un conte pour mieux comprendre ce que cela signifie.

Une version amérindienne: Jumping Mouse
Maintenant, nous nous mettons à l'écoute d'un conte qui est une histoire de libération. Je l'ai trouvé dans le livre de Hyemeyohsts Storm intitulé "Seven Arrows". C'est l'histoire de Jumping Mouse, en français, "la Souris qui saute". Je l'ai traduit intégralement en français dans mon livre "Le Baptême par le Feu". Je le résume simplement ici.

Comme son nom l'indique, c'est l'histoire d'une souris, dont il n'est pas précisé si elle est mâle ou femelle, Mais comme en français le genre du mot est féminin, c'est ainsi que nous en parlerons. L'histoire commence comme tous les contes: Il était une fois, une souris. C'était une souris très affairée, comme toutes les souris, cherchant au ras du sol les choses qui intéressent les souris.

Parfois, elle avait le sentiment qu'il y avait plus que cette vie au ras des choses, mais cela n'intéressait personne autour d'elle. Un jour, elle décida de s'éloigner du groupe. Elle percevait un grondement à peine perceptible, mais le raton laveur lui confirma qu'elle ne rêvait pas et la conduisit jusqu'à la Rivière d'où venait ce bruit. Elle était énorme, à vous couper le souffle. Profonde et claire à certains endroits, boueuse à d'autres. Pour une souris, il était impossible d'apercevoir l'autre rive. Mais à la surface, elle pouvait voir le monde qui défilait devant ses yeux.

"C'est puissant", dit-elle. - "C'est une grande chose", répondit le raton laveur, "mais permets que je te présente à une amie." À un endroit calme et peu profond, il y avait une feuille de nénuphar verte, brillante et, assise dessus, une grenouille, aussi verte que la feuille, à part son ventre blanc. "Hello, petite sœur", dit la grenouille, "bienvenue à la Rivière."

La petite souris s'approcha de l'eau et regarda dedans. Une souris effrayée s'y reflétait. "Qui es-tu?" demanda la souris à son reflet. "N'as-tu pas peur d'être loin dans la Rivière?" - "Non", répondit la grenouille, je n'ai pas peur, car je peux vivre dans l'eau et hors de l'eau.   Veux-tu recevoir un Pouvoir?". - "Un Pouvoir?... pour moi?", demanda la souris. "Oui... oui... si c'est possible." - "Alors, replie-toi sur toi-même, autant que tu peux, et saute aussi haut que possible."

La petite souris fit comme on le lui avait dit et quand elle sauta, ses yeux virent les Montagnes Sacrées. Elle n'en pouvait croire ses yeux, mais elles étaient bien là. Puis, elle retomba vers le sol et atterrit dans la Rivière. Elle se débattit et parvint à rejoindre la rive, presque morte de peur.

"Tu m'as joué un vilain tour", hurla-t-elle à la grenouille. - "Un moment", répondit l'autre, "tu n'es pas blessée. Ne laisse pas ta peur et ta colère t'aveugler. Qu'as-tu vu?" - "J'ai vu... j'ai vu les Montagnes

Sacrées." - "Et maintenant, tu as un nouveau nom", ajouta la grenouille, "tu es Jumping Mouse, la souris qui saute."

Jumping Mouse retourna dans le monde des souris, mais là le désappointement l'attendait. Personne ne voulait l'écouter.

Elle vécut quelque temps parmi son peuple, mais ne pouvait oublier la vision des Montagnes Sacrées. Un jour, elle retourna à la limite du territoire des souris et regarda la prairie. Elle leva les yeux cherchant les aigles. Le ciel semblait plein de points noirs et chacun devait être un aigle. Mais elle était décidée à aller aux Montagnes Sacrées et, réunissant son courage, elle se mit à courir de toutes ses forces. Son petit cœur battait très fort d'excitation et de peur.

Elle atteignit un bosquet d'armoise et y reprenait haleine, quand elle vit une vieille souris. Le bosquet où elle vivait était un paradis pour souris: des graines en abondance, des brindilles pour des nids et beaucoup de choses pour s'occuper.

"Bienvenue", dit la vieille souris. Jumping Mouse était stupéfaite: une telle souris, dans un lieu pareil." - "Vous êtes vraiment une grande souris", dit-elle avec respect, "c'est un endroit merveilleux et les aigles ne peuvent pas vous y voir." La vieille souris, pleine de sagesse, avait bien entendu parler de la Rivière, mais niait l'existence des montagnes sacrées qui lui semblaient simple illusion.

Malgré les conseils de prudence de la vieille, Jumping Mouse reprit sa course dangereuse. Elle parvint à un bosquet de cerisiers sauvages encore plus attrayant que sa halte précédente. Elle entendit une respiration très pesante. Elle découvrit que cela venait d'une montagne de poils avec des cornes noires. C'était un grand Bison, mais si grand qu'elle n'en pouvait croire ses yeux..

- "Hello, petite sœur", dit le Bison, "merci de ta visite." - "Hello, grand être", dit Jumping Mouse, "pourquoi êtes-vous couché ici?". - "Je suis malade et mourant, et mon Pouvoir m'a permis de savoir que seul l'œil d'une souris peut me guérir." Jumping Mouse reçut un choc. Mais la respiration devenait de plus en plus haletante. "Il va mourir", pensa Jumping Mouse. Après réflexion, elle retourna vers le Bison et lui dit d'une voix tremblante: "Je ne peux pas vous laisser mourir. J'ai deux yeux et vous pouvez en avoir un." À l'instant même, un de ses yeux s'échappa de son orbite et le Bison recouvra sa totalité. Il sauta sur ses pieds, ébranlant le monde de Jumping Mouse.

- "Merci petite sœur", dit le Bison. "je suis au courant de ta recherche des Montagnes Sacrées. Tu m'as donné la Vie pour que je puisse me donner aux gens. Je serai ton frère pour toujours. Cours sous mon ventre et je te conduirai au pied des Montagnes Sacrées."

Jumping Mouse courut sous le Bison, puis il la quitta au pied des escarpements. Jumping Mouse commença immédiatement à explorer les alentours, et très vite elle découvrit un loup assis, ne faisant absolument rien. "Hello, frère loup", dit Jumping Mouse. Les oreilles du loup s'agitèrent et ses yeux brillèrent: "Loup! Loup! Oui, c'est cela que je suis, un loup." Mais son esprit se rendormit et il oublia à nouveau qui il était.

Jumping Mouse retourna au centre de son nouveau domaine et se tint tranquille un long moment, écoutant le battement de son cœur. Puis elle prit une décision soudaine. Elle retourna vers le Loup et lui dit: "Frère Loup, écoutez-moi. Je sais ce qui peut vous guérir; c'est un de mes yeux et je veux vous le donner. Vous êtes un plus grand être que moi. Je ne suis qu'une souris. Prenez-le."

À ces mots, l'œil de Jumping Mouse s'échappa de sa tête, et le Loup recouvra sa totalité. Des larmes coulaient des yeux du Loup mais sa petite sœur ne pouvait les voir car elle était devenue aveugle. - "Tu es une vraie sœur", dit le Loup, "car j'ai retrouvé la mémoire. Je suis le guide vers les Montagnes Sacrées. Je vais t'y emmener. Il y a un grand lac de Pouvoir là-bas, le plus beau lac du monde. L'Univers entier s'y reflète". Le Loup la guida à travers la forêt de pins. Jumping Mouse but l'eau du Lac. Le Loup lui en décrivit la Beauté. - "Maintenant, je dois te quitter", dit le Loup. "car je dois retourner pour en guider d'autres. Cependant, je peux rester plus longtemps si tu veux." - "Merci, frère", dit la souris, "mais même si j'ai peur d'être seule, je sais que tu dois aller faire ton travail de guide."

Jumping Mouse s'assit tremblante de peur. À quoi bon courir, elle était aveugle. Mais elle savait que, là où elle était, un Aigle la trouverait. Elle sentit l'ombre sur son dos, entendit le bruit que font les Aigles. Elle se concentra dans l'attente du choc. L'Aigle frappa et Jumping Mouse perdit connaissance.

Puis elle se réveilla. La surprise d'être vivante était grande, mais maintenant elle pouvait voir. Sa vision était brouillée, mais les couleurs étaient magnifiques. - "Je peux voir, je peux voir", répéta Jumping Mouse.

Une forme s'approcha d'elle. Jumping Mouse essaya de voir mieux, mais l'image resta floue. - "Hello, sœur", dit une voix, "veux-tu recevoir un Pouvoir?" - "Un Pouvoir? pour moi?" demanda Jumping Mouse, "oui... oui..." - "Alors replie-toi sur toi-même autant que tu peux et saute aussi haut que possible."

Jumping Mouse fit comme on le lui avait dit et sauta. Le vent se saisit d'elle et l'emporta plus haut. - "N'aie pas peur", lui cria la voix, "accroche-toi au vent et aie confiance." Jumping Mouse obtempéra. Elle ferma les yeux et s'accrocha au vent qui l'emmena toujours plus haut. Elle ouvrit les yeux, ils étaient clairs, et plus elle montait, plus ils

s'éclaircissaient. Elle vit sa vieille amie sur une feuille de nénuphar, sur le splendide Lac de Pouvoir. C'était la grenouille.
- "Tu as un nouveau nom", dit la grenouille, "tu es Aigle."

La découverte de la Rivière, symbole de la vraie Vie, s'accompagne pour Jumping Mouse d'une vision rapide des Montagnes Sacrées. La traversée de la Mer Rouge est liée à la Théophanie du Sinaï. Ce qu'a vécu Jumping Mouse est comparable. Elle a d'abord osé sortir de son territoire. Puis il y a la vision des Montagnes Sacrées. Cette vision la rejoint au plus profond d'elle-même, la met en contact avec une loi intérieure qu'elle ignorait et lui fait découvrir la vacuité des idoles de la vie quotidienne auxquelles jusque là, elle consacrait toutes ses énergies. Même la sagesse de la vieille souris ne fait plus le poids dans cette nouvelle échelle de valeurs. Finalement, Jumping Mouse acceptera de perdre la vue, se dépouillera de sa vision du monde, se mettra au service de quelque chose de plus grand qu'elle, la Vie. Et il lui sera donnée une vision nouvelle, plus haute et plus perçante.

Lecture juive contemporaine

Dans le même type d'approche, nous allons faire une excursion dans ce qu'un rabbin juif contemporain nous dit des Dix Paroles; nous emprunterons donc quelques éclairages originaux au livre de Marc-Alain Ouaknin intitulé "Les Dix Commandements". Jean-Louis Schlegel qui cherche à donner une idée du livre dans la préface qu'il a écrite nous dit: "Ce livre parle beaucoup de la vie et du bonheur d'être vivant. Les commandements sont comme le sel de la vie, ce qui lui donne sa saveur. Ils ne sont pas de l'ordre de l'avoir (une morale), ni du devoir (faire le bien), ni à fortiori des interdits (à respecter), mais de l'être et de la parole. Être plus, être meilleur, être pleinement humain, parler à autrui pour qu'il vive, comme moi, et qu'il me donne la vie en retour, que lui aussi "m'offre le monde par sa parole": voilà ce dont traitent les commandements." Donc en écoutant la Torah, dit Marc-Alain Ouaknin, "il ne s'agit pas de comprendre le texte mais de se comprendre."

Le premier chapitre parle de la première Parole: "Je suis Yahweh ton Dieu qui t'ai fait sortir d'une maison d'esclavage." Le titre du chapitre est : "Fais exister l'infini." Le Nom de Yahweh en hébreu est constitué de quatre consonnes sans voyelles et donc imprononçable. On peut traduire ces quatre lettres, ce tétragramme par "être", "avoir été" et "avoir à être". Le Tétragramme s'inscrit donc dans toutes les dimensions du temps et de l'Histoire. Mais en même temps pour les Juifs, il y a la Loi écrite, celle qui est donnée et gravée dans la pierre, et la Loi orale, celle qui est reçue et qui est tout aussi importante. "Insister sur l'importance de la Loi orale qui n'a de cesse de casser, de fracturer la Loi écrite, c'est insister sur la responsabilité qu'ont les êtres humains - et les Juifs en particulier - de rendre Dieu infini, de ne pas le contenir dans un texte fermé." D'ailleurs le mot "gravé", *Harout* en hébreu, est presque le même que le mot *Hérout* qui signifie "liberté". Le premier commandement est Parole de libération, mais il invite aussi à être novateur dans l'action, à inventer de nouvelles formes de vie. Il invite à prendre le risque d'être soi.

Pour Marc-Alain Ouaknin, le second commandement peut se comprendre ainsi: "Tu n'auras pas un dieu qui est autre, étranger, qui ne répond pas quand tu l'invoques." Pour les Chrétiens, Dieu se fait homme, le Verbe - la Parole - se fait chair. Pour les Juifs, Dieu se fait texte. La Torah n'est pas une information sur Dieu: en elle, le divin se manifeste. Yahweh est le Dieu qui répond, et la libération d'Égypte qui ouvre la Torah est réponse de Dieu au cri de son peuple asservi.

La troisième Parole, concernant les abus du Nom de Dieu, rappelle que nul n'a le droit de parler au nom de Dieu pour commettre un acte de violence. L'idée de Dieu est dangereuse quand elle se transforme en idéologie, ou quand elle sert d'alibi à une politique. Or le conformisme peut prendre le caractère d'une idéologie. Pour Marc-Alain Ouaknin, le troisième commandement peut se commenter comme suit: "Ne construis pas ton projet d'existence, ton éthique, de telle sorte qu'ils soient semblables à ceux d'un autre et que ta vie soit vaine. Ne donne pas une interprétation conforme de la Vie, du monde ou de Dieu, affirme ta différence!" Dieu n'est pas un Dieu unique, mais un Dieu UN. Il ne renie ni la façon dont il a été perçu par Abraham, ni celle d'Isaac, ni celle de Jacob; il est l'Unité de ces représentations diverses. Prononcer son Nom en vain, c'est l'enfermer dans une seule interprétation. "Il y a beaucoup de demeures dans la maison de mon Père", dira Jésus.

Nous avons déjà beaucoup commenté la Parole concernant le sabbath, ce jour qui est donné à l'être humain pour qu'il ait le temps de donner sens et direction à sa vie et éventuellement à celle d'autrui. Ce jour donné pour que nous puissions refuser que le monde soit absurde. Un jour pour se souvenir de son futur, pour se reconnecter avec son pôle féminin, le pôle de l'être, un jour pour se rappeler qu'au septième jour du récit de création, Dieu s'est fiancé avec sa création; se rappeler que la création n'est pas achevée et qu'il faut la faire advenir. Le jour du sabbath est le temps du renouvellement de notre perception des choses, des liens qui unissent les êtres humains, de l'amour. C'est un morceau de temps dans un écrin de lumière. Les interdits du sabbath concernent les actions qui nous empêcheraient d'être. Le sabbath nous invite à sortir des chemins tracés d'avance, non pas à la recherche de notre petit moi, mais pour qu'après nous, il existe encore une humanité.

La cinquième Parole parle d'honorer son père et sa mère, et le livre du Lévitique rattache cela au sabbath: "Que chacun craigne sa mère et son père, et vous observerez un sabbath, Je Suis Yahweh, votre Dieu." Selon la pensée juive, ce respect des parents et en particulier de leur vieillesse, ne peut être délégué à d'autres. Il importe de l'accomplir soi-même et donc d'y donner du temps. Mais en même temps, ce respect des parents n'est pas une invitation à les imiter. Il s'agit de les honorer pour pouvoir librement aller son propre chemin, donner suffisamment de poids à leur histoire pour ne pas avoir à la répéter soi-même. Si les parents n'ont pas fait leur marque dans la vie, n'ont pas eu de poids, les enfants risquent de porter toute leur vie ce poids qui a manqué à leurs parents.

Avec la sixième Parole, nous abordons maintenant la seconde des tables de la Loi, celle dont nous avons dit qu'elle présente une symétrie avec la première. La sixième Parole est en conséquence directe de la première où Yahweh affirme son existence: "Moi-même, Yahweh, ton Dieu", ton créateur et ton libérateur. Assassiner une des créatures de Dieu, c'est attenter à celui qui l'a créée. Car à l'image de son créateur, tout être humain est un "je suis", unique. La sixième Parole pourrait donc s'entendre: "Tu ne tueras pas le "je suis"." Qu'un être humain puisse dire "je suis" cela veut dire: je suis un être totalement unique, et pourtant, en moi, réside l'ensemble de l'humanité. Tuer un homme revient, à certains égards, à tuer le monde entier, l'humanité en l'homme. C'est au fond me tuer moi-même car je ne suis que dans ma relation aux autres. Au quatrième chapitre de la Genèse, quand Qaïn tue Habel, c'est parce qu'il n'a pas su entendre cet appel de Dieu à faire du mieux, à être plus. Il ne faudrait pas dire "je suis", mais "j'ai à être." Dans cette opposition entre Qaïn et Habel, il y a déjà une coloration de querelle religieuse du genre "mon Dieu est meilleur que le tien". Dès que quelqu'un revendique comme seule vérité la sienne, on entre dans une violence infinie car on nie à l'autre le droit d'exister, d'être lui-même avec ses croyances, et le dialogue, à supposer qu'il ait lieu, ne peut conduire qu'au meurtre. Quand on réduit l'être humain à n'être qu'un numéro pour les statistiques ou les services gouvernementaux et un électeur anonyme et sans visage, on va à l'encontre de la sixième Parole. Les crimes des Nazis ont été possibles parce que les victimes n'étaient pas humaines à leurs yeux. Les tueurs n'avaient même pas conscience d'être des meurtriers. Les victimes de l'embargo contre l'Irak devaient sans doute être aussi pour nous des êtres sans visage, sinon nous aurions réagi et manifesté contre une telle barbarie.

La septième Parole, "Tu n'adultéreras pas" est la symétrique de la seconde qui enjoignait de ne pas se prosterner devant les idoles. Se prosterner devant d'autres dieux, c'est commettre l'adultère vis-à-vis de Yahweh. La tradition juive comprend que dans la relation d'adultère, la femme doit être mariée à un autre homme. Cette interprétation se place au niveau de l'enfant qui pourrait naître de cette union. Cette relation sexuelle entraînerait une filiation impossible à assumer dans la vérité. Le livre du Lévitique s'étend assez longuement sur tous les comportements sexuels interdits. Le chapitre correspondant est ponctué par la proclamation: "Je Suis Yahweh, votre Dieu." Ces comportements sont attribués aux autres nations, en particulier au pays de Canaan qui représente la Terre Promise et dont il est dit qu'il a vomi ses habitants à cause de ces pratiques. Puis le texte du Lévitique donne cet avertissement: "Si vous vous conduisez comme eux, la terre vous vomira vous aussi à votre tour." Il y a comme un contrat entre l'être humain et la terre qui fait que si l'homme a une conduite permettant la Vie, la terre continuera à apporter la Vie.

La huitième Parole met en garde contre le vol, en particulier le vol d'homme. La troisième Parole qui lui correspond dans la symétrie demandait de ne pas usurper le nom de Dieu, de ne pas voler le pouvoir du Nom pour lui faire servir nos intérêts. Marc-Alain Ouaknin commence son commentaire de la huitième Parole en parlant de l'humour. Pourquoi? Peut-être parce que ce serait justement l'humour qu'il faudrait d'abord ne pas voler à autrui. L'humour, c'est-à-dire sa capacité de sortir de soi-même, de s'inventer toujours autrement. Car déjà pour le grand maître juif Rachi au Moyen-Âge, l'injonction "Tu ne voleras pas" ne concernait pas le vol d'objet, mais avant tout le "vol des âmes". "Tu ne voleras pas ce qui fait la transcendance spécifique d'autrui, sa manière de parler, d'écouter, de regarder, de sentir qui lui est propre." Toutes les techniques de conditionnement par la publicité ou les médias, tous les lavages de cerveaux seraient sans doute rejetés par la huitième Parole. Tu ne voleras pas l'espérance de l'autre pour la remplacer par tes propres idées de bonheur. Au dix-neuvième siècle, un chef algérien disait déjà à un gouverneur qui lui vantait les bienfaits de l'œuvre civilisatrice de la colonisation: "Je vous dénie le droit de définir ce qu'est le bonheur pour nous." Tu ne voleras pas la vision de Dieu de ton prochain pour la remplacer par ta propre vision. Tu ne lui voleras pas sa créativité au nom d'un conformisme stérilisant. Tu ne lui voleras pas son esprit d'enfance, ni son féminin.

Dans la symétrie entre les deux tables des Dix Paroles, la neuvième, concernant le mensonge, est en face de la quatrième qui parle du sabbath. Le sabbath, comme nous l'avons dit, est le jour de la vérité de tout être humain, celui ou chacun ou chacune est nu devant son Créateur pour redécouvrir son vrai visage, terni par les compromissions de la vie courante. Le mot hébreu *Taanné*, que l'on traduit en général par "porter" un faux témoignage, signifie d'après le dictionnaire "répondre". Le commandement pourrait donc se lire: "Tu ne répondras pas", tu ne fermeras pas avec tes réponses la question qui est au cœur de tout être humain. Ne cherche pas à remplir avec tes réponses le vide qui est dans le cœur de tout être humain et qui est place pour Dieu. En un mot, laisse-lui la possibilité, la liberté d'être, d'être lui-même. Ne te substitue pas à l'Esprit. Nous avons déjà trouvé une signification semblable dans d'autres Paroles qui toutes cherchent à mettre en garde contre le "vol d'être". Mentir, ce n'est donc pas dire une parole fausse à son prochain, mais employer une parole qui va éteindre le questionnement au plus profond de lui-même, l'empêcher de bâtir son propre futur. La parole que tu adresses à l'autre doit respecter son espace de liberté, elle ne doit pas risquer de l'enfermer dans ce que tu crois être ta vérité. Ce viol de l'autre est d'autant plus grave s'il conditionne directement son subconscient. Et le fait que ces conditionnements verbaux et subliminaux soient faits de bonne foi, pour le bien de l'autre, ne diminue guère la gravité de l'offense faite à sa personne. Les Juifs étendent la neuvième Parole à la médisance, même si les faits que l'on colporte sont exacts. Il y a des mots qui tuent, tout autant que les faux témoignages, et ce sont les mots de la médisance. Les maîtres juifs vont encore plus loin: celui qui écoute les médisances commet une faute plus lourde que celui qui les répand; s'il n'y avait personne pour l'écouter, le médisant se tairait. Pour Marc-Alain Ouaknin, ce neuvième commandement est très proche du "Tu aimeras ton prochain comme toi-même" qui, avec l'amour de Dieu, résume toute la Loi.

Le lien entre le cinquième et le dixième commandement peut sembler moins évident. Mais honorer ses parents, c'est s'accepter tel que l'on est dans la ligne de son hérédité, ne pas regretter de ne pas avoir une autre origine. C'est se situer dans la main de Dieu. Il serait d'ailleurs temps de signaler que cette symétrie entre les deux tables n'est pas un absolu. Il n'y a pas cinq Paroles qui ne concerneraient que la relation à Dieu et les cinq suivantes qui ne concerneraient que la relation au prochain. Par contre, il est exact que dans chacune des cinq premières Paroles, le nom de Dieu apparaît, alors que l'on ne le trouve plus mentionné dans les cinq suivantes. Il est aussi exact que le premier mot des Dix Paroles est le mot *Anokhi*, Moi-même, qui désigne Dieu et que le dernier mot est celui qui désigne le prochain. Les Dix Paroles se déploient entre le "je" et "l'autre", mais il serait erroné de croire que la pensée du prochain est exclue des cinq premières Paroles et celle de Dieu des cinq dernières. En évoquant la convoitise, la dixième Parole évoque le récit de création du jardin d'Éden.

Manger de l'arbre de la connaissance, c'est chercher à connaître ce que l'on peut connaître de l'autre, du prochain. Il y a tant de façon de manger l'autre... par exemple en ne lui laissant pas la parole parce qu'on <u>sait</u> par avance ce qu'il va dire. Le texte dit de ne pas convoiter la maison de son prochain, avant de faire la liste de ses possessions. Mais la maison, c'est aussi son origine... qui se rattache à son mystère et où il ne faut pas compter trouver l'explication à notre propre mystère. La dixième Parole parle de l'altérité des êtres humains qu'il faut respecter, à l'encontre de toutes les tentatives de mondialisation et de globalisation culturelles. Aussi surprenant que cela puisse paraître au premier abord, vouloir faire l'autre à notre image, c'est convoiter son être pour se l'approprier.

Encore d'autres éclairages

Après cette lecture des Dix Paroles qui était très inspirée par certains courants de la pensée juive contemporaine, nous continuons à nous mettre à l'écoute de divers éclairages sur les Dix Paroles afin de nous aider à les sentir résonner en nous. Commençons par deux épisodes bibliques qui illustrent bien le lien qu'il y a entre les Dix Paroles. Prenons d'abord l'histoire de David et de Bethsabée. Elle commence par la convoitise. Depuis son palais, David voit Bethsabée sur la terrasse de sa maison et il la convoite. On est au niveau de la dixième Parole. Il la fait venir au palais et couche avec elle; comme elle est mariée, cela le met en contradiction avec la septième Parole concernant l'adultère, et précisément cela va poser un problème de reconnaissance de paternité. Comme Urie, le mari de Bethsabée est à la guerre, le mensonge n'est possible qu'en le faisant revenir du lieu du combat avec l'espoir qu'il couchera avec sa femme et qu'il pourra croire que l'enfant est de lui. Mais cet essai pour contourner la neuvième Parole est sans succès car Urie est fidèle à la règle qui veut que l'on n'ait pas de relations sexuelles, même avec son épouse, en temps de guerre. Il n'y a plus qu'à aller à l'encontre de la sixième Parole en provoquant la mort d'Urie au combat, mais là encore en essayant de tricher avec la vérité.

L'autre histoire est celle du roi Achab qui convoite la vigne de Nabot. Là encore on commence avec la convoitise. Cette vigne est celle que Nabot tient de ses pères et il refuse de se laisser dépouiller, même moyennant compensation, de ce lien avec ses origines. Alors la reine Jésabel a recours au faux témoignage pour provoquer la condamnation et la mort de Nabot et pouvoir s'emparer de sa vigne. Partant d'une violation de la dixième Parole, on en vient à ne pas respecter successivement les neuvième, sixième et huitième. Tout se tient dans le respect ou le non respect de l'autre!

Parmi les Dix Paroles, il y en a qui sont peut-être plus importantes que les autres, car si on triche avec elles, comme nous venons de le voir, on ne tarde pas à tricher avec les autres. Nous venons de voir l'importance des neuvième et dixième Paroles qui concernent le respect de la vérité et la non convoitise. Nous avons déjà signalé le rôle central du sabbath. À cette liste, j'ajouterai la seconde Parole concernant les idoles. Le Psaume 115 parle du culte des idoles. Je cite: "Leurs idoles: or et argent, ouvrages de mains humaines, elles ont une bouche et ne parlent pas, des narines et ne sentent pas, leurs mains ne peuvent toucher, leurs pieds ne peuvent marcher, pas un son ne sort de leur gosier; qu'ils soient comme elles tous ceux qui les font, ceux qui mettent leur appui en elles..." L'idole est donc une image insensible, création humaine à qui on finit par ressembler. On a pu croire que cette Parole avait perdu de son importance parce que notre monde n'a plus tendance à adorer des animaux ou des statues, même si la vénération de statues et de reliques dans certains sanctuaires pourraient être teintée d'un peu d'idolâtrie. Mais n'avons-nous pas fait une idole de Dieu lui-même, en lui inventant, comme les Juifs, un culte dont il n'a que faire? Dieu par la bouche des prophètes se dit dégoûté des sacrifices et il précise, par la bouche d'Osée: "C'est l'Amour que je veux et non les sacrifices." Par la bouche de Michée il ajoute: "On t'a fait savoir, ô homme, ce qui est bien, ce que le Seigneur attend de toi: rien d'autre que d'accomplir la justice, d'aimer avec tendresse et de marcher humblement avec ton Dieu." Mais au lieu de marcher avec ce Dieu-là, nous préférons nous fabriquer des idoles à qui nous donnons le même nom que Dieu et à qui nous continuons à offrir des sacrifices que nous croyons bons pour lui. Même la Torah, la Loi, peut devenir une idole si on la sort de son contexte qui commence par: "Je t'ai aimé assez pour te libérer", et se termine par "Tu aimeras ton prochain au lieu de l'envier."

Le Sermon sur la Montagne, en Matthieu, insiste sur le choix à faire entre Dieu et l'idole, entre Dieu et Mammon, le dieu de l'argent qui de nos jours est aussi le dieu de la prospérité, de la croissance économique, de l'économie de marché. Faute de pouvoir dominer le marché, on l'adore, on se soumet à sa loi et on lui sacrifie nos enfants comme on sacrifiait les enfants au Dieu Moloch dans les temps bibliques. Le Dieu insatiable de la prospérité, Baal des temps modernes, nous rend aussi insatiables que lui. On pourrait reprendre l'image des deux bêtes au chapitre 13 du livre de l'Apocalypse. Une bête qui a le pouvoir économique et politique, et un autre qui représente le faux prophète, le pouvoir de désinformation qui fait que les humains se prosternent devant la première bête. De même que le pharaon voulait augmenter la charge de travail des Hébreux pour qu'ils n'aient pas le temps de penser à la liberté, nos idoles modernes cherchent à créer un monde où l'on n'aurait plus le temps de penser, les médias à leur service s'offrant de le faire pour nous.

Nous avons déjà insisté sur l'importance du sabbath, pas simplement pour les Juifs, mais pour la création tout entière. Les Dix Paroles, telles que rapportées au livre du Deutéronome font le lien entre le sabbath et la libération. C'est une loi dont le respect semble essentiel. Même en période de labour et de moisson, le sabbath doit être respecté. Même lors de la construction de la Tente de la Demeure qui abritera l'Arche d'Alliance, le sabbath doit être respecté. Il s'agit pourtant d'un travail sacré. Pour les Juifs, il n'y a pas opposition entre la prière et le travail, mais avant d'être un temps pour la prière, le sabbath est un temps pour être. La pratique juive n'exclut pas que l'on puisse avoir à faire face à des urgences le jour du sabbath; mais il s'agit de s'organiser pour que les urgences ne deviennent pas la règle.

Sanctifier le sabbath, c'est le mettre à part, littéralement le séparer. En ce sens, le chef de synagogue qui dit aux gens de venir demander à Jésus de les guérir un autre jour que le jour du sabbath est en accord avec l'esprit de la Loi qui veut que seules les situations d'urgence soient traitées ce jour-là. La loi du sabbath prohibe ou diffère les actions bonnes. Mais la loi est établie en vue de la liberté et les guérisons que fait Jésus sont œuvres de libération. On ne doit pas retarder une libération à cause d'une loi qui a été faite en vue de la libération. Honorer le sabbath, c'est guérir ce jour-là qui est un jour de libération; ceci, même si on penserait qu'il n'y a pas urgence, comme dans le cas de la femme courbée depuis dix-huit ans ou du paralytique de la piscine de Bethzatha, malade depuis trente-huit ans. L'homme à la main desséchée, paralysée et ne pouvant donc pas travailler était condamné à un sabbath de sept jours par semaine qui, dès lors, n'est plus signe de délivrance puisque l'homme ne peut plus subvenir à ses besoins.

Rappelons que la quatrième Parole, concernant le sabbath, est l'une des deux, avec la cinquième qui parle des parents, à être à la forme positive, sous la forme d'une affirmation et non pas d'une négation. Ces deux commandements, nous l'avons dit, sont plus particulièrement en lien avec le temps, avec la vie à ses divers niveaux et ses divers âges. Il s'agit d'une loi de vie. La cinquième Parole se termine en fait par ces mots: "afin d'avoir longue vie sur la terre que Dieu te donne." C'est également en termes de vie que Jésus pose la question aux gens qui l'épient pour voir s'il guérira l'homme à la main desséchée le jour du sabbath. Il leur demande: "Qu'est-ce qui est permis le jour du sabbath, faire du bien ou faire du mal, sauver une vie ou la laisser se perdre?" Le sabbath est le jour où se repositionne le désir, le jour où nous nous interrogeons sur ce que nous faisons de notre vie. Est-ce que nous la laissons perdre? Le sabbath a pour finalité de révéler si le cœur se tourne vers la vie ou vers la mort. Mais les adversaires de Jésus se taisent. Ce sont eux qui ont dénaturé le sabbath, qui sont incapables de repositionner leur désir, de choisir la vie. Ils sont incapables de vivre ce temps de liberté que leur offre le sabbath. Chaque fois que Jésus guérit, il ne dit pas à la personne guérie: "Ta foi t'a guérie", mais il affirme: "Ta foi t'a sauvée." Il s'agit bien de choisir la vie, le salut. Mais les adversaires de Jésus rejoignent les intégristes de tous les temps qui profanent le sabbath par leur refus d'accueillir la vie. Ils idolâtrent la Loi au lieu d'en vivre.

D'autres appels à être

Pour en finir avec l'étude détaillée des Dix Paroles, jetons rapidement un regard sur d'autres Paroles dans l'optique de la tradition juive. Pour celle-ci, l'homicide et l'humiliation sont des crimes équivalents au regard de la Torah. Jésus ne fera que confirmer cela dans le Sermon sur la Montagne.

Nous avons déjà dit que la huitième Parole porte plus sur le vol de la liberté d'autrui que sur le vol de ses biens. Ceci est confirmé dans le livre de l'Exode aussitôt après le don des Dix Paroles, quand nous trouvons l'interdiction de réduire un être humain à l'esclavage.

L'Apôtre Paul, dont l'épître aux Romains a pour thème le face-à-face de la Loi et de L'Évangile, présente son interprétation du Décalogue dès le premier chapitre de sa lettre. Pour lui, la connaissance de la Vérité est le support de la Loi, le mensonge est la source des transgressions: le mensonge remplace la gloire de Dieu par de fausses images, ce qui est idolâtre et aboutit à toutes sortes de débauche. Voici donc l'emphase mise à nouveau sur l'importance de la vérité, comme fondement sur lequel l'être humain se bâtit. C'est cette vérité, au-delà des fausses images, qui rend libre. Les psaumes 15 et 24 parlent de l'être humain qui entre dans la Tente ou gravit la Montagne, deux images pour dire qu'il se rapproche de Dieu. Or, disent ces Psaumes, celui-là est celui qui ne ment pas. Mais cette vérité est toujours menacée et, bien avant Paul, le prophète Amos parlait des riches qui enivraient les *Nazirs*, c'est-à-dire les sages et les prophètes, dans l'espoir de pouvoir biaiser avec la vérité. Non pas la vérité gravée dans la pierre, mais celle inscrite par Dieu dans le cœur de chaque être humain.

Nous avons souligné que les Dix Paroles forment un tout et que la non-écoute d'une des Paroles entraîne souvent le non-respect des autres Paroles. Mais si le Décalogue forme un tout, c'est à l'intérieur d'un ensemble plus large qui s'appelle le Pentateuque, la Torah. La Torah elle-même fait partie d'un tout plus large qui est la Bible tout entière, avec en particulier les livres prophétiques et sapientiaux. D'autre part, l'Alliance du

Sinaï, que l'on peut situer dans le prolongement des Alliances dont font état les récits de création et de l'Alliance avec Abraham, se prolonge dans la Nouvelle Alliance en Jésus sur le Mont des Béatitudes, le Mont Thabor, le Golgotha et à la Pentecôte. On ne peut donc se mettre à l'écoute des Dix Paroles sans se resituer dans ce grand contexte d'Alliance qui dure jusqu'à nos jours.

Le mot hébreu Bérith qui désigne l'Alliance, s'apparente au mot hébreu Bara qui signifie créer et que l'on trouve au premier verset de la Bible. L'Alliance entre le créateur et sa créature se révèle ainsi dans un rapport de filiation. Cette alliance, exprimée de façon dramatique sur le Sinaï, peut se ramener à la toute petite phrase que Dieu dit à Moïse: "Je serai avec toi." Elle fait le lien avec le dernier verset de la "Bible chrétienne", au livre de l'Apocalypse: "Que la Grâce du Seigneur Jésus soit avec vous tous."

Le Décalogue est une loi de croissance dans l'amour et dans la liberté. Il est donc aussi dans la ligne de la première parole que la Bible attribue à Dieu s'adressant à l'être humain: "Croissez." Les Dix Paroles sont un moyen pour l'être humain de réaliser, au sein de la création, sa vocation de partenaire de l'Être suprême.

Donc, dès que nous aurons fini de traiter plus spécifiquement du Décalogue, nous suivrons le peuple hébreu dans sa marche dans le désert. L'épreuve du désert est une "entrée" dans la Loi. Le désert est le lieu où la Loi se fait chair en nous. Ce ne fut pas facile pour les Juifs, comme nous le verrons. Toute la seconde moitié du Décalogue peut être considérée comme un résumé des lois plus détaillées qui suivent et qui seront apprises, non seulement à l'épreuve du désert, mais peut-être plus encore à l'école des siècles de vie sédentaire qui suivirent, y compris durant l'exil à Babylone. Au fond, toute cette période est un temps d'apprentissage de l'amour et c'est là la conclusion du livre du Deutéronome que nous écouterons après la marche au désert: un choix pour l'amour et la vie ou pour l'égoïsme et la mort. Ensuite, nous saurons découvrir, au cœur du livre du Lévitique, malgré ses aspects rébarbatifs de code de rituels religieux, quelques chapitres appelés "Loi de Sainteté", qui reprennent les mêmes appels à être que le Décalogue. Mais avant de quitter l'univers propre aux Dix Paroles, nous prendrons le temps de faire quelques comparaisons avec d'autres textes bibliques précis et limités, tels que les Béatitudes et les dix plaies d'Égypte en particulier. C'est même tout le Sermon sur la Montagne que nous évoquerons, en ce qu'il vient rapprocher encore plus les Dix Paroles du cœur de l'être humain. Décalogue, Loi de Sainteté, Sermon sur la Montagne, autant de lois qui ne sont pas prononcées au nom des droits de l'homme, de l'ordre public, de la justice sociale, de la morale. Elles sont énoncées au Nom de Dieu lui-même, en ce qu'il est l'Être de tout être. Mais comment ne pas reconnaître l'Esprit de Dieu à l'œuvre dans les essais successifs de l'humanité pour se donner des codes orientés vers sa survie et vers sa croissance dans l'harmonie et dans la paix. Que ce soit en 1789 ou en 1948, les Déclarations des Droits de l'homme ont vu le jour à l'issue de périodes troublées de l'histoire de l'humanité. Ce fut aussi le cas pour les Dix Paroles, qu'elles soient apparues après l'esclavage d'Égypte ou après celui de Babylone. Ces déclarations se veulent aussi un code de liberté.

    Avant de parler des droits de l'homme, nous allons essayer de rapprocher le Décalogue d'autres textes fondateurs de l'humanité. Par exemple, il y a dix plaies d'Égypte comme il y a dix Paroles et cette similitude n'a pas échappé aux exégètes. Nous avons dit, en parlant des dix plaies d'Égypte, que si on en fait une lecture symbolique, on y découvre un itinéraire de transformation, en vue de la libération, itinéraire qui pratiquement est le même que celui que proposent les Béatitudes. Comme les Béatitudes ont l'avantage de pouvoir être entendues sans avoir recours à la symbolique, nous chercherons à comparer les Dix Paroles et les Béatitudes. À priori, la comparaison ne paraît pas évidente à cause des approches opposées que prennent les deux textes. Les Dix Paroles partent de Dieu. Elles commencent par: "Je suis Yahweh, ton Dieu, qui t'ai fait sortir de la maison de servitude, en conséquence…" Puis, petit à petit, les Dix Paroles vont se rapprocher de l'être humain dans sa réalité quotidienne qui doit être libérée, et ceci jusqu'au niveau de ses simples désirs.

    Les Béatitudes, au contraire, partent de l'être humain, pauvre, humilié, elles l'invitent à croître et peu à peu l'amènent à voir, à découvrir Dieu. Si donc on prend les Dix Paroles à l'envers, en commençant par la dernière pour aller vers la première, on retrouve un cheminement qui se rapproche fortement de celui des Béatitudes. Nous remarquons par exemple que le Nom de Dieu est absent des cinq dernières Paroles du Décalogue, comme il est absent des cinq premières béatitudes en Matthieu. Celui ou celle qui ne convoite pas les biens de son prochain dans la dixième Parole n'est-il pas aussi celui ou celle qui a un cœur de pauvre de la première béatitude? Celui qui ne ment pas de la neuvième Parole serait de même celui qui accepte d'être confronté à son féminin des profondeurs de la béatitude des larmes. Celui qui n'utilise pas sa force ou son pouvoir pour asservir les autres que nous présente la huitième Parole, ressemble étrangement à ce doux, ce non-violent de la troisième béatitude. On peut continuer la comparaison, qui n'est pas toujours aussi évidente, mais le cœur pur qui voit Dieu de la sixième béatitude correspond bien à celui qui une fois par semaine prend le temps de s'arrêter pour voir, pour repositionner son désir à la lumière de Dieu. Dans mon livre sur les Béatitudes, j'en ai introduit une dixième qui parle de Résurrection. Le Dieu qui a ressuscité Jésus et nous avec est bien le Dieu de la première Parole, le Dieu qui libère et qui souhaite que cette libération se poursuive dans le temps.

Il y a un lien indissociable entre le respect de Dieu et le respect d'autrui dans le Décalogue tel que lu par Jésus. Mais cela est déjà dans l'esprit de la Torah et nous lisons dans le livre du Lévitique: "Soyez saints car moi, Yahweh votre Dieu, je suis saint. Chacun de vous révérera sa mère et son père", rattachant déjà la cinquième Parole aux quatre premières qui sont orientées vers Dieu.

Nous venons de comparer les Béatitudes aux Dix Paroles. Mais si nous regardons l'ensemble du Sermon sur la Montagne, qui inclut les Béatitudes, nous constatons effectivement que, comme il le dit lui-même, Jésus ne vient pas abolir la loi juive mais la porter au contraire à sa perfection:
-Non seulement pas de meurtre, mais même pas une colère.
-Non seulement pas d'adultère, mais même pas une convoitise intérieure.
-Non seulement pas de divorce dans les bonnes règles, mais pas de divorce du tout.
-Non seulement pas de faux serments, mais pas de serment du tout.
-Non seulement pas de vengeance modérée, mais pas de vengeance du tout.
-Non seulement aimer son prochain, mais aimer même son ennemi.

Telle est la loi de Nouvelle Alliance en Jésus. Comme nous le verrons, un certain nombre de ces précisions à la Loi se trouvent déjà dans la Torah, dont les Dix Paroles ne sont que le résumé. Mais la Tradition et l'habitude avaient, du temps de Jésus, biaisé certaines observances ou les avaient privilégiées par rapport aux autres. De la même façon, dans l'Église des derniers siècles, les fautes sexuelles étaient stigmatisées plus que les autres. Jésus ne dit pas: "il était écrit... et moi je vous dis..." Il dit plutôt: "Vous avez entendu qu'il a été dit... et moi je vous dis..." Il rééquilibre la Loi en corrigeant l'usage qu'on en faisait.

Ayant puisé aux sources du Christianisme, du Judaïsme et de l'Islam puisqu'il a traduit en français non seulement la Bible mais aussi le Nouveau Testament et le Coran, André Chouraqui se prend à rêver d'un monde où la Torah serait vivante au cœur des hommes et des femmes qui peuplent la terre. Il écrit:

"Imaginez un monde où les Dix Paroles sortiraient du roc inerte où elles ont été gravées par Moshé, où la Transcendance de L'Être s'incarnerait et vivrait dans le cœur des humains,

un monde libéré universellement de tout esclavage, où les idoles s'effaceraient d'elles-mêmes devant la réalité de l'Être, où l'homme moderne ne serait plus asservi à l'imaginaire, ni captif du virtuel, en dehors de toute transcendance, faute de reconnaître et de contempler dans l'émerveillement, la beauté et la lumière réelle de ce qui est "en haut dans les ciels, sur la terre en bas ou dans les eaux sous terre",

un monde de justice où les crimes des pères et des fils seront sanctionnés avec équité tandis que les justes, gardiens de l'harmonie créatrice, refleuriront,

un monde où nul n'invoquera la transcendance pour masquer les horreurs dans nos immanences, où le merveilleux mystère de l'Être sera contemplé dans la vraie splendeur de sa réalité,

un monde où le repos des hommes ne s'épuisera pas dans les plaisirs d'illusoires distractions qui l'aliènent au lieu de le construire, en asservissant ses enfants, ses serviteurs, ses bêtes et les étrangers qui l'entourent, et la terre elle-même par ses travaux destructeurs,

un monde où les générations se suivront dans le respect des anciens et le développement, non le gaspillage, du patrimoine universel,

un mode sans meurtres ni guerres

un monde sans adultères

un monde sans vols, ni escroqueries, ni corruption,

un monde sans mensonges

un monde sans jalousies ni convoitises, où chacun serait satisfait de sa part de vie et de bonheur."

Pour que ce rêve de Chouraqui soit possible, il faut recevoir le Décalogue, non pas comme une Loi figée mais comme un don de l'Esprit-Saint. L'Évangile appelle l'Esprit-Saint le Doigt de Dieu. C'est par ce Doigt que les tables de la Loi furent gravées nous dit le Livre de l'Exode. Mais c'est encore ce même Esprit de Dieu qui anime Jésus quand, face à la femme adultère, il écrit sur le sol, dans la terre, la loi de la Justice et du Pardon. Nous avons déjà dit que, d'après le livre de l'Exode, le don des Dix Paroles sur le Sinaï se situe cinquante jours après la première Pâque de la sortie d'Égypte. Celle-ci se situe le 15 du mois de Nissan. Les mois juifs ont vingt-neuf jours, comme les lunaisons. Il reste donc quinze jours en Nissan, y compris le 15, il y a les vingt-neuf jours du mois suivant et six jours du mois d'après puisque le don de la Torah est situé au six du mois de Sivane. Cinquante jours après la Pâque, on pense à la Pentecôte qui clôture la Pâque. La libération physique n'a de sens que si elle est accompagnée d'une libération spirituelle. Au Sinaï, il y a le son du Schofar, la trompe, qui évoque la trompette de la résurrection des morts: le passage de la Mer Rouge plus le Sinaï correspondent à une résurrection, une nouvelle naissance dans l'eau et dans l'Esprit.

Cinquante jours, c'est sept fois sept semaines, un sabbath de sabbaths. Nous avons dit que le sabbath joue un rôle central dans la Torah. C'est être ou ne pas être, c'est choisir entre la vie et la mort. La construction du temple intérieur à l'être humain est plus importante que celle de la Tente de la Demeure de Dieu dont nous parlerons bientôt. Cette Tente, ce temple matériel, n'est que le signe visible du vrai culte de Dieu qui a lieu dans le cœur. Même pendant la construction de l'Arche d'Alliance, il faut respecter le sabbath. Dans l'Évangile, les scribes et les pharisiens semblent se rebeller contre le fait que Jésus viole le sabbath, mais au fond est-ce qu'ils ne se rebellent pas surtout contre le fait que Jésus EST et qu'il a autorité? La foule par contre est dans la Joie parce qu'il a choisi la Vie. La Pâque, la libération, est la source du sabbath; la Pentecôte, le don de l'Esprit ou des Dix Paroles en est l'aboutissement. Pour les chrétiens, le sabbath juif a été remplacé par le dimanche, dont Thomas d'Aquin nous dit que ce jour nous a été donné pour "célébrer la nouvelle création dans la liberté". La libération d'Égypte a atteint son aboutissement dans la Résurrection du Christ et notre résurrection avec lui. Le don des Dix Paroles a culminé dans l'effusion de l'Esprit à la Pentecôte. Savons-nous, comme le suggère Thomas d'Aquin, profiter de nos dimanches pour vivre notre vie de ressuscités qui est "création nouvelle dans la liberté"?

Droits et devoirs.

Il serait temps, avant de conclure ce chapitre sur le Décalogue, de s'interroger sur le lien entre les droits et les devoirs. Peut-être même aurions-nous dû commencer par là. De nos jours, la motivation invoquée pour beaucoup d'interventions au plan national et international est le respect des droits de l'homme, en accord avec la Déclaration de 1948 ainsi que ses amendements, qui eux ne sont pas tous ratifiés par les divers états de la planète. Il ne viendrait à l'idée de personne d'intervenir ainsi au nom des Dix Paroles. Est-ce parce qu'elles sont vues comme représentant des devoirs plutôt que des droits? Mais l'un ne va pas sans l'autre. La Déclaration des Droits de l'Homme de 1948, qui commence par: "Tous les hommes naissent libres et égaux en dignité et en droit" et qui se continue par: "Nul ne sera soumis à la torture", ou bien: "Tous sont égaux devant la loi, etc.", se termine par cette petite phrase: "L'individu a des devoirs envers la communauté." Mais on pourrait de la même manière écrire les Dix Paroles en termes de droits de l'être humain: "Tu as droit à la liberté, tu as le droit de ne pas être esclave des idoles ou de ceux qui utilisent le Nom de Dieu pour asservir les autres. Tu as droit au repos hebdomadaire. Tu as le droit de recevoir l'aide et les soins dont tu as besoin durant ta vieillesse. Tu as le droit que l'on n'attente pas à ta vie et que l'on respecte ton foyer. Tu as le droit à un salaire décent pour ton travail et à une information non biaisée sur les sujets qui te permettent de décider de ton futur. Tu as le droit d'être libéré de la convoitise des autres, en autant que tu ne fasses rien pour provoquer cette convoitise. Comme nous l'avions déjà souligné, les cinq dernières Paroles reviennent à ne pas attenter à la liberté de l'autre et par réciproque peuvent être vues comme gage de notre propre liberté.

Les Dix Paroles symbolisent l'essence même de l'humanité. Elles sont proclamées au désert, ce qui leur donne un caractère universel, car le désert n'est à personne, et n'est donc pas lié à une race ou à une religion. Au fond, après trois mille ans, les Dix Paroles, encore inconnues restent à explorer. Ce n'est pas qu'il n'y ait pas eu d'essais pour le faire, mais les essais pour en vivre furent voués à l'échec, par paresse ou par démence, par manque de vision, ce qui faisait espérer que l'on pouvait tricher un peu dans un coin sans que tout l'édifice s'écroule. On pourra faire toutes les tentatives pour réactualiser les Dix Paroles, multiplier les déclarations des droits de l'homme et les actions en leur faveur, ce qu'il convient de réussir, c'est à purifier notre vision de l'Autre. Il n'est pas mauvais d'avoir des lois comme antidote de la violence. Mais elles n'ont d'effet que pour chercher à endiguer l'extériorisation de la violence. La vraie paix ne peut se bâtir que si nous acceptons de déraciner la violence en nous. D'où l'importance de cette dixième Parole par laquelle tout commence si, dans la ligne des Béatitudes, on commence à lire les Dix Paroles par la fin: "Tu ne convoiteras pas." Jésus lui-même, nous dit l'épître aux Philippiens, "n'a pas considéré comme une proie à saisir, (n'a pas convoité) d'être l'égal de Dieu." Tu ne convoiteras pas, mais tu te laisseras engendrer. Les déclarations des droits de l'homme se veulent des codes uniquement humains, même si celle de 1789 fait référence à l'Être Suprême. Les Dix Paroles sont appel de Dieu, appel à être: "Tu ne convoiteras pas mais tu te laisseras engendrer". Les lois humaines, si elles se situent au niveau de l'avoir ne peuvent que faire progresser l'être humain d'une convoitise à la convoitise suivante, d'un désir de liberté à un autre désir de liberté, chaque liberté acquise se révélant obstacle à une liberté plus haute comme le soulignait Khalil Gibran que nous avons cité au début de ce livre. "Celui qui aime est engendré par Dieu", dit l'apôtre Jean dans sa première lettre. Se laisser engendrer par Dieu, cela peut prendre du temps. mais c'est le seul chemin sûr vers notre libération véritable.

Un résumé des Dix Paroles

-Dieu t'a libéré; alors, prends le risque d'être toi-même.
-Tu n'auras pas un Dieu qui est autre, étranger, qui ne répond pas quand tu l'invoques
-Ne construis pas ton projet d'existence, ton éthique, de telle sorte qu'ils soient semblables à celui d'un autre et que ta vie soit vaine. Ne donne pas une interprétation conformiste de la Vie, du monde ou de Dieu.
-Souviens-toi de ton futur, c'est-à-dire souviens-toi que la création n'est pas achevée et qu'il faut la faire advenir.
-Honore tes parents, c'est-à-dire donne suffisamment de poids à leur histoire pour ne pas avoir à la répéter toi-même.
-Tu ne tueras pas car chaque être humain est unique et tuer un homme revient, à certains égards, à tuer le monde entier, à tuer l'humanité en l'homme et toi avec.
-Tu n'auras pas de relations fausses, en particulier vis-à-vis de ton conjoint.
-Tu ne voleras pas l'espérance de ton prochain pour la remplacer par tes propres idées de bonheur; tu ne voleras pas sa vision de Dieu pour la remplacer par ta propre vision.
-Tu ne fermeras pas avec tes réponses, la question qui est au cœur de tout être humain. Ne te substitue pas à l'Esprit.
-Tu respecteras le mystère de ton prochain et il est des zones de lui-même que tu ne chercheras pas à découvrir.

SIXIÈME CHAPITRE

La marche au désert

Nous en avons fini avec l'écoute détaillée des Dix Paroles et maintenant, nous allons suivre le peuple hébreu dans sa marche, sa progression vers la Terre Promise après la Théophanie du Sinaï. Pour cela, nous ferons référence principalement aux derniers chapitres du livre de l'Exode et au livre des Nombres dans sa totalité. Nous nous réservons de revenir plus tard sur certains aspects de cette période à la lueur du Deutéronome et, dans une moindre mesure, du livre du Lévitique. Le titre hébreu du livre que nous appelons livre des Nombres signifie: "Dans le désert". Il couvre la période de marche dans le désert suivie d'une période d'attente dans les plaines de Moab. Les textes disent que cette période a duré quarante ans, mais, vu la valeur symbolique du nombre quarante, on peut comprendre qu'il s'agit de la durée d'une transformation. Le peuple avait dû se transformer pour sortir d'Égypte et c'était là, nous l'avons dit, la signification des dix plaies d'Égypte. Maintenant le peuple doit aller un pas plus loin dans sa transformation, sa conversion, pour pouvoir entrer dans la Terre Promise. La sortie d'Égypte et la marche vers le Sinaï avaient été une marche vers la liberté. La période qui suit la Théophanie du Sinaï est une marche vers Dieu. Le Dieu qui s'est manifesté sur la Montagne doit être rencontré dans l'existence quotidienne, et cela prend du temps; un temps dont il semble que l'on puisse fixer la durée entre quatre et quarante ans.

Le désert, c'est un lieu symbolique, à la fois le lieu du démon Azazel, à qui on envoie le bouc émissaire chargé des péchés du peuple, un genre de dépotoir pour le genre humain. Mais le désert, c'est aussi le lieu où, selon le prophète Osée, Dieu emmène son peuple, qu'il appelle son épouse infidèle, pour se fiancer de nouveau avec elle. Le désert, c'est donc tout à la fois le temps des fiançailles chanté par les prophètes, le temps de l'apprentissage de la Foi et de l'Espérance que chante le Deutéronome, et le temps de la révolte que ne se prive pas d'évoquer le livre des Nombres. Le désert, c'est comme un temps intermédiaire pour se débarrasser des coutumes égyptiennes et se bâtir ses propres coutumes, sa propre identité, avant d'entrer dans un autre pays, d'être en contact avec d'autres coutumes. Israël naît comme un peuple à la fin de l'esclavage quand commence la lutte contre la persécution, et pendant la période au désert. Car le désert, c'est *Midbar* en hébreu, c'est le lieu qui engendre la parole, peut-être parce que c'est le lieu du silence. Par certains côtés, la vie au désert est plus difficile qu'en Égypte, mais, après les travaux forcés, c'est un temps pour être: il y a très peu à faire au désert au niveau des occupations usuelles où on travaille pour se nourrir, se loger ou pour se vêtir.

Le livre des Nombres commence par un certain nombre de généalogies, d'où son nom français de livre des Nombres. Les généalogies jouent le même rôle que la "succession apostolique" dans la tradition chrétienne; elles "justifient" et "légitiment" celui qui parle et qui agit. De la même façon que plus tard, Esdras, le premier des scribes, sera présenté comme un des descendants d'Aaron. Le dénombrement des tribus, que l'on trouve au chapitre deux du livre des Nombres, est fait en plaçant trois tribus dans chacune des directions de l'espace. Cela évoque pour nous la fin du livre de l'Apocalypse qui représente la Jérusalem céleste avec trois portes sur chacun des quatre côtés de son périmètre. Mais entre les deux images, il y a le "cheminement" du désert, la venue du Christ et le cheminement des premières communautés chrétiennes évoquées dans les vingt premiers chapitres de l'Apocalypse.

Les effectifs mentionnés dans le dénombrement du livre des Nombres et dans d'autres épisodes de la Torah peuvent être considérés comme symboliques ou comme reflétant des mentalités de cette région du globe dont j'ai été témoin encore il y a une vingtaine d'années à Bossasso en Somalie du Nord; les chiffres de population énoncés visaient plus à grossir l'importance du clan qu'à refléter une réalité démographique. Si soixante-quinze hommes sont entrés en Égypte avec Jacob et si trois mille cinq cents en sont sortis quatre cent trente ans plus tard, d'où viennent les dizaines et les centaines de milliers que le récit évoque de temps en temps? Rappelons qu'il y a dans le livre des Nombres, un mélange de textes anciens répartis dans six ou sept chapitres et que le reste du livre date d'après l'exil à Babylone; à cette époque, la séparation d'avec les autres peuples était un thème important, d'où la tendance à gonfler les effectifs originels du peuple hébreu.

Les marches et les révoltes

Il y a aussi dans les livres des Nombres et de l'Exode des alternances de lois et de récits. La Torah semble avoir été donnée en grande partie en vue de la sédentarisation du peuple qui allait se produire en Terre Promise. On a l'impression que chaque fois que le rapport à la terre risque d'être trop sédentarisant, une loi vient nomadiser le terrien, ou au moins ébranler ses sécurités, lui rappelant que la terre appartient à Dieu et qu'on ne le rencontre qu'à condition de continuer à marcher vers lui.

Au centre de cette marche dans le désert, il y a le personnage de Moïse. Moïse c'est l'Ancien Testament qui mène jusqu'au Christ. Mais c'est Josué, une autre prononciation du nom de Jésus, c'est Josué donc qui fera entrer le peuple dans la Terre Promise. Ceci sera présenté comme la conséquence de l'épisode de Mériba et c'est pourquoi nous réserverons à cet événement une place particulière à la fin du récit de l'histoire du peuple hébreu dans le désert. Bien sûr, Moïse est en quelque sorte le représentant de Dieu auprès de son peuple, mais le récit sait nous le montrer comme fondamentalement solidaire de son peuple. On le constate chaque fois que le récit nous montre Dieu prêt à déchaîner sa colère contre son peuple. Moïse aussitôt fait appel à tous ses talents de bon négociateur israélite pour obtenir pour le peuple le pardon de Dieu. Après l'épisode du veau d'or, dont nous parlerons un peu plus tard, le texte va jusqu'à faire dire à Dieu qu'il va faire disparaître le peuple et tout recommencer à zéro à partir de la descendance de Moïse. Après avoir utilisé tous ses talents d'intercesseur, Moïse ose conclure: "Ce peuple a commis un grand péché; veux-tu leur pardonner?... Sinon, efface-moi du livre que tu as écrit." On pense à la solidarité du Christ qui porte le péché du peuple. On pense à Paul dans sa lettre aux Romains qui, se lamentant sur le refus de la Bonne Nouvelle par ses frères de race, les Juifs, s'écrie: "Je voudrais que ce soit moi qui soit rejeté et loin du Christ plutôt que mes frères." (Rom.9,3)

Mais même si Moïse se veut profondément solidaire de son peuple, il est en fait très solitaire au sein de ce peuple. Il y a des moments où sa relation spéciale à Dieu lui est de peu de secours car, quand il intercède pour lui-même, il n'est pas exaucé. Il l'est seulement quand il intercède pour son peuple, et parmi ce peuple, nul ne semble penser à prier Dieu pour lui. Nous-mêmes, si nous pensions plus à prier pour les autres plutôt que pour nous, nous aurions peut-être plus de chances d'être exaucés. Comme le Christ, Moïse apparaît écartelé, comme sur une croix, entre la solidarité avec Dieu et la solidarité avec son peuple. Mais il demeure solitaire. Dieu lui parle de bouche à bouche, comme dans un baiser, mais ce baiser divin le met à part, l'isole du peuple.

Peut-être aussi ne sait-il pas s'organiser? Quand son beau-père Jethro vient le rejoindre dans le désert du Sinaï, il s'aperçoit tout de suite que Moïse ne sait pas déléguer, en particulier pour rendre la justice et régler les différents dans le peuple. Il lui conseille de choisir pour ce travail des hommes dénués d'orgueil. On pense à un épisode semblable dans le livre des Actes des Apôtres où les Apôtres imposent les mains à sept hommes, remplis de sagesse et d'Esprit Saint auxquels ils délèguent le service des tables. On retrouve ces mêmes sept plus tard, impliqués eux aussi dans le ministère de la Parole. On pense aussi à l'épisode du livre de la Genèse où Melchisédech, grand-prêtre du Dieu Très-Haut et roi de Salem donnait sa bénédiction à Abraham. Ici, c'est le prêtre des Madianites qui conseille Moïse. C'est de l'œcuménisme avant l'heure. Finalement Jean-Baptiste, dernier prophète de l'ancien Testament, baptisera Jésus qui, lui aussi, malgré la présence de ses Apôtres et des femmes qui l'accompagnaient, a dû souvent se sentir solitaire durant sa vie publique.

À un certain point, au chapitre 11 du livre des Nombres, on a l'impression que Moïse fait une dépression et met le blâme sur Yahweh. Moïse se plaint d'avoir à porter le poids du peuple, mais Yahweh lui confirme qu'il est toujours là, présent intérieurement. À ce moment-là, Dieu partage l'Esprit qu'il a mis sur Moïse et le fait reposer aussi sur soixante-dix anciens du peuple qui se mettent à prophétiser, mais cela ne dure pas. Est-ce dû à Dieu, aux anciens ou à Moïse, décidément peu doué pour déléguer certains de ses pouvoirs? Nous en reparlerons quand nous relaterons l'incident qui l'opposera à Miryam et Aaron. Pour moi, Moïse a bénéficié longtemps du soutien silencieux de Miryam. En était-il conscient? Et était-elle vraiment sa sœur par le sang comme cherche à l'indiquer une généalogie à la fin du livre des Nombres? Ce qui paraît évident, c'est que soudain Moïse semble désemparé et sans pouvoir après la mort de Miryam. Les livres de la Torah cherchent à nous présenter un Moïse unique en son genre. Josué succédera à Moïse, mais ne le remplacera pas. Moïse a fait franchir un pas à l'humanité. Le prochain pas sera franchi grâce à Jésus, quelque douze cents ans plus tard.

Ce pas que Moïse fait franchir à l'humanité n'est pas un pas facile. Le chemin de la Terre Promise traverse le désert. Comme nous le verrons, Moïse lui-même trébuchera et n'entrera pas dans la Terre Promise. Le désert est un temps d'épreuve. Dieu teste son peuple et le peuple teste son Dieu. On se rappelle l'expression de la révolte du peuple à Réphidim quand l'eau vient à manquer: "Le Seigneur est-il vraiment au milieu de nous?" La vraie liberté n'est pas celle que l'on reçoit sans avoir rien fait pour se transformer. La vraie liberté, c'est celle que l'on conquiert contre soi-même, en acceptant de mourir à tout ce qui, en nous, nous empêche d'être libre. Mais il est normal pour l'être humain de se révolter contre ce qui dérange ses habitudes, contre ce qui le blesse et lui fait mal. C'est pourquoi le temps que le peuple hébreu passe au désert apparaît comme une succession d'épreuves et de révoltes.

Parmi les récriminations du peuple, il y a d'abord celles qui concernent la nourriture ou les problèmes d'approvisionnement en eau. Il s'agit là de besoins primaires qui jouent une grande place dans l'esprit du peuple. Bien sûr, dans certains cas, il s'agit de survie pure et simple. Mais dans d'autres cas, on a plutôt affaire à des caprices gastronomiques comme quand le peuple réclame de la viande. Dieu répond en envoyant sur le camp une quantité de cailles telle que, nous dit le texte, le peuple "en mangera pas seulement un ou deux jours, ni même cinq ou dix ou vingt jours, mais tout un mois, jusqu'à ce que la viande vous ressorte par le nez et que vous en soyez dégoûtés." L'épreuve du désert a pour but de permettre au peuple de prendre peu à peu conscience de la présence de Dieu au milieu de lui. Parfois c'est par amour que Dieu se fait discret.

Lorsque je dirigeais des travaux de construction au cœur de la brousse guinéenne en Afrique en 1958, j'ai eu à faire face, de la part du personnel expatrié, à des récriminations semblables à celles du peuple juif au désert. Imaginez: un camion qui devait amener du ravitaillement avait été retardé par un traversier en panne et certaines familles n'avaient plus de pommes de terre. Les pommes de terre venant d'Europe étaient très chères, alors que l'on pouvait se procurer à très bas prix du riz local très comestible. Mais c'était comme une révolte dans le camp: "On ne voulait pas connaître à nouveau les horreurs de la seconde guerre mondiale!" Quand on est ainsi esclave d'une poignée de pommes de terre, alors que l'on a tout ce qu'il faut pour se nourrir, je ne pense pas que l'on puisse se dire libre!

Pour le peuple hébreu ce genre de privations se traduit par une nostalgie du temps de l'esclavage; on voudrait retourner en Égypte pour retrouver les oignons savoureux ou les marmites pleines de viande. Au fond, le peuple est esclave de son ventre. Et nous? De quoi sommes-nous esclaves en ce début du vingt-et-unième siècle? De telle marque de céréales, de tel produit nettoyant qui fait des miracles, de tout ce qui se trouve sur les étagères de nos supermarchés?

Il y a aussi la révolte due à la peur après qu'un groupe d'hommes soient allés en reconnaissance en Terre Promise. Oubliant que Dieu est avec eux pour leur donner ce pays, le peuple refuse de se battre et, à nouveau, parle de retourner en Égypte. Au lieu de cela, ils passeront des années à attendre dans le désert que naisse une nouvelle génération qui n'aura pas une mentalité d'esclaves.

Il y a enfin des révoltes de type spirituel qui contestent le leadership de Moïse, et ce sera la contestation par Miryam et Aaron, ou le leadership d'Aaron et de ses fils et ce sera la révolte de Coré. Mais tout cela ce sont au fond des révoltes de sédentaires qui refusent de redevenir nomades, qui mettent leur confiance dans ce qu'ils possèdent plutôt que d'avoir foi en Dieu. Le peuple a oublié ses origines nomades du temps des patriarches que nous rappelle l'épître aux Hébreux au chapitre 11. On y parle d'Abraham vivant "sur cette terre promise qui n'était pas encore la sienne, vivant sous la tente de même qu'Isaac et Jacob, héritiers de la même promesse... C'est qu'ils attendaient la cité aux solides fondations dont Dieu est l'architecte et le réalisateur." Puis le texte continue: "Ils savaient qu'ils étaient sur terre des nomades et des étrangers. Cette façon de parler montre qu'ils cherchaient une patrie. Car s'ils regrettaient leur patrie d'origine, ils pouvaient y retourner. Mais non, c'est une autre qu'ils désiraient, celle du ciel, c'est pourquoi Dieu n'a pas honte de se faire appeler leur Dieu." Puis le texte de l'épître continue en parlant de la Foi de Moïse et de son peuple; car malgré les révoltes, il y a aussi la Foi.

Voir Dieu

Nous venons de voir l'importance pour le peuple hébreu d'être assuré de la présence de Dieu cheminant avec lui durant l'épreuve du désert. Or cette présence de Dieu à son peuple demeure mystérieuse. Même dans le cas de Moïse, dont le texte dit à un certain point que Dieu lui parle face à face, et ailleurs, que Moïse ne peut le voir que de dos. Deux expressions apparemment contradictoires de l'inexprimable. L'une cherche à survaloriser Moïse, l'autre insiste sur la totale altérité de Dieu. Mais n'est-il pas à la fois le Dieu immanent et transcendant, et une telle réalité n'est pas facile à mettre en mots qui ne soient pas contradictoires. Mais la phrase biblique: "L'être humain ne peut pas voir mon visage et vivre" peut simplement chercher à signifier que toute représentation de Dieu est inadéquate. Si on croit avoir vu le visage de Dieu, on est à côté de la Vie. D'ailleurs le texte qui dit que Moïse vit Dieu de dos, est parfois traduit par "par après" au lieu de "par derrière". Ce serait après coup, que l'on pourrait être conscient d'avoir vu le visage de Dieu. Un peu comme ce qui se passe à la Transfiguration de Jésus où les trois apôtres sont témoins de la gloire du Christ, mais ne comprendront qu'après la Résurrection ce qu'il leur a été donné de vivre.

Dieu est le Dieu "qui passe". Il passe auprès d'Abraham, ou devant Moïse et Élie sur l'Horeb. La première Pâque est le passage de Dieu. Dieu n'est pas au "ciel", il est la liberté même. Par la signification de son nom, l'Hébreu est aussi "celui qui passe". À partir de ce chapitre 24 de l'Exode,

Yahweh est nommé le Dieu d'Israël. C'est juste après la Théophanie du Sinaï. C'est peut-être aussi à partir de ce moment-là qu'Israël devient un peuple. Il est appelé à être un peuple de prêtres. L'expression hébraïque *Mamleketh Kohanim*, traduite par "royaume de prêtres" désigne en fait le cercle de ceux qui sont proches du roi pour exécuter ses ordres; c'est en tant que peuple qu'Israël remplit cette fonction sainte. Il s'agit d'un devoir plus que d'un honneur. Israël doit rendre présent dans le monde le Dieu qui lui a parlé par Moïse, le Dieu des Dix Paroles. Le Psaume 68 évoque Dieu marchant à la tête de son peuple comme un chef de guerre, mais c'est dans l'amour et le partage que l'on rend Dieu présent, ici et maintenant. Ni Moïse ni le peuple ne semblent avoir déjà compris cela quand Moïse remonte pour la dernière fois sur la montagne afin que la Loi soit gravée sur de nouvelles tables, les premières ayant été brisées après l'incident du veau d'or. À ce moment-là, le texte fait dire à Dieu qu'il ne peut marcher avec son peuple trop rebelle, car il ne pourrait s'empêcher de l'exterminer. Moïse négocie et ce sera la Tente de la Demeure qui cheminera avec le peuple, signe que Dieu demeure proche d'un cœur qui le cherche. Dieu ne veut pas s'imposer par sa présence. C'est par l'Amour qu'il veut qu'on le trouve, ou qu'on le prouve, pas par des théophanies ou par des preuves "irréfutables par la raison". Dieu offre au peuple la liberté, mais ni Moïse ni le peuple ne sont prêts pour cela.

Lors de cette dernière montée sur le Sinaï, Moïse y demeurera à nouveau quarante jours et quarante nuits et cette proximité de Dieu le fait rayonner d'un éclat nouveau. Cette gloire de Dieu sur le visage de Moïse se cachera derrière un voile, de même que dans la Bible, Dieu se cache derrière les lettres et les mots. Mais c'est le visage de Dieu qu'il faut découvrir quand on est prêt pour cela. Voir Dieu, c'est le voir à l'œuvre dans le monde, dans notre vie. Ce ne sont pas les actions miraculeuses de Dieu qui manquent dans nos vies, mais nous ne savons pas les voir. L'Esprit de Dieu est sans cesse avec nous, mais combien de chrétiens ignorent non seulement sa présence mais jusqu'à son existence. Baptisés et confirmés, ils ignorent qu'il y a un Esprit Saint. Souvent dans la Torah, aussi bien pour Abraham et Hagar que pour Moïse et son peuple, c'est lors de l'épreuve que l'on découvre, après coup, la présence du Dieu qui "voit" et qui "entend".

La "demeure" de Dieu

Finalement, le peuple quittera le Sinaï avec la Tente de la Rencontre et l'Arche d'Alliance contenant les Dix Paroles, symboles d'un Dieu qui conduit son peuple à travers un monde hostile; ou peut-être qui le guide vers la sainteté à travers les obstacles intérieurs. Selon les divers récits, la Tente de la Rencontre est à l'extérieur du camp, symbole de l'altérité de Dieu, ou bien au centre du camp, mais réservée aux prêtres, selon la tradition sacerdotale qui exprime que cette médiation est nécessaire à cause de la pureté des prêtres. Personnellement, je préfère un Dieu avec lequel n'importe qui peut prendre rendez-vous quand il se sent appelé. De Moïse aussi il est dit qu'après l'incident du veau d'or il n'a plus sa tente à l'intérieur du camp.

Nous avons déjà dit que le don de l'Alliance est associé à l'établissement de la Tente de la Demeure ou Tente de la Rencontre. Il y a entre les chapitres 24 et 40 du livre de l'Exode un chiasme, c'est-à-dire une construction littéraire soulignant le parallèle entre la Montagne où est donné le code de l'Alliance et la Tente de la Demeure où se célébrera cette Alliance. Il s'agit là d'une construction sacerdotale mettant en valeur le rôle des prêtres dans la célébration de cette Alliance. Au début comme à la fin, il y a la nuée, qui dans un cas couvre la montagne du Sinaï, et dans l'autre couvre la Demeure. Au centre du chiasme, il y a la première rupture de l'Alliance avec l'épisode du veau d'or et le renouvellement de l'Alliance suite à l'intercession de Moïse. Quand la nuée vient la première fois sur la montagne, c'est après que le peuple ait une première fois accepté l'Alliance. La présence de la nuée sur la Tente de la Demeure signifierait que ce serait là le lieu de rencontre avec Dieu de ceux qui acceptent son Alliance. On est bien là dans le sens de ce qu'exprime le psaume 15: "Qui habitera dans ta Demeure, Seigneur?" "et la réponse suit: c'est "celui qui pratique la justice." Dieu dit à Moïse, au Sinaï: "Fais moi un sanctuaire", mais le vrai sanctuaire, c'est un peuple saint.

On pense à ce désir de David de construire un Temple au Seigneur qui habite sous la Tente alors que lui, David, vit dans un palais. Mais Dieu lui fait dire par le prophète Nathan: "C'est moi qui te construirai une demeure", ta descendance, le Christ qui fera franchir un autre pas à l'humanité vers la sainteté pour qu'elle devienne peu à peu demeure de Dieu. Dans le livre de l'Apocalypse, on retrouve des images qui rappellent le mobilier de la Tente de la Rencontre, mais c'est pour conclure que dans la Jérusalem céleste, il n'y a plus de Temple, que Dieu lui-même est le Temple. De Jésus aussi, le prologue de Jean nous dit qu'il a établi sa Tente, sa demeure parmi nous. Et sa Croix sera établie hors de la ville, comme la Tente de la Demeure est hors du camp.

Le Temple est le lieu où habite le Nom de Dieu, ce Nom qui est aussi sa présence au monde, sa *Shékinah*. Mais dans la spiritualité du désert, c'est l'image de la Tente qui prévaut, symbole de Dieu qui marche avec son peuple. Il y avait des barres pour porter tout le mobilier du culte qui était dans la Tente et ces barres étaient mises de côté pendant les haltes. Mais les barres qui servaient à porter l'Arche d'Alliance, symbole de la présence de Dieu, devaient rester en permanence sur l'Arche, comme pour signifier que rien ne devait réduire la mobilité de l'Arche d'Alliance. C'est dans le cœur des hommes et des femmes que Dieu veut résider. Il n'est pas intéressé à ce que nous l'enfermions dans des temples et dans des églises pendant que nous vaquons à nos occupations. "Dieu étendra sur eux sa tente", dit le livre de l'Apocalypse en parlant de ceux qui sont passé par la grande épreuve et ont été purifiés par le sang de *l'Agneau*. Mais la tradition de l'Église va plus loin et dit que nous sommes la Tente de la Rencontre, de la même façon que Paul déclare que nous sommes le Temple de l'Esprit ou le Temple de Dieu.

Reconnaissons qu'il est plus facile de faire une place à Dieu à l'extérieur, en dehors de la trame de nos vies, quitte, pour se donner bonne conscience, à chercher à lui plaire en embellissant cette demeure extérieure. D'après le récit biblique, plus d'une tonne d'or fin avait été utilisée pour la confection de l'Arche d'Alliance et les autres objets du mobilier de la Tente. Plus d'une tonne d'or, qu'en plus du bois, du bronze (2 tonnes), de l'argent (3,5 tonnes), des tapisseries, fourrures, un total de l'ordre de dix tonnes qu'il fallait transporter à dos d'hommes à chaque étape de la transhumance.

Mais la présence du Seigneur à la Tente ne correspondait à aucun des objets pesants. C'était une nuée au dessus de la Tente qui était le signe de la présence de Dieu. Tant qu'il y avait de la nuée sur la Tente, le peuple ne se déplaçait pas. Mais si la nuée s'élevait au-dessus de la Tente, c'était le signe que le peuple pouvait partir pour la prochaine étape. La Torah précise que Josué, le serviteur de Moïse qui deviendra son successeur, demeurait habituellement près de la Tente de la Demeure. Peut-être que cette proximité de la Tente lui permettait petit à petit de faire sienne cette parole de Dieu à Moïse: "Je serai avec toi." Lors de la reconnaissance de la Terre Promise, Josué faisait partie de l'expédition et fut l'un des rares à conserver son optimisme malgré les risques presque insurmontables que présentait une telle expédition. "Qui demeure à l'abri du Très-Haut peut se fier en lui", chante le Psalmiste...

Un texte sacerdotal

Nous avons déjà dit que la majorité des textes du livre des Nombres, qui raconte la vie du peuple hébreu dans le désert, sont des textes d'origine sacerdotale. Ils insistent sur la correspondance exacte entre les ordres donnés par Yahweh et le comportement de tous les membres de la communauté. Moïse et Aaron apparaissent comme de fidèles exécutants auxquels aucune initiative n'est laissée. La liturgie catholique n'a retenu que neuf textes du livre des Nombres, deux fois moins que pour le livre du Deutéronome. La plupart des textes retenus proviennent des sections anciennes du livre des Nombres qui eux au contraire, ont tendance à exalter le rôle de Moïse. Parmi ces textes anciens, il y a par exemple au chapitre 11, cet épisode où Yahweh partage entre soixante-dix anciens, une partie de l'esprit qui reposait sur Moïse. Ils se mettent donc à prophétiser, y compris deux d'entre eux qui étaient dans le camp à ce moment-là, et non pas à la Tente de la Rencontre avec Moïse. Comme Josué s'en scandalise, Moïse s'écrit: "Ah! si tout le peuple pouvait être prophète!" Loin d'être d'origine sacerdotale, ce texte au contraire est réponse à ceux qui repoussaient tout ce qui se passait hors du Temple et rejetaient les prophètes.

Par opposition, dans les textes sacerdotaux reviennent comme un leitmotiv des phrases telles que: "Et ils observeront des observances", au début du livre, ou "comme Yahweh le lui avait ordonné", que l'on trouve sept fois dans le seul dernier chapitre de l'Exode, lui-même d'origine sacerdotale. On y suit exactement les instructions de Dieu... puis de ses prêtres, au lieu d'insister sur le rôle de Moïse et sur la liberté de l'homme. Le feu des encensoirs, s'il n'est pas conforme à ce que Yahweh a ordonné, dévorera même les prêtres qui encensent, comme les partisans de Coré et même les fils d'Aaron.

De nos jours encore, tant chez les juifs que chez les chrétiens, il est des gens qui dénoncent la moindre trace de créativité dans le culte. Heureusement, pour d'autres, l'obéissance aveugle est synonyme de mort; mort pour soi ou mort pour les autres, comme ce fut le cas pour certains nazis qui n'ont fait qu'obéir aux ordres. La Torah est une Loi acceptée, pas une Loi imposée.

Dans le livre des Nombres, seuls Aaron et ses descendants, grands-prêtres ou à la rigueur prêtres, sont habilités à bénir le peuple. Le livre insiste sur l'importance des trompettes dans le culte sacré, et, là encore, seuls les prêtres peuvent sonner de la trompette. Malgré cela, la Torah ne cherche pas à cacher la faute d'Aaron lors de l'épisode du veau d'or, pas plus que l'Évangile ne cherchera à minimiser le reniement de Pierre. Quand Dieu pardonne après l'épisode du veau d'or, Moïse fait néanmoins tuer trois mille hommes et ce sont les lévites qui les passent au fil de l'épée. Est-ce pour compenser la faute d'Aaron son frère? Ou au moins, nous dit le texte, pour faire taire ceux qui avaient des raisons de le critiquer? Exceptionnellement, pour cet exploit glorieux, Moïse semble avoir agi de sa propre initiative. En outre, cette action des lévites leur sera source de bénédiction. Pécheurs comme les autres, Aaron et les lévites sortent bénis de l'aventure, meurtriers mais bénis; mais par Moïse, pas par Dieu! Et le récit enchaîne sur le péché du peuple!

Aaron, pour se disculper, dit qu'il s'est laissé entraîner par le peuple. Cela pourra servir d'excuse plus tard aux lévites du Royaume du Nord qui, aux yeux du Royaume de Juda, offraient un culte aussi hérétique que celui du veau d'or. Cette partialité des auteurs se retrouve dans le récit du retour de l'exploration en Terre Promise où les deux seuls à faire confiance à Dieu pour oser la conquête, sont Josué de la tribu de Lévi et Caleb de la tribu de Juda qui constitue le Royaume du Sud. Plus tard, au chapitre 17, après la révolte de Coré, on retrouve la puissance d'intercession de Aaron qui fait l'expiation sur le peuple en tant que grand-prêtre, mais pas avant que dix-sept mille quatre cents hommes aient péri, chiffre qu'on a le droit de considérer comme symbolique ou fantaisiste.

Quand Pinhas tue un Israélite en train de se prostituer avec une Madianite, sans doute une prostituée sacrée, en les transperçant tous les deux d'un même coup de lance, le texte dit que pour le récompenser, Dieu s'engage à lui donner le sacerdoce pour toujours, à lui et à sa descendance. Il n'y a pas besoin d'être exégète pour penser qu'il s'agit là aussi d'un texte d'origine sacerdotale.

En ce qui concerne les vœux, on trouve une attitude très patriarcale où les vœux faits par des femmes ou des jeunes filles ne sont valables que si leurs époux ou leurs pères sont d'accord. Mais par contre, dans un texte sans doute plus ancien, qui parle de l'héritage des filles de Séloférad, Moïse apparaît dépassé par les événements; alors, Dieu lui souffle une règle qui donnera, dans un héritage, la priorité aux filles du défunt par rapport aux frères de celui-ci.

Quand on voit donc ce qui se cache derrière certains des récits sacerdotaux, on s'aperçoit qu'il est bon de n'en retenir que ce qui, tel que nous le comprenons, est pour le moment en accord avec notre conscience.

Des textes qui s'opposent
Continuons notre marche dans le désert avec le peuple hébreu, au risque d'en être lassé comme lui. Peut-être certains ou certaines d'entre vous se demandent ce que cela a à voir avec la Torah, la Loi de Dieu? Mais la Torah forme un tout et ce serait une erreur de n'en retenir que ce qui la résume, les Dix Paroles. En fait, il faudrait pouvoir aborder à la fois la Loi et les Prophètes qui sont comme l'envers et l'endroit d'une même réalité. Dans la religion juive, certains groupes de chapitres de la Torah sont affectés à chaque semaine de l'année. Mais à chaque *Sidra*, c'est-à-dire à chaque lecture hebdomadaire de la Torah, est associée une *Haftara* qui est une lecture d'un livre des Prophètes ou, à la rigueur, du livre des Rois où l'on trouve l'histoire des prophètes Élie et Élysée. Par exemple, la semaine où on lit l'histoire de Pinhas qui tue un Juif infidèle et une prostituée sacrée que nous racontions tout à l'heure, la *Haftara* correspondante parle du prophète Élie qui tue les prêtres de Baal au Mont Carmel. Ceci n'est pas

pour justifier le geste de Pinhas, bien au contraire, car la lecture se continue jusqu'au moment où Élie, arrivé à l'Horeb, doit rendre des comptes à Dieu. Il lui dit: "J'ai fait éclater mon zèle pour toi, Éternel. J'ai fui Israël car les Enfants d'Israël ont abandonné ton Alliance, ils ont détruit tes autels et ont passé tes prophètes par le fil de l'épée. Il ne reste que moi, et j'ai dû fuir pour sauver ma vie."

Selon le Midrash, qui est un peu la Torah orale, Dieu répond à Élie sur chacun de ses propos. Il lui dit: "Quelle Alliance ont-ils abandonnée, la tienne ou la mienne? Il s'agit de mon Alliance, et qui te donne le droit d'être en colère contre ceux qui la rejettent?" Si on revient au texte biblique, on voit Dieu qui renvoie le prophète Élie d'où il vient. Il lui dit: "Regarde bien et tu verras qu'il y en a sept mille qui sont prophètes par la vie qu'ils mènent car il n'ont pas plié le genou devant Baal." Sept mille, c'est un nombre symbolique qui n'a pas de limite. En outre, Dieu lui dit de trouver un autre prophète pour le remplacer, et ce sera Élysée. Être messager de Dieu, c'est être messager de paix, et celui qui n'a pas la paix en lui n'a aucun droit pour manifester son zèle pour Dieu. S'il le fait malgré tout, il n'est rien d'autre qu'un assassin. On est là en totale contradiction avec le texte du livre des Nombres qui loue le geste meurtrier de Pinhas et le nomme prêtre pour l'éternité ainsi que sa descendance.

On pourrait résumer cette exemple en disant que la Loi, la Torah est faite pour l'être humain et non pas l'être humain pour la Torah. Dieu donne sa Parole ou ses Paroles qui sont appel à être, et chacun les reçoit comme il peut, là où il en est dans sa croissance. Quand le peuple hébreu accepte dans l'enthousiasme les Dix Paroles et se prostitue, grand-prêtre en tête, moins de deux mois plus tard, devant le veau d'or, on ne peut qu'en déduire que les Hébreux n'étaient pas prêts pour un tel engagement. Le Dieu de puissance d'Élie ne ferait qu'une bouchée de ces idolâtres. Mais la Loi ne se limite pas aux Dix Paroles qui la résument. Aussitôt après le don du Décalogue, dès le chapitre 22 de l'Exode, Dieu a déjà exprimé sa solidarité avec les pauvres, les petits. Le texte dit: "Si tu prêtes de l'argent à quelqu'un de <u>mon</u> peuple, à un pauvre parmi tes frères, tu ne lui imposeras pas d'intérêts." On pense à la dette des pays du Sud qui écrase et qui tue ces pauvres du peuple de Dieu. Le texte dit encore: Tu ne maltraiteras pas l'immigré qui réside chez toi, tu ne l'opprimeras pas, car vous étiez vous-mêmes des immigrés en Égypte." On pense aux ouvriers et ouvrières des *maquiladoras* à la frontière des États-Unis et du Mexique, ces usines où, à la faveur de l'ALENA, on exploite une force de travail bon-marché; on pense à toute cette main-d'œuvre des pays du Sud qui sont pressés comme des citrons et rejetés quand ils n'ont plus de jus. Le texte dit enfin: "Vous n'accablerez pas la veuve et l'orphelin…, car sinon ce sont vos femmes qui deviendront veuves et vos fils orphelins." Ces lois sont entremêlées avec des lois cultuelles, comme pour dire que les secondes ne vont pas sans les premières. Rendre un culte à Yahweh par des hymnes et des sacrifices est en soi insuffisant. Le vrai culte de Yahweh consiste à honorer la dimension éthique de la loi en prenant soin du pauvre, de l'immigré, de la veuve. De fait, dans cet ensemble, les textes sur les pauvres et les faibles semblent plus anciens. L'amour, ou au moins le secours à accorder à l'ennemi est même abordé: "Lorsque tu verras l'âne de celui que tu détestes écrasé par son fardeau, tu ne passeras pas sans t'arrêter, mais tu l'aideras."

À côté de ces lois qui ont valeur universelle et que nous ferions bien d'appliquer encore de nos jours, la Torah comprend toute une série de lois détaillées qui semblent vouloir couvrir tous les petits problèmes des relations entre les gens d'une même communauté. Elles ont un intérêt historique, comme reflet des tâtonnements d'un peuple pour se bâtir un code juridique. Elles n'ont de valeur qu'en autant qu'elles sont en accord avec une loi plus haute, celle du respect de l'autre quel qu'il ou qu'elle soit, car il ou elle est image de Dieu.

L'épreuve du désert

Nous avons évoqué le comportement du peuple hébreu dans le désert, juste après le don des Dix Paroles; ceci, semble-t-il d'après le texte, simplement parce que son leader s'était attardé un peu trop longtemps sur la montagne sans envoyer de ses nouvelles. Continuons à interroger le texte pour voir comment le peuple réagit à l'épreuve du désert. Il ne fait guère de doute qu'une majorité parmi le peuple n'est pas prête à vivre l'épreuve de transformation et de libération intérieure que représente le désert. Car cette libération intérieure est comme une mort à soi-même. Alors si on reste au lieu de retourner en Égypte, c'est plus par un effet d'entraînement que par conviction. On reste parce que les autres restent. Mais on ne se transforme pas pour autant. Alors quand le texte parle de châtiment par Dieu, c'est peut-être simplement reconnaître que si on ne se transforme pas, on meurt comme on est; la vraie mort, c'est celle qui nous bloque dans notre évolution. Les tentations au désert ne sont pas là pour induire au mal, mais pour faire grandir la Foi. C'est dans ce sens que Paul, plus tard, dira aux Romains: "La tribulation produit la constance, la constance produit la fidélité et la fidélité, l'espérance." En d'autres termes, la fidélité se bâtit et se renforce peu à peu, au long des jours. Dans le Nouveau Testament aussi, il y a l'épreuve du désert et le Christ est éprouvé par les mêmes trois tentations auxquelles sont soumis les Hébreux au désert: d'abord la faim, ensuite l'exigence de signes ou de miracles, enfin le désir de possession de la terre. Moïse met en garde le peuple contre cette dernière, ce qui indique qu'elle était présente dans les aspirations et les revendications du peuple. En acceptant d'être tenté, le Christ finit de se préparer, de se libérer pour sa mission.

Le peuple hébreu, lui, renâcle et se plaint. Le livre des Nombres nous dit que les lamentations du peuple finissent par mettre Dieu en colère. Ce n'était pas le cas dans le livre de l'Exode quand il parlait d'événements antérieurs à la manifestation de Dieu sur le Sinaï. Mais maintenant, la révolte du peuple met en colère Yahweh, car elle se situe après l'Alliance du Sinaï. Toutefois, la réponse de Dieu est d'abord de donner de l'aide à Moïse qui, à lui tout seul, ne peut pas être témoin de l'Alliance. Quand le peuple se rebelle, car il ne veut pas affronter les dangers de la conquête de la Terre Promise, Dieu se plaint de "tous ces hommes qui ont vu sa gloire et ses signes en Égypte et dans le désert et qui n'ont pas cru à sa puissance." (Nb.14,22). Ceux qui ne croient pas en la force de Yahweh ne peuvent se libérer. Ceux qui ont vu la gloire de Yahweh et n'ont pas cru n'entreront pas dans la Terre Promise. On identifie Dieu au succès après coup. Malgré les manifestations passées de sa puissance et de sa sollicitude pour son peuple, on ne lui fait pas confiance pour l'avenir. Mais parfois, certains ont simplement le réflexe animal de se jeter sur la nourriture et cette peur de manquer, qui est elle aussi un manque de confiance, est également punie.

Par contre il y a un petit noyau qui semble se distinguer du reste du peuple, ce sont ceux que le texte désigne comme les Anciens d'Israël, et ils sont au nombre de soixante-dix. Nous les avons vu monter sur la Montagne avec Moïse au moment où l'Alliance est scellée par un repas. Le texte nous dit: "Ils virent Dieu, ils mangèrent et burent." (Ex.20,17) Malgré cela, Moïse semble ne pas savoir se décharger sur eux d'une partie de sa tâche. Il faudra la nouvelle révolte du peuple, où Moïse se trouve dépassé, avant que Dieu réponde par l'envoi des cailles, pour que Dieu fasse la preuve à Moïse qu'il peut faire reposer son esprit sur eux aussi, même si cela ne durera pas. Nous avons vu que Josué cherche alors à défendre la primauté de Moïse. Mais hélas, elle ne se trouve pas menacée par un surplus d'Esprit sur les autres. Moïse est un des seuls, avec Jésus, sur lequel l'Esprit descend et "demeure". C'est en tout cas à ce signe que Jean-Baptiste doit reconnaître Jésus. Les disciples de Jean-Baptiste auront d'ailleurs le même réflexe que Josué quand Jésus, à son tour, se mettra à baptiser et Jean-Baptiste aura alors la même attitude d'humilité que Moïse. Il ne sera pas jaloux de son rôle de prophète.

Mais certainement, la rébellion la plus importante du peuple est celle qui suit la reconnaissance de la Terre Promise par un groupe d'espions hébreux. C'est là le test ultime de la Foi du peuple. Ce que rapportent les espions doit normalement enlever aux Hébreux tout espoir de jamais conquérir la Terre Promise: ses habitants sont grands, forts et bien armés, ses villes entourées de remparts. Que pourrait faire contre eux un peuple de nomades? Rien... si ce n'est pas Dieu qui combat à sa place. Car Dieu est source de toute vie et prospérité. C'est au moins là, la conclusion du Deutéronome. Il doit être clair que si le peuple est réduit en esclavage, ce ne sera pas à cause de la force des ennemis mais à cause de l'abandon de Dieu.

Même la foi en Dieu de Josué et de Caleb, même l'autorité de Moïse et des anciens ne feront pas changer le peuple d'avis: on ne se risque pas dans une aventure aussi humainement hasardeuse. À partir de ce refus, le peuple en est réduit à vivre dans la région de Kadesh une situation semi-sédentaire dont il est dit qu'elle durera jusqu'à ce que la génération suivante, qui n'avait pas connu l'esclavage d'Égypte, soit prête à se battre là où leurs pères avaient reculé.

Mais Kadesh n'est pas tout à fait le désert et l'influence des civilisations cananéennes commence à se faire sentir. Le chapitre 25 du livre de Nombres dit qu'Israël s'attacha au Baal de Péor, le Dieu de la fécondité local, avec ses prostituées sacrées. Baal est le dieu sexué, qui ne peut donc se suffire à lui-même. La prostitution sacrée est vécue comme une union à un dieu qui a des relations sexuelles, lesquelles sont cause de fertilité pour le sol. Les Baals sont les propriétaires de la terre, comme d'ailleurs Yahweh.

Il est difficile de savoir quel rôle Moïse a joué pendant les nombreuses années où le peuple hébreu était en attente au pays de Kadesh, et rien ne permet d'affirmer qu'il était encore en vie. Il semble que ce fut le temps d'un renforcement du rôle des prêtres, même si on fait la part d'ajouts faits au texte lors du retour de l'exil. En tout cas, le culte de Baal parmi les Hébreux n'est pas un épisode inventé tardivement. Osée, un des plus anciens prophètes y fait déjà allusion. Les interprétations de la conduite du peuple à Baal-Péor n'ont pas manqué. Les misogynes en ont fait un parallèle avec le jardin d'Éden pour déclarer que ce sont les femmes qui perdent les hommes. D'autres ont simplement constaté qu'à Baal-Péor, les Hébreux ont déjà commis le péché pour lequel il est dit que les autres peuples ont été chassés de la Terre Promise.

Les révoltes

Après avoir cherché à comprendre l'attitude générale du peuple hébreu dans le désert, nous allons nous arrêter sur quelques-unes des révoltes dont parlent les textes. Nous commencerons par la première qui nous est contée, l'épisode du veau d'or. C'est peut-être la plus choquante, car, telle qu'elle nous est rapportée dans le livre de l'Exode, elle apparaît, nous dit le Midrash, comme une prostitution sous le dais nuptial. Nous avons déjà dit que le récit du veau d'or peut se vouloir une condamnation des cultes rendus dans le Royaume du Nord à des veaux d'or, et qui en fait ne représentaient pas la divinité mais son siège. Les veaux sont le symbole du schisme qui a eu lieu entre le royaume du Nord et le royaume de Juda au sud. Le prophète Osée s'élève contre les cultes du Nord mais aussi contre tous les sacrifices dont on mange la viande. On ne sait donc pas si cet épisode du veau d'or est historique. Mais voyons ce que dit le livre de l'Exode. Moïse reçoit la Loi sur la montagne. Puis il redescend pour la donner au peuple qui l'accepte. Moïse scelle l'Alliance par l'aspersion de sang sur l'autel et sur le peuple. Après quoi, il remonte sur la montagne chercher les tables de la Loi et il y reste quarante jours. Le peuple ne comprend pas le sens de cette absence et se construit un veau d'or à adorer. Sans cette démarche de Moïse pour aller chercher la Loi écrite, il n'y aurait sans doute eu ni révolte ni veau d'or. C'est donc pendant que Moïse et Yahweh discutent de Loi sur la montagne que le peuple se fait un veau d'or, car ce dont il a besoin c'est d'une présence, et si possible d'une présence d'amour.

Je ne pense pas que les choses aient tellement changé de nos jours. Nous avons évoqué toutes ces idoles du monde moderne aux lois desquelles nous obéissons et à qui nous sacrifions parfois l'avenir de nos enfants; peut-être même leur vie quand le service de nos idoles, travail, profit, statut social, nous empêche d'être présence aimante auprès de jeunes qui se cherchent. Ce n'est pas avec des lois écrites, fussent-elles les Dix Paroles, que nous pouvons remédier à ce mal de vivre. Adorer des tables de pierre peut être tout aussi idolâtrique que d'adorer le veau d'or. Pour que les Dix Paroles soient sources de libération, il faut que l'on découvre qu'elles sont en fait inscrites dans le cœur des hommes et des femmes, qu'elles sont en quelque sorte leur code génétique divin, leur ADN divin. Même si on décide un beau jour de vivre selon la Torah, il y a beaucoup de veaux d'or à abattre avant de parvenir à la libération, il y a beaucoup de lois écrites à briser avant de découvrir la loi qui est inscrite dans nos cœurs.

Continuons à nous pencher sur d'autres révoltes de certains membres du peuple. Il y a les murmures de Miryam et Aaron contre Moïse au chapitre 12 du livre des Nombres. Là encore, les interprétations ne manquent pas. On peut voir dans ces murmures, une simple affaire de famille. La raison des murmures: une femme du pays de Koush que Moïse aurait prise pour femme. Certains voient dans ce mariage de Moïse une ouverture aux autres nations; Miryam représente le peuple qui s'indigne, Aaron, les prêtres et les intégristes. Dieu confirmerait le mariage. Mais, si on sait qu'encore de nos jours les Koushites font partie des peuples de la terre où les femmes sont le moins valorisées, on peut penser que plutôt que de s'ouvrir aux nations,

Moïse cherche surtout à ne pas être contesté dans sa tente; du genre: sois belle et tais-toi. Ceci serait en accord avec le reste de l'épisode où Miryam et Aaron demandent: "Est-ce que Yahweh ne parlerait que par Moïse? N'a-t-il pas aussi parlé par nous?" Dans ce cas on pourrait interpréter que Miryam se porte au secours de la femme koushite dont Moïse méprise l'esprit. Quand elle dit: "Dieu ne parle-t-il pas par nous", ce "nous" peut inclure la femme koushite. Le texte nous dit que Moïse est humble vis à vis de Dieu, mais l'est-il aussi vis à vis de sa femme? Il semble que la révolte de Miryam et d'Aaron porte plus sur la question du prophétisme que sur la femme dont il n'est plus question par la suite. Moïse serait-il d'une famille de "voyants"? N'oublions pas qu'on parle de Miryam comme d'une prophétesse. Dans l'affirmative, le mariage avec la femme koushite pourrait apparaître comme une mésalliance au niveau de la voyance. Mais Yahweh ne se révèle pas dans la voyance mais dans l'Esprit. Après que Yahweh ait confirmé qu'il parle à Moïse de façon spéciale, Miryam se trouve frappée de la lèpre. Or nous l'avons vu quand nous avons parlé de la sixième plaie d'Égypte, la lèpre a à voir avec la Parole. Les mots *Déber* pour la lèpre et *Dabar* pour la Parole sont constitués des mêmes consones et donc chargés des mêmes énergies en hébreu. Si Miryam est lépreuse, cela peut signifier qu'elle est Parole, donc qu'elle n'a pas à le revendiquer. Mais également elle a à être consciente d'une part, de la transcendance de Dieu et d'autre part, qu'il y a des fonctions diverses au service de la Parole. Certains ont le don de dire des paroles mystérieuses, comme dit l'apôtre Paul, et d'autres ont le don de les interpréter. D'après certaines traditions juives, cette fonction d'interprétation avait constitué le rôle prophétique de Miryam: faire comprendre au peuple ce que Dieu disait par l'intermédiaire de Moïse. Cela expliquerait, sans avoir recours à des raisons sexistes, pourquoi seule Miryam est frappée de la lèpre et non pas aussi Aaron.

Le rôle de Miryam dans la Torah est peut-être aussi important que celui d'Aaron, mais comme une présence discrète auprès de Moïse, alors qu'Aaron apparaît comme le collaborateur de Moïse et pas seulement son frère. Comme il est aussi le premier grand-prêtre, il est normal que la rédaction sacerdotale lui donne une importance spéciale. Par exemple, la mort de Miryam est juste mentionnée, alors que le texte prend la peine de mentionner que la mort d'Aaron est suivie d'un deuil de trente jours comme le sera la mort de Moïse. Mais comme nous le verrons, c'est juste après la mort de Miryam qu'est rapporté l'épisode de Mériba où Moïse et Aaron perdent l'espoir d'entrer dans la Terre Promise. Certains et certaines pourront également penser que c'est après s'être sentie dévalorisée par Moïse que Miryam a perdu le goût de vivre et s'est laissée mourir.

Ce qui semble certain à la lumière de la révolte de Miryam comme de celle de Coré dont nous allons parler, c'est que le service de Dieu, qu'il soit prophétique ou sacerdotal, ne peut se faire que dans l'humilité. Le texte du livre des Nombres prend la peine de préciser: "Cet homme, Moïse, était fort humble, plus qu'aucun homme qui fut sur la terre".(Nb.12,3) Cette humilité de Moïse, comme nous l'avons suggéré, ne se situait peut-être pas au niveau de ses relations humaines mais à celui de la connaissance de Dieu. Seul l'homme parvenu au niveau atteint par Moïse, qui "comprenait et connaissait Dieu" réellement, seul un tel homme sait que l'être humain ne peut ni comprendre ni connaître Dieu. Il atteint alors à la plus vraie et à la plus haute humilité. À la fin de la Torah, il est dit de Moïse "qu'il connût Dieu face à face". Le grand maître juif moyenâgeux Rashi commente: "Tous les prophètes regardèrent dans un miroir imparfaitement clair et pensèrent avoir vu Dieu; Moïse, notre maître, regarda dans un miroir parfaitement clair, (c'est-à-dire qu'apparemment il put voir Dieu) et il sut qu'il ne l'avait pas vu de face."

Une autre révolte rapportée au livre des Nombres est celle de Coré, de Datan et d'Abiram. Le premier est un lévite qui se révolte contre le pouvoir sacerdotal d'Aaron. Les deux autres sont de la tribu de Ruben; ils contestent le pouvoir de Moïse et d'Aaron, qui, eux, sont de la tribu de Lévi. On se rappelle que Ruben était le fils aîné de Jacob et c'est peut-être au nom du droit d'aînesse de Ruben qu'ils contestent l'autorité. Ils sont las d'attendre une hypothétique terre où coulera le lait et le miel, et veulent retourner en Égypte, terre riche et fertile. Par contre, la révolte de Coré est basée sur l'argument suivant: "La sainteté appartient à tous. Alors pour qui Moïse et Aaron se prennent-ils? On est proche des récriminations de Miryam et d'Aaron contre Moïse dont nous parlions précédemment. Au fond, le débat avec Coré se ramène à savoir si le peuple est déjà saint ou s'il est appelé à la sainteté. Si le peuple est déjà saint, le raisonnement de Coré est valable, mais cela va aboutir à un immobilisme synonyme de mort. Si le peuple est en marche vers la sainteté, alors ses guides doivent être choisis en fonction de leurs qualités de pasteur et non pas à cause de leur sainteté. À ce titre, Coré a tort. Par contre, il n'est pas mauvais de rappeler périodiquement aux pasteurs que la Loi doit toujours se plonger de nouveau dans le feu purificateur de l'Esprit et dégager sa substance authentique des scories de ce qui s'est adultéré en elle. C'est au fond ce qu'a fait le Concile de Vatican II, peut-être parce que certains s'étaient levés, comme Coré, pour contester le statu quo ou le désordre établi. Même si leur combat fut souvent difficile et parfois sanctionné, leur sort n'a pas été celui de Coré, Abiram, Datan et leurs supporters, plus de deux cent cinquante personnes en tout, qui d'après le récit, disparurent quand la terre s'ouvrit pour les engloutir. Avis à ceux qui auraient à nouveau l'idée de contester la suprématie sacerdotale!

Mais récriminer contre Dieu est dangereux aussi, si on en croit le livre des Nombres, et ceci nous amène à parler d'une dernière révolte du peuple, fatigué par l'épreuve du désert, par le manque d'eau et de nourriture. Nous sommes au chapitre 21 du livre des Nombres. Le texte nous dit que Dieu envoie contre le peuple des serpents à la morsure brûlante dont beaucoup de gens meurent. Le peuple se repent, il vient supplier Moïse d'intercéder pour lui auprès de Yahweh, ce que fait Moïse. C'est alors que Yahweh dit à Moïse: "Fabrique-toi un serpent brûlant et place-le sur un poteau. Celui qui sera mordu le regardera et sera sauvé." Le texte conclut: "Moïse fit un serpent de bronze et le fixa sur un poteau. Lorsque quelqu'un était mordu par un serpent, il regardait le serpent de bronze et il était sauvé."

Nous retrouvons mention de ce serpent de bronze au second livre des Rois où il est dit que quand Ézéchias devint roi du Royaume du Sud, il fit détruire les lieux des cultes idolâtres et aussi le serpent d'airain que Moïse avait fait et auquel les Israélites offraient de l'encens. On l'appelait Néhouchtan. On retrouve aussi mention du serpent d'airain dans l'entretien nocturne de Jésus avec Nicodème dans l'évangile de Jean. Jésus se compare au serpent d'airain et dit que comme lui, il doit être élevé, comprenons, cloué sur la croix, afin que quiconque croit en lui ait la vie éternelle. Alors, bien sûr, on peut se demander si Yahweh a été assez sadique pour envoyer des serpents venimeux pour punir son peuple. Espérons qu'il aura su trouver un moyen plus pacifique pour rappeler à son peuple que la Vie, le salut, viennent de Dieu. Mais si on en croit le livre des Rois, c'est le symbole qui était devenu objet de vénération alors que le peuple avait tendance à oublier l'amour dont il avait été le signe.

Balaam

Avant de refermer le livre des Nombres, il nous reste à parler de l'histoire de Balaam. Balaam est un voyant et sans doute un magicien, mais on pourrait peut-être lui donner aussi le nom de prophète car dans le récit biblique, c'est Yahweh qui parle par sa bouche et il ne cherche pas à y faire obstacle. L'histoire de Balaam se lit comme un conte. Elle occupe trois chapitres du livre des Nombres, les chapitres 22 à 24. Je les résume.

Les Moabites ont peur de l'avancée d'Israël qui vient de défaire les Amorites et de s'emparer de leurs villes et de leurs territoires. Balak, le roi des Moabites envoie chercher Balaam pour jeter un mauvais sort sur le peuple d'Israël. Une première fois Balaam, sur l'ordre de Yahweh, refuse de venir. De nouveaux messagers viennent chercher Balaam et cette fois

Yahweh lui dit d'aller avec eux mais de ne faire que ce qu'il lui dira. À noter que parlant de Dieu, Balaam l'appelle "Yahweh, mon Dieu". Par trois fois, alors que Balaam est en route, l'ange de Yahweh barre le chemin à l'ânesse qu'il chevauche. Balaam ne voit pas l'ange et ne comprend pas le comportement de l'ânesse qu'il frappe pour la faire avancer. Finalement, comme l'ange barre tout le chemin dans un passage étroit, l'ânesse s'accroupit et Yahweh ouvre les yeux de Balaam qui voit l'ange et comprend ce qui se passe. Il propose de retourner chez lui, mais l'ange lui dit de continuer mais de ne dire que ce que l'ange lui dira de dire.

Balak, le roi, offre des sacrifices pour le succès de l'entreprise, tandis que Balaam va se promener en quête d'inspiration. Celle-ci est au rendez-vous, et quand Balaam retourne auprès de Balak il prophétise: "Comment maudire si Dieu ne maudit pas, ou menacer si Dieu ne menace pas..."; la suite est comme une bénédiction qui s'émerveille sur le nombre des Hébreux. Puis le scénario se répète. Nouveaux sacrifices et nouvel oracle: "Dieu n'est pas un homme pour mentir... Regarde, il m'a pris pour bénir... Il n'a pas perçu de mal en Israël. Yahweh son Dieu est avec lui. Ce peuple se lève comme une lionne, se dresse comme un lion..." Balak est furieux: "Si tu ne le maudis pas, au moins ne le bénis pas", mais Balaam répond: "Je te l'ai bien dit, ce que Yahweh dira, je le ferai." Malgré cela Balak s'entête et fait une troisième tentative. Nouveaux sacrifices et... nouvelle bénédiction: "Que tes tentes sont belles, Jacob, tes demeures, ô Israël..." Suit une description paradisiaque de la terre que les Hébreux vont occuper et, comme conclusion: "Bénis soient ceux qui te bénissent et maudis soient ceux qui te maudissent." Cette fois Balak renonce et Balaam décide de rentrer chez lui. Mais avant de partir, lui vient une autre prophétie: "Je le vois mais pas pour maintenant, je le contemple mais non de près: un astre se lève sur Jacob, un sceptre se dresse sur Israël... Israël fait de grandes choses, Jacob impose sa force."

La tradition chrétienne a vu dans ce dernier oracle, la prédiction de la venue du Christ. Mais ni la tradition chrétienne ni la tradition juive n'ont épargné Balaam. Le livre des Nombres le rend responsable de la prostitution sacrée qui s'était répandue dans le peuple hébreu, et les Israélites le tueront quand ils conquerront Moab. Pour la tradition chrétienne, Balaam n'est qu'un sorcier, un magicien, et pour Origène et bien d'autres après lui, un magicien ne peut pas bénir, il ne peut que maudire. Là encore, on ne semble pas vouloir admettre que ceux qui ont des pouvoirs spéciaux puissent les utiliser pour le bien. Pourtant, le récit nous montre Balaam comme un prophète exemplaire dans sa relation à Yahweh. Il ne parle pas par lui-même. Il refuse de dire ce que Balak veut lui faire dire, même si ce dernier lui proposait sa maison pleine d'or et d'argent. Ce qui me frappe quand je lis ces oracles, c'est que non seulement Balaam proclame ce que Dieu lui ordonne de dire, mais qu'on le sent rempli de la Joie de Yahweh. Il contemple les hauts-faits que Yahweh a déjà accomplis et va continuer à faire pour son peuple, et il s'émerveille dans la Joie, sans se soucier de Balak qui fulmine à ses côtés. Or pour moi, la Joie, la vraie Joie, est un critère d'authenticité.

L'histoire de Balaam termine les récits de la marche au désert et précède les préparatifs immédiats de la conquête. Elle marque la fin de l'épreuve du peuple hébreu. Toutes ces souffrances n'ont pas été en vain. C'est un prophète étranger qui est le médiateur de la bénédiction de Yahweh envers son peuple Israël. On peut donc penser que les oracles de Balaam veulent aussi souligner le rayonnement universel de Yahweh, qui n'est pas le Dieu du seul Israël, mais que tous les peuples sont appelés à reconnaître comme vrai Dieu.

Vers la Terre Promise

Le livre des Nombres se termine quand le peuple s'est remis en marche après la longue période d'attente semi-sédentaire dans le désert de Qadesh. Mais la marche finale vers la Terre Promise nécessite de traverser certains pays. Parfois les habitants de ces pays s'opposent au passage des Hébreux, et c'est la guerre. La conquête de la Terre Promise dans la Bible implique l'expulsion ou le massacre des peuples autochtones. Quand on lit les chapitres 31 à 37 du livre des Nombres, on a l'impression que Moïse a ordonné un génocide pire que celui dont les Hébreux étaient victimes en Égypte. Il s'agit d'une vraie purification ethnique au sens moderne du terme, et les guerriers qui ont tué les ennemis doivent se purifier pendant sept jours. En réalité, il faut comprendre que les récits ont été écrits environ six cents ans après les faits, à une époque où Israël n'avait plus les moyens d'attaquer d'autres peuples. Mais si le récit précise que toutes les femmes des pays conquis doivent être tuées, c'est que l'auteur voulait insister sur le danger qu'il y avait pour les Israélites à se marier avec des femmes païennes, étrangères, et même à les fréquenter car elles étaient adeptes d'autres religions.

Il reste que le récit biblique, dans la forme qu'il a prise, est irrecevable tel quel, même s'il présente beaucoup d'analogies avec d'autres conquêtes coloniales en Afrique, en Amérique du Nord et du Sud et en Australie. C'est encore le même scénario qui se répète dans les luttes ethniques actuelles et autres situations d'apartheid avoué ou caché. Là encore, il ne faut pas oublier de lire à la fois la Torah et les Prophètes. Et pourquoi ne pas prendre un prophète moderne, tel Dom Fragoso qui, à la quatrième Conférence de l'épiscopat de l'Amérique latine, ce qu'on appelle le CELAM, déclarait en 1992, l'année du cinq centième anniversaire de la conquête: *"Nous devons faire une mémoire objective de ce qui est arrivé, sans aucun triomphalisme, en reconnaissant ce qui a été bon et ce qui a été mauvais. Nous devons reconnaître que l'écrasement des civilisations qui étaient ici est un crime appelé génocide... et nous devons faire pénitence. Toute l'Église doit faire pénitence, parce qu'elle aussi a été coupable?"* Demander pardon, faire pénitence, c'est cela au fond qui était peut-être exigé des Israélites qui avaient égorgé les Cananéens, y compris femmes et enfants. Il reste que les auteurs du récit biblique se sont cru autorisés à écrire que l'ordre venait de Dieu. Cela est irrecevable si on prend le texte littéralement, à plus forte raison si on est Amérindien et qu'on se reconnaît plus dans les Cananéens conquis et décimés que dans le peuple de Dieu triomphant. Il n'est de libération vraie que collective, c'est-à-dire concernant tous les peuples de la planète. La Terre Promise voulue par Dieu ne peut être que la terre entière. Si le texte biblique précise que l'or qui se trouve parmi le butin doit être déposé devant Yahweh, à la Tente de la Rencontre, serait-ce pour que Yahweh, qui n'en a que faire, le redistribue à tous les peuples de la terre?

À l'époque de Moïse et de ses successeurs immédiats, religion et politique ne peuvent être dissociés et c'est pourquoi le texte fait endosser à Dieu la responsabilité de choix politiques pas très propres. De nos jours, dans certains pays, il y a encore cette confusion entre le politique et le religieux. Mais dans d'autres, ce sont les idéologies qui ont pris la place de Dieu. Le génocide des Madianites se veut également un génocide culturel, comme certaines conquêtes coloniales ou épopées missionnaires l'ont été. De nos jours on tue moins par esprit de conquête, mais on le fait pour défendre des privilèges économiques et le colonialisme culturel continue.

Avec la fin du livre des Nombres, on voit s'accroître dans le texte, l'influence de Josué. Il est même possible que Josué ait joué un rôle important bien avant cela, mais que le récit l'ait laissé dans l'ombre en cherchant à magnifier la figure de Moïse. Josué deviendra le pasteur du peuple de Dieu, et dans ce rôle, il fera sans doute aussi bien que Moïse. Il sera comme le premier de la période des Juges, mais auparavant, il aura assuré la conquête du pays. Cependant, il n'aura pas avec Dieu cette relation spéciale, ce bouche à bouche qui restera le privilège de Moïse. Quant à Moïse, il laisse à Dieu le choix de son successeur. Est-ce simple humilité ou orgueil de celui qui ne trouve personne capable de continuer ce qu'il fait?

Les terres qui avaient appartenu aux Madianites exterminés étaient de bonnes terres de pâturage. Deux des tribus souhaitent s'y installer, même si, situées à l'est du Jourdain, elles ne font pas partie de la Terre Promise proprement dite. Moïse y consent, mais à condition que ce ne soit pas une excuse pour ne pas participer aux combats pour conquérir la terre Promise. Donc, les hommes iront se battre aux côtés de leurs frères de race et reviendront ensuite s'installer sur ces terres qu'ils ont choisies.

Si on fait une lecture symbolique du texte, les habitants de Canaan sont l'image des gens éloignés de Dieu, ce qui ne veut pas dire qu'il faut les passer au fil de l'épée, bien au contraire. Il faudrait être capable de les aimer davantage. À la date où se situent les récits de la Torah, le pays de Canaan n'est pas encore en vue. Lors de la rédaction des textes, il a disparu depuis longtemps de la carte. Dans la symbolique biblique, les Cananéens sont les descendants de Cham, le troisième fils de Noé, celui qui s'était moqué de l'ivresse de son père, ce qui peut expliquer la malédiction qui les frappe.

L'entrée en Terre Promise, c'est Dieu qui donne des royaumes. C'est un cadeau dangereux comme nous le verrons, et Moïse le soulignera dans le livre du Deutéronome. C'est d'ailleurs aussi l'objet des tentations du Christ au désert: "Je te donnerai tous les royaumes de la terre", lui dit le diable. Jésus refuse, ce qui semble sage.

La manne, dit la Bible, a cessé de tomber quand la terre nouvelle a produit ses premiers fruits. Mais le peuple, lui, sur cette terre nouvelle, sera-t-il capable de produire des fruits de justice? La question qui s'est posée aux Hébreux à cette époque se pose encore aux chrétiens de nos jours.

Au cours du prochain chapitre nous chercherons à voir clair dans la raison pour laquelle Moïse n'est pas entré lui-même dans la Terre Promise, suite à l'épisode de Mériba, et nous parlerons aussi de la mort de Moïse.

SEPTIÈME CHAPITRE

Mériba et Mort de Moïse

Nous allons revenir sur la révolte du peuple à Mériba et surtout sur ses conséquences. Selon le texte, c'est à cause de ce qui s'est passé à Mériba que Moïse et Aaron ne sont pas entrés dans la Terre Promise avec le peuple. C'est pourquoi il est important que nous essayions de voir clair dans cet épisode. Je parle bien d'essayer de voir clair car il n'est pas sûr que Moïse et Aaron eux-mêmes aient compris en quoi ils avaient manqué à leur mission. De plus, les exégètes, qu'ils soient chrétiens ou juifs, sont loin d'être d'accord sur ce qui a motivé la décision divine. Au fond, ce qui est important pour nous n'est peut-être pas de savoir pourquoi Moïse et Aaron ne sont pas entrés en Terre Promise, mais bien plutôt de découvrir ce qui nous empêcherait d'y entrer nous-mêmes. Nous allons donc nous mettre à l'écoute du texte, qui est au chapitre 20 du livre des Nombres. Mais avant cela, je rappelle que l'épisode de Mériba apparaît aussi dans le livre de l'Exode, au chapitre 17, c'est-à-dire avant la théophanie et le don des Dix Paroles au Sinaï. En comparant les deux textes, il semble qu'avant le Sinaï, les murmures du peuple apparaissent comme légitimes et acceptables, mais que par contre, après le Sinaï, ces mêmes récriminations constituent des révoltes inacceptables.

Nous écoutons donc le récit du livre des Nombres:

Toute la communauté des Israélites arriva le premier mois au désert de Tsin. Le peuple s'établit à Qadesh, c'est là que Miryam mourut et qu'elle fut enterrée.

Il n'y avait pas d'eau pour la communauté, et les Israélites s'en prirent à Moïse et à Aaron. Ils cherchèrent querelle à Moïse et lui dirent: "Pourquoi ne sommes-nous pas morts devant Yahweh comme nos frères? Pourquoi avoir amené la communauté de Yahweh dans ce désert pour nous y faire mourir, nous et nos bêtes? Vous nous avez fait sortir d'Égypte pour nous amener dans cet endroit impossible! Pas un endroit pour semer, ni figuier, ni vigne, ni grenadier et pas même d'eau à boire!"

Moïse et Aaron s'échappèrent du milieu de la communauté et se présentèrent à l'entrée de la Tente du Rendez-vous. Là, ils tombèrent la face contre terre, et la Gloire de Yahweh leur apparut. Yahweh dit à Moïse: "Prends ta baguette et avec Aaron ton frère, réunis toute la communauté. Et sous les yeux de tous, vous direz au rocher de donner son eau. Tu feras jaillir pour eux l'eau du rocher et tu donneras à boire à la communauté et à son bétail."

Moïse retira la baguette de devant Yahweh comme il en avait reçu l'ordre. Puis Moïse et Aaron réunirent la communauté devant le rocher et Moïse dit: "Écoutez donc, rebelles! Ferons-nous jaillir pour vous l'eau de ce rocher?" Moïse leva la main et par deux fois frappa le rocher avec sa baguette. Alors les eaux jaillirent en abondance: la communauté et son bétail eurent à boire.

Mais Yahweh dit à Moïse et à Aaron: "Vous n'avez pas eu confiance en moi! Puisque vous ne m'avez pas rendu gloire devant les Israélites, vous ne ferez pas entrer cette communauté dans le pays que je lui donne." C'était aux eaux de Mériba; les Israélites protestèrent contre Yahweh, et il leur manifesta sa sainteté.

Nous aurons l'occasion de citer d'autres passages de la Torah qui font référence à cet événement. Rappelons que dans la rédaction de la Torah, l'approche sacerdotale prône une obéissance absolue à Dieu, une religion de la lettre. Par contre, l'approche deutéronomique valorise l'initiative de l'être humain, en l'occurrence Moïse et Aaron. On peut utiliser les deux pour expliquer la faute de Moïse. Le "péché" de Moïse, dans le texte que nous venons de lire, est vu dans une perspective sacerdotale où Moïse et Aaron n'ont pas obéi à la lettre à Dieu. Certains prétendent que Moïse a frappé deux fois le rocher au lieu d'une, d'autres qu'il a frappé le rocher au lieu de lui parler. D'autres encore voient la faute dans la question que Moïse pose au peuple: "Ferons-nous jaillir de l'eau de ce rocher?", suggérant que l'eau pourrait ne pas sortir, ou, au contraire, appuyant sur le "nous" de "Ferons-nous...?" et donc ramenant vers Moïse et Aaron le mérite du prodige divin.

Pour certains, la faute de Moïse est la même que la faute du peuple: un manque de foi en ce que Dieu peut accomplir. Encore de nos jours, c'est le manque de foi qui empêche de pénétrer dans le Royaume. Ceux à qui il appartient sont les pauvres qui n'ont d'autre alternative que de se fier en Dieu. Par trois fois, dans le livre du Deutéronome, Moïse dit qu'il ne peut entrer dans la Terre Promise car Dieu s'est mis en colère contre lui à cause du peuple. Est-ce parce qu'il s'est solidarisé avec le péché du peuple comme le Serviteur Souffrant du livre d'Isaïe? Ou bien n'a-t-il pas compris ou reconnu son propre péché? Plus loin dans le Deutéronome, Dieu lui-même dit que c'est à cause du péché de Moïse. Son péché serait-il de ne pas reconnaître que Dieu s'est mis en colère contre lui à cause de lui-même et non pas à cause du peuple? Le rabbin contemporain Yeshayahou Leibowitz fait remarquer que si Moïse, le plus humble des hommes n'a pas conscience d'avoir fauté, qui sommes-nous pour chercher des fautes à Moïse? Mais justement, Moïse n'aurait-il pas péché par excès d'humilité? Il ne faut pas abuser, même des meilleures choses. Il y avait déjà eu d'autres occasions où Moïse avait su rassurer le peuple en lui disant que Yahweh ne pouvait qu'intervenir en leur faveur. Devant toutes ces explications possibles du péché de Moïse, comment choisir celle qui a du sens pour nous aujourd'hui? Allons jeter un coup d'œil sur ce que disaient ces autres textes dont nous avons mentionné l'existence.

Nous ne nous attarderons pas sur l'épisode très semblable que l'on trouve dans le livre de l'Exode et où Moïse fait aussi jaillir de l'eau en frappant le rocher près de Réphidim. Il est aussi désigné du nom de Mériba et il est très probable qu'il s'agit d'un seul et unique événement. Sinon, la seconde fois, Moïse aurait pu dire: "comme nous l'avons fait à Réphidim". Il y a bien contre cette interprétation, la récapitulation de l'itinéraire du peuple hébreu dans le désert que l'on trouve au chapitre 33 du livre des Nombres, mais comme elle semble provenir de la même source que celle qui a réaménagé les textes, elle ne paraît pas très convaincante. Ce qui est clair, par contre, c'est que les récriminations du peuple lors de l'incident des eaux amères de Mara, avant le Sinaï, ne donnent pas lieu à la colère de Dieu. Dieu ne peut pas encore accuser, comme il le dit, "tous ces hommes qui ont vu ma gloire... et mes signes en Égypte et dans le désert et qui n'ont pas cru à ma puissance."

Avant cela, quand au chapitre 14 de l'Exode, les Hébreux sont menacés par les Égyptiens qui les rejoignent près de la mer Rouge, Moïse parle avec autorité au peuple pour lui annoncer que Dieu va intervenir pour le sauver. Or le texte ne mentionne pas qu'il ait au préalable vérifié avec Dieu ce qu'il convenait de dire. Précisément, il s'agit là d'un récit ancien, antérieur au récit sacerdotal, où l'obéissance intégrale à Dieu est requise, comme en témoigne ce que ce même récit fait dire à Dieu lors de la mort d'Aaron: "Vous avez été rebelles à mes ordres à Mériba." À noter que le livre des Nombres ne fait pas mention de la mort de Moïse. Seul le Deutéronome le fait, mais sans référence à la faute de Moïse. Nous avons déjà dit que par trois fois, dans le Deutéronome, Moïse met le blâme sur le peuple pour son péché; mais sans doute est-ce le rédacteur qui le fait en cherchant à exonérer Moïse. Pourtant le texte que nous avons lu tout à l'heure dit bien: "Vous ne m'avez pas rendu gloire devant les Israélites" et le Deutéronome y fait écho dans ses derniers chapitres: "Vous ne m'avez pas sanctifié quand tout Israël vous regardait."

La traduction de Chouraqui du dernier verset de l'épisode vaut la peine d'être citée. Elle se lit: "Ce sont les eaux de Mériba, les eaux de la querelle où les fils d'Israël ont combattu contre Yahweh: il s'est consacré en elles." Ce seraient donc les eaux de Mériba elles-mêmes qui témoignent de la sainteté de Yahweh. Moïse et Aaron ne sont que les instruments. La tradition chrétienne a rapproché le rocher frappé d'où jaillit l'eau, du corps du Christ sur la Croix, frappé de la lance et d'où jaillit sang et eau.

Dans le texte lui-même, comme nous l'avons entendu tout à l'heure, il est question dès le premier verset de la mort de Miryam, dont la tradition juive dit que c'était elle qui trouvait les sources pour le peuple. Plus que cela, elle était l'âme sœur de Moïse, même s'il n'est pas sûr que Moïse était conscient de l'aide qu'elle lui apportait par sa simple présence. C'est donc juste après sa mort que soudain, Moïse et Aaron ne semblent plus capables de manifester la sainteté de Dieu devant le peuple. La mort d'Aaron suit de très près celle de Miryam et Moïse semble avoir perdu de son leadership. Au fond, la faute de Moïse et d'Aaron a peut-être sa source dans le fait qu'ils n'ont pas su se transformer au contact de Miryam pour pouvoir continuer leur mission après sa mort.

Nous voyons donc que les interprétations du péché de Moïse ne manquent pas, et chacun et chacune est libre de retenir celle qui aujourd'hui, lui semble correspondre à la forme d'esclavage dont il ou elle souffre. Je vais maintenant proposer la mienne, telle qu'elle m'est apparue lors de la rédaction de mon premier livre, "Le Baptême par le Feu" il y a une vingtaine d'années. Elle part de cette affirmation de Dieu dans le texte que nous avons lu tout à l'heure: "Vous n'avez pas manifesté ma sainteté devant le peuple." C'est la raison reprise au livre du Deutéronome au moment de la mort de Moïse. À Mériba, Moïse est incapable de faire montre d'une foi adulte. Il n'est pas incrédule, puisqu'il consulte Dieu, mais hésitant. Il a peur. En d'autres termes, il a enfoui son talent. La parabole des talents, dans l'Évangile se termine en évoquant les pleurs et les grincements de dents de ceux auxquels l'accès au Royaume est refusé; et nous verrons Moïse pleurer et supplier de pouvoir entrer dans la Terre Promise. Moïse à Mériba n'est pas prêt à affronter le grand vent du large auquel l'expose l'épreuve. Il se réfugie dans la Tente de la Rencontre. Ceux dont la Foi en l'Amour de Yahweh pour son peuple n'est pas assez forte ne peuvent se libérer. À ce point, il conviendrait peut-être de faire une remarque: dans toute la Torah, on ne sent pas exprimé l'amour de Moïse pour Dieu. On a l'impression que pour Moïse, Dieu est le grand boss et qu'il le sert plus par obligation que par amour.

Mais pourquoi ce péché-là de Moïse et d'Aaron n'a pas été pardonné comme le sont la plupart des péchés? S'agit-il pour Moïse d'un péché contre l'Esprit qui est en lui? Depuis sa première rencontre avec Dieu, Moïse avait reçu suffisamment de grâces pour pouvoir surmonter ses peurs et ses doutes. Il n'a donc plus l'excuse de celui qui pèche dans un environnement défavorable.

D'autre part, il n'est dit nulle part que ni Moïse ni Aaron se reconnaissent coupables. Ils mettent le blâme sur le peuple. Moïse comme Job cherche à se justifier, mais il ne vivra pas le lâcher-prise final de Job, cet abandon dans les bras du Seigneur qui lui permettrait d'entrer dans la Terre Promise. Le salut est don gratuit. Tant qu'on ne pense qu'à se sauver soi-même, on ne peut être sauvé.

Il y a plus; en mettant le blâme sur le peuple, Moïse se désolidarise du peuple. Il est soucieux de sa libération individuelle. Or s'il est une grande leçon qui ressort de toute la Torah, c'est que la vraie libération n'est pas individuelle, elle est collective. Se soucier du salut de notre petite âme en refusant de se sentir solidaire du péché du monde est le meilleur moyen pour ne pas entrer dans la Terre Promise. Au Sinaï, Moïse avait pourtant offert de se solidariser avec le péché de son peuple. Mais c'était dans l'exaltation de la Théophanie sur la Montagne. La Foi peut se refroidir à l'usure du temps.

On peut, par certains côtés, comparer Moïse à l'apôtre Pierre. Il a assez de foi pour marcher sur les eaux, mais ensuite il doute et s'enfonce. Il fait de grandes promesses de fidélité, mais par peur renie son maître. Pourtant ce qui sauve Pierre, c'est son amour pour Jésus. Peut-être que ce qui a manqué à Moïse, c'est de vivre le "Shema Israël" de son second discours au livre du Deutéronome: "Tu aimeras le Seigneur ton Dieu de tout ton cœur, de toute ton âme, de toutes tes forces." La Torah est avant tout une histoire d'Amour.

Le péché de Moïse le distingue du Christ qui lui aussi parle à son Père "bouche à bouche", comme dans un baiser. Mais le Christ, lui, sait que le Père l'exauce toujours, comme il le dira au moment de ressusciter Lazare. Peut-être est-ce cela vivre une vraie libération: savoir que Dieu nous exauce toujours? Le savons-nous? Jésus nous l'a confirmé dans le discours après la Cène: "Tout ce que vous demanderez au Père en mon Nom, il vous le donnera. Jusqu'ici vous n'avez pas demandé en mon Nom; demandez et vous recevrez et votre Joie sera entière." En résumé, pour entrer dans la Terre Promise, il faut se libérer de nos peurs. Seul l'Amour de Dieu pour nous et notre amour pour lui peuvent nous en libérer. Pour entrer dans la

Terre Promise, il faut être capable de se jeter dans les bras de Dieu, comme un enfant ébloui.

*
* *

La Torah se termine avec la mort de Moïse. Même si elle n'est relatée que dans le livre du Deutéronome dont nous n'avons pas commencé l'écoute, nous en parlerons maintenant pour en finir avec la partie historique de la Torah. Ce sera un peu comme si nous commencions le livre du Deutéronome par la fin puisque c'est au trente-quatrième et dernier chapitre, très court, que le Deutéronome parle de la mort de Moïse.

Moïse gravit le mont Nebo, en face de Jéricho. Là, Yahweh lui montre tout le pays pour qu'il le voit avant de mourir, puisqu'il ne doit pas y entrer. C'est donc là que Moïse mourut "par la bouche de Yahweh" ou "sur la bouche de Yahweh", selon les traductions. Le texte continue: "Il l'enterra dans la vallée de Moab, en face de Beth-Péor. Personne ne connaît sa sépulture à ce jour"... et de nos jours encore. Suivent trois versets d'origine sacerdotale disant que Moïse avait alors cent vingt ans, qu'il était encore plein de vigueur et que sa vue ne s'était pas affaiblie. Il y eut trente jours de deuil parmi le peuple, puis les Israélites obéirent à Josué, comme Yahweh l'avait ordonné à Moïse.

Ce chapitre 34 du Deutéronome fait en quelque sorte suite au chapitre 3 de ce même livre dont les trois premiers chapitres sont comme un bref rappel historique du cheminement de Moïse avec le peuple hébreu. Entre les chapitres 3 et 34, donc pendant trente chapitres, il y a le testament de Moïse avant sa mort, ses dernières recommandations.

Revenons sur le récit de sa mort que j'ai à peine résumé. Vous avez peut-être noté qu'il était dit que Moïse mourait "par la bouche de Yahweh", par le baiser de Yahweh. Ce bouche à bouche avec Dieu, dont il s'était peut-être coupé à Mériba, le jour où il n'avait pas su glorifier Dieu par ses paroles, lui est comme rendu au moment de sa mort. Dieu vient recevoir son dernier souffle. On pense à Jésus sur la Croix disant: "Père, entre tes mains, je remets mon esprit." En tes mains ou en ta bouche, c'est la même démarche. Le souffle de vie qui vient de Dieu lui est rendu au moment de la mort. La traduction littérale, que j'ai suggérée tout à l'heure, serait que Moïse mourut sur la bouche de Dieu. Cette bouche de Dieu qui avait soutenu Moïse tout au long de son cheminement depuis l'épisode du Buisson Ardent, cette bouche de Dieu est encore là pour le soutenir au moment de sa mort. C'est peut-être cela que nous pourrions retenir du personnage de Moïse dans notre démarche de libération: apprendre à vivre et à mourir "sur la bouche de Dieu", accroché à son souffle, à sa *Ruah*, son

Esprit. C'est d'ailleurs ce que souhaite un passage du Zohar, ce grand écrit de spiritualité juive médiévale: *"Le baiser, c'est ce qui unit... De là vient que mourir par un baiser est tant souhaitable. L'âme reçoit un baiser de Dieu et elle s'unit à l'Esprit Saint pour ne plus s'en séparer."* Puissions-nous nous en souvenir au moment de notre mort, et prononcer alors ces mots qui ouvrent le Cantique des Cantiques: "Baise-moi des baisers de ta bouche."

Moïse est encore en bonne forme physique quand il meurt nous dit le texte, mais c'est son soutien qui s'est retiré de lui. Trois chapitres plus tôt, le texte faisait dire à Moïse: "Je ne peux plus sortir et rentrer", en un mot, agir comme chef. "Son œil n'était pas éteint ni sa vigueur épuisée", mais spirituellement il avait atteint sa limite, il ne pouvait plus se transformer, se libérer et comprendre son péché. Beaucoup d'êtres humains connaissent ce type de durcissement, de sclérose dans les dernières années de leur vie. N'attendons pas d'être très vieux pour nous libérer, nous risquerions de ne plus avoir la souplesse de le faire.

Correctement traduit comme nous l'avons dit, le texte dit: "Il l'enterra" et non pas, comme on lit parfois, "on l'enterra" ou "ils l'enterrèrent" ou encore "le peuple l'enterra". Ce singulier. "il l'enterra", semble renvoyer à Yahweh lui-même. Qui enterra Moïse? On ne le sait pas. Le Seigneur ou "on"? Et il n'y a pas à chercher son tombeau: point final. Comme pour Élie que le livre des Rois représente comme enlevé au ciel par un char de feu. Moïse et Élie, qui représentent la Loi et les Prophètes, et que l'on retrouvera avec Jésus sur le mont Thabor, lors de la Transfiguration. La Loi et les Prophètes doivent demeurer vivants, au moins dans le cœur des hommes et des femmes car ils sont chemin de libération. La Transfiguration nous donne une vision nouvelle de ce que nous sommes appelés à devenir en Jésus. Il est normal que la Loi et les Prophètes y apparaissent.

Selon une vieille traduction juive de la Bible, celle d'Edmond Jacob, si Moïse n'entre pas en Terre Promise, ce n'est pas à cause du peuple, mais "pour le peuple", "en faveur du peuple". Et Edmond Jacob commente: "Tel qu'il est écrit, le texte laisse entendre que Moïse est puni pour que le peuple soit sauvé." Cela rapprocherait Moïse de la figure du Serviteur Souffrant d'Isaïe et de celle de Jésus. La solitude de Moïse gravissant le mont Nebo rappelle celle de Jésus gravissant la colline du Golgotha.

Selon Rachi, le grand maître juif moyenâgeux, la plus grande des merveilles accomplies par Moïse, ces merveilles que chante le dernier verset du Deutéronome, c'est d'avoir su briser les tables des Dix Paroles. Il n'y a de sainteté dans aucun objet, dans aucune Parole, si leurs bénéficiaires n'ont pas l'intention d'en user pour le service de Dieu. La Terre Promise fait partie de ces choses qui n'ont pas été utilisées pour que règne la justice de Dieu. Il était peut-être aussi bien que Moïse n'y pénètre pas.

Rappelons l'appel de Moïse. Il n'avait pas offert ses services. Il aurait préféré se défiler, mais il avait répondu à la mission: "Va, fais sortir mon peuple d'Égypte pour qu'il me rende un culte sur la Montagne." La mission avait été remplie. Elle ne comportait pas l'entrée dans la Terre Promise. Moïse n'entre pas dans la Terre Promise pour que le peuple n'en fasse pas un dieu. Mais le texte biblique annonce aussi un prophète qui doit venir, qui sera différent de Moïse mais animé du même esprit. Rappelons que Moïse avait trois appartenances, correspondant aux trois périodes de sa vie. Il avait été successivement égyptien, madianite et juif. Il avait été arraché à la première appartenance par la solidarité avec le peuple opprimé. Il avait été arraché à la seconde appartenance par l'appel de Dieu au Buisson Ardent. Il était sans doute temps qu'il soit arraché à la troisième appartenance, à ce peuple auquel il s'identifie trop, pour pouvoir enfin aller à Dieu. Pour continuer son cheminement en Dieu après sa mort, il était peut-être mieux pour Moïse de ne pas entrer dans la Terre Promise, de ne pas se sédentariser, puisque de toute façon, par sa mort, il aurait à se remettre en marche. Car le Royaume des Cieux n'est pas pour les sédentaires. Ceux qui se représentent la mort comme un "grand repos" risque d'avoir des surprises. Comme le chante la chanson populaire: "Chez le Bon Dieu y a point de repos... y a toujours du pain sur la planche." Les Béatitudes nous disent que le Royaume des Cieux appartient aux pauvres et à ceux qui sont persécutés pour la Justice. Deux situations inconfortables mais plus proches de l'esprit nomade. Les pauvres, ce sont ceux qui comme les nomades sont dépendants de la bonté de Dieu au lieu de se fier à leurs propres forces ou à leur richesse. Les persécutés pour la Justice, ce sont ceux qui aspirent à une patrie autre dont Dieu est le bâtisseur. Mourir, c'est être libéré de ce corps de chair pour rejoindre le cortège des nomades de Dieu, en marche vers l'indicible. Moïse entre dans la Terre Promise, mais pas celle qu'il avait convoitée et à laquelle il avait limité ses ambitions. Il a à découvrir que "la mort elle-même est un miracle, même si nous ne le voyons pas". "La vraie mort est un paroxysme de Vie", dit Teilhard de Chardin, auquel Félix Leclerc fait écho: "C'est grand la mort, c'est plein de vie dedans."

HUITIÈME CHAPITRE

Deutéronome

Continuons notre cheminement avec la Torah en nous mettant à l'écoute du Deutéronome. Certains ou certaines d'entre vous se demandent peut-être où nous mène cet itinéraire, cette errance qui semble parfois revenir sur ses pas. Je pense que c'est la condition d'une démarche spirituelle valable de ne pas savoir d'avance où on aboutira. C'est la démarche nomade, la démarche d'Abraham dont l'épître aux Hébreux parle en disant qu'il partit sans savoir où il allait (He.11,8). C'est aussi une démarche de Foi, en ayant confiance qu'au-delà des contradictions du texte et de ses côtés inacceptables pour un esprit chrétien, Dieu a un message à nous délivrer à travers notre cheminement.

Présentation du Deutéronome

Nous avons dit que le Deutéronome, qui signifie "copie de la Loi", est parfois appelé *Michné Torah*, la deuxième loi. Le Deutéronome joue un peu dans la foi juive, le rôle des *Hadith* dans l'Islam. Les *Hadith* sont les paroles du Prophète, comme une réflexion sur le Coran. Le Deutéronome est présenté comme le recueil des dernières paroles de Moïse, comme son testament, juste avant d'entrer dans la Terre Promise. Il s'agit en fait des réflexions sur la Loi par une école de spiritualité proche de la pensée des Prophètes d'Israël; peut-être des disciples du prophète Élysée. La rédaction du Deutéronome, au moins pour la plus grande partie du texte, serait donc antérieure à celle du Lévitique, et c'est en partie pour cela que nous abordons l'écoute de ce texte avant celle du Lévitique. Le Deutéronome serait donc la Parole de Dieu telle que reçue et comprise dans le cœur des prophètes, plutôt que celle interprétée et transmise par la classe sacerdotale. Comme le prophétisme correspond au pôle féminin de l'être, cela expliquerait pourquoi certains disent que le Deutéronome est féminin.

Une partie du Deutéronome, dans les derniers chapitres, fait allusion à une menace de déportation et d'exil si le peuple ne reste pas fidèle à la Loi du Seigneur. Il est très possible qu'au lieu d'être écrit au futur, en anticipation d'événements à venir, ce texte ait en fait été écrit après les événements en question et en quelque sorte antidatés, comme d'ailleurs le reste du texte, puisqu'il est mis dans la bouche de Moïse quelques siècles plus tôt. Les prêtres qui font ces ajouts font du prophétisme après les faits, ce qui réduit les risques de se tromper et apparaît plus convaincant puisque la preuve est déjà faite. Mais on risque alors d'attribuer à l'action de Dieu de simples phénomènes naturels ou d'origine humaine.

On a décomposé le Deutéronome en quatre discours de Moïse. Le premier, du début jusque vers la fin du quatrième chapitre, fait le lien avec le récit du livre des Nombres. Il est d'un type plus narratif que les autres et rappelle les événements qu'Israël a vécu dans le désert. Le second discours lui fait suite et est beaucoup plus long puisqu'il s'étend jusque vers la fin du chapitre 28. Mais il peut se décomposer en deux parties. D'abord, sept chapitres qui contiennent un rappel du Décalogue et des recommandations d'ordre général avant l'entrée dans la terre Promise. Ensuite, toujours dans ce second discours, on trouve les quinze chapitres du code deutéronomique, suivi par la conclusion du discours. Le troisième discours, sur trois chapitres, rappelle l'Alliance que "Yahweh a ordonné à Moïse de conclure avec les Enfants d'Israël au pays de Moab", et se termine par un cantique qui occupe un autre chapitre. Le quatrième discours, au chapitre 33 est "une bénédiction par laquelle Moïse, l'homme de Dieu, bénit les Enfants d'Israël avant de mourir." Enfin, le chapitre 34 clôt le livre avec le récit de la mort de Moïse dont nous avons déjà parlé.

Au niveau du style, le Deutéronome passe souvent du singulier au pluriel, du "tu" au "vous". Il s'adresse à tous et à chacun. Comme nous l'avons déjà fait remarquer, avec le livre d'Osée dont il est sans doute à peu près contemporain, il est le seul livre de l'Ancien Testament à formuler le choix, l'élection du peuple juif dans le langage de l'Amour. Il rejoint en cela la spiritualité de Jean dans sa première épître: "Aimons, car lui nous a aimés le premier." (1Jn.4,19) Quand, au chapitre 10, le texte mentionne "d'autres dieux que vous n'avez pas connus", il faut comprendre: d'autres dieux avec qui vous n'avez pas eu une relation d'Amour; là encore, comme pour Jean, la connaissance est liée à l'Amour.

Il faut se méfier quand on lit le Deutéronome, car on pourrait y percevoir l'image d'un Dieu vengeur. Il faut se rappeler que la crainte de Dieu c'est le respect de sa transcendance, et que la vengeance de Dieu, c'est en fait, le retour en force de sa grâce, de sa miséricorde, comme le dira le prophète Isaïe (Is.61,2).

Douze fois dans le Deutéronome le verbe aimer a pour complément: le Seigneur, alors que cela ne se produit qu'une seule fois dans tout le reste de la Torah. C'est sans doute pour cela que dix-huit textes du Deutéronome ont été retenus dans la liturgie catholique, dont neuf proviennent de la Parénèse, cette première partie du second discours de Moïse, évoquée plus haut, et sur laquelle nous aurons l'occasion de revenir longuement.

Comme pour d'autres livres de la Bible, les auteurs du Deutéronome ont mis dans la bouche de Moïse les discours qu'ils voulaient adresser à leur peuple. Ils imaginent qu'avant de mourir, Moïse avait prévu le sort tragique de son peuple après lui. Ils attribuent à Moïse les avertissements et les lois qui pouvaient encore sauver Israël. Pour cela, ils mettent à profit la prédication récente des prophètes au sujet de la justice et de la charité: il s'agit du tout premier effort connu pour établir une société solidaire et fraternelle.

Moïse avait exigé la conquête de Canaan. Puisque cette terre est un don de Dieu, le Deutéronome prévient qu'Israël ne la gardera que s'il obéit à la Loi. Moïse avait parlé de servir Dieu, le Deutéronome révèle les grandes lois de l'Amour de Dieu. Dieu est celui qui aime le premier, mais il a un amour spécial pour Israël en raison de la mission qu'il lui a confiée. Israël répondra à Dieu en l'aimant de tout son cœur, ce qui ne se lisait pas dans les Dix Paroles. Enfin cette solidarité du peuple hébreu a comme point central le Temple, unique, et situé à Jérusalem, alors que bien sûr, on ne retrouve pas ce thème dans les textes rédigés durant la captivité à Babylone, quand le Temple aura été détruit et le peuple déporté loin de Jérusalem.

Donc Israël est pour le Seigneur "un trésor particulier entre les nations", mais Dieu ajoute: "car toute la terre est à moi". Il n'y a donc pas une exclusivité de l'Amour de Dieu pour Israël, et ceci se trouve confirmé à divers endroits du livre.

Nous avons déjà souligné le lien entre le Deutéronome et le mouvement réformateur entrepris sous le roi Josias, qui a pu influencer la rédaction finale. La Bible est un peu comparable à un livre qui rassemblerait en raccourci les textes des conciles de Trente, de Vatican I et de Vatican II. Si le Deutéronome avait été rédigé à l'époque des frères Maccabées, on y aurait sans doute vu Moïse parler de la résurrection des morts.

Après ces rappels généraux sur le livre du Deutéronome, nous ne nous attardons pas longtemps sur l'écoute du premier discours qui est d'ailleurs assez court. Il raconte l'errance du peuple pendant trente-huit ans dans le désert, et rappelle que ce délai avant d'entrer en possession de la

Terre Promise, vient du manque de confiance en Dieu. C'est Dieu qui décide du succès des conquêtes, comme c'est lui qui a décidé que Moïse n'entrerait pas dans la Terre Promise. Par deux fois dans ce court récit, Moïse revient sur cette décision de Dieu dont il rend le peuple responsable. Le texte n'hésite pas à s'étendre sur les fautes d'idolâtrie que le peuple commettra quand il sera dispersé parmi les nations païennes, loin de l'environnement favorable d'un seul peuple, un seul Dieu. Mais Dieu n'aura pas de peine à pardonner ces fautes-là.

Le texte insiste aussi sur le fait que le Dieu d'Israël est un Dieu proche, un Dieu que, sans mourir, on peut entendre parler du milieu du feu. C'est bien le Dieu révélé à Moïse dans le Buisson Ardent, le Dieu proche, qui entend. Pour le Deutéronome, les Dix Paroles au Sinaï ont été entendues par tout le peuple, et pas seulement par Moïse jouant le rôle d'intercesseur. Les auteurs du Deutéronome ne laissent pas les prêtres établir comme une barrière entre Dieu et son peuple, barrière que seuls eux, les prêtres, auraient le pouvoir de franchir. Mais ce rappel des Dix Paroles est fait à ce point précis pour mettre en lumière que c'est l'observance du Décalogue qui seule peut garantir au peuple la Joie. Ce sera là un des thèmes récurrents du second discours: Les Dix Paroles ont été données en vue du bonheur du peuple. Le Deutéronome promet la paix et la prospérité en échange de l'observation de la Loi. Plus réalistes, les Béatitudes du Royaume, dans le Sermon sur la Montagne, promettent les persécutions. Mais, comme le Deutéronome, elles promettent aussi la Joie.

Le deuxième discours de Moïse: La Parénèse

Nous allons procéder plus lentement pour écouter la Parénèse, ce début du second discours de Moise; sans lire complètement les sept chapitres, ce qui pourrait devenir fastidieux. Le début du discours se situe à l'est du Jourdain, avant l'entrée dans la Terre Promise. Là, Moïse enseigne au peuple les préceptes et les ordonnances qui lui furent transmises lors de l'Alliance au Sinaï. Il rappelle que Dieu a parlé sur la Montagne en face d'eux, à travers les flammes. Et il répète les Dix Paroles. Comme nous l'avons dit, cette version des Dix Paroles est très proche de celle que l'on trouve au chapitre 20 de l'Exode, quand Dieu les donne pour la première fois. La seule différence notable concerne la quatrième Parole qui parle du sabbath. Ici, la raison évoquée pour observer le sabbath vient de ce que le peuple a été esclave en Égypte. Cela, il faut s'en souvenir ne serait-ce que pour éviter de retomber dans l'esclavage que l'on s'imposerait soi-même en travaillant trop.

Selon ce texte, les Paroles sont données en présence de tout le peuple qui ensuite, craignant pour sa vie face à ce feu qui pourrait le dévorer, demande à Moïse de continuer en tête-à-tête avec Dieu pour entendre la suite des règles et des observances dictées par Dieu. Moïse clôt ce premier chapitre de la Parénèse en exhortant le peuple à agir selon ce qu'a ordonné le Seigneur. C'est la condition pour rester en vie et pour vivre heureux dans le pays dont il va prendre possession.

La même exhortation est reprise au début du chapitre suivant, le chapitre 6, comme en introduction au *"Shema, Israël"*, cet appel à l'écoute qui est devenue la prière quotidienne de tout Juif pieux. Je la donne dans la traduction de Chouraqui: "Entends Israël, Yahweh, notre Dieu, le Dieu UN, et tu aimeras Yahweh ton Dieu de tout ton cœur, de tout ton être et de toute ton intensité." Vous avez sans doute noté que dans cette traduction, le "Écoute, Israël" est devenu: "Entends Israël." Il ne suffit pas d'écouter, il faut se décider à entendre. Entendre quoi? Non pas une affirmation sur Dieu et un commandement comme le disent trop de traductions, mais entendre Dieu lui-même, non pas le Dieu unique mais le Dieu UN, en qui se réalise l'unité de tout. Entends le Dieu Un et tu l'aimeras de tout ton être. Cet amour de Dieu n'est pas présenté comme un commandement, mais comme résultant du fait qu'on a entendu Dieu et que quiconque l'entend vraiment ne peut que l'aimer de tout son cœur et de toutes ses forces. Les paroles que Dieu donne à son peuple doivent rester présentes à son cœur, être répétées à ses fils, que ce soit à la maison ou sur la route, couché ou debout. Elles doivent être marquées sur les mains ou sur le front entre les yeux, sur les montants de la porte d'entrée de la maison et sur la porte de la ville.

Puis vient la première mise en garde contre les risques que représente la vie facile qui attend le peuple dans la terre Promise: *"Quand le Seigneur ton Dieu t'aura fait entrer dans le pays qu'il a juré à tes pères, Abraham, Isaac et Jacob de te donner, pays de villes grandes et bonnes que tu n'as pas bâties, de maisons remplies de toutes sortes de bonnes choses que tu n'y a pas mises, de citernes toutes prêtes que tu n'a pas creusées, de vignes et d'oliviers que tu n'as pas plantés - alors mange et rassasie-toi. Garde-toi d'oublier Yahweh qui t'a fait sortir du pays d'Égypte, de la maison de servitude. Tu craindras le Seigneur ton Dieu, c'est lui seul que tu serviras... Vous ne suivrez pas d'autres dieux car Yahweh en ton sein est un Dieu ardent. Prends garde que la colère de Yahweh ton Dieu ne s'enflamme contre toi. Vous ne mettrez pas à l'épreuve Yahweh votre Dieu comme vous l'avez fait à Massa."*

Suit un nouveau rappel de la nécessité de faire ce qui est bien aux yeux du Seigneur afin d'être heureux dans la terre que le Seigneur a promis de donner. Reprenons la lecture: *Et demain, quand ton fils te demandera: "Pourquoi ces édits, ces lois et ces coutumes que Yahweh notre Dieu a prescrits?", alors tu diras à ton fils: "Nous étions esclaves du pharaon, mais d'une main forte, le Seigneur nous a fait sortir d'Égypte. Le Seigneur a fait sous nos yeux de grands signes et de grands prodiges... et il nous a fait sortir de là-bas pour nous faire entrer dans le pays promis à nos pères... Le Seigneur nous a ordonné de mettre en pratique toutes ces lois et de respecter Yahweh notre Dieu pour que nous soyons heureux tous les jours et qu'il nous garde vivants comme nous le sommes aujourd'hui."* On voit comme un refrain ces mots "afin que vous soyez heureux". Je les ai comptés neuf fois dans la Parénèse, ces sept chapitres que nous écoutons en ce moment. Neuf fois, comme les Béatitudes dans le Sermon sur la Montagne. Et ce bonheur est lié au fait d'habiter la Terre Promise qui est et doit rester une terre de liberté. Mais bonheur et liberté sont menacés si on ne se conforme pas à la Torah, la Loi de Libération. Nous venons de voir que le texte incite à ne pas oublier d'apprendre à nos enfants le chemin de la liberté. Cette parole est encore valable aujourd'hui. Si nos enfants nous demandent: "Pourquoi cette Torah?", il faut pouvoir leur répondre avec conviction: "Parce que c'est une voie de libération

Continuons l'écoute du Deutéronome au chapitre sept, qui commence par une mise en garde contre la contamination possible par d'autres peuples et d'autres croyances. Suggestion sans doute valable pour un peuple qui était encore à la recherche de son identité. Le texte continue en rappelant que si Dieu a choisi le peuple hébreu, ce n'est pas à cause de ses qualités, mais simplement par Amour et fidélité au serment fait avec leurs pères. Cette fidélité s'étend sur mille générations.

Le peuple est alors menacé, dans un style très biblique, de la colère de Dieu s'il est infidèle, mais cette colère ne dépasse pas trois ou quatre générations, celles que l'on peut voir de son vivant. Ensuite, le texte s'étend longuement sur les "bénédictions" qui attendent le peuple s'il est fidèle à garder les coutumes de l'Alliance; bénédictions en terme de richesses, de fécondité, de prospérité et de protection contre les funestes épidémies d'Égypte. C'est de la bonne publicité pour l'observance de la Loi. Le chapitre se termine par des malédictions pour les ennemis d'Israël, avec lesquels il est dit, une fois de plus, qu'il ne faut pas pactiser.

Le chapitre huit commence par un rappel de la marche au désert: *"Tu te souviendras de toute la route que le Seigneur ton Dieu t'a fait parcourir depuis quarante ans dans le désert afin de te mettre dans la pauvreté; ainsi il t'éprouvait pour que tu saches ce qu'il y a dans ton cœur et si tu allais oui ou non observer ses commandements. Il t'a mis dans la pauvreté et il t'a donné à manger la manne, cette nourriture que ni toi ni tes pères ne connaissiez, pour te faire comprendre que l'être humain ne vit pas seulement de pain, mais qu'il vit de tout ce qui sort de la bouche du Seigneur. Ton manteau ne s'est pas usé sur toi, ton pied ne s'est pas enflé depuis quarante ans et tu reconnais, à la réflexion, que le Seigneur ton Dieu faisait ton éducation comme un homme fait celle de ses fils."*

Le désert, une école de liberté, même en ce qui concerne la nourriture. J'ai voyagé ou résidé dans de nombreux pays et j'ai pu observer combien la plupart des gens sont esclaves de leurs habitudes alimentaires. Au désert, on est forcé à goûter à des nourritures nouvelles. Même notre spiritualité a parfois besoin de se libérer en s'abreuvant à des sources nouvelles.

"Il t'a soumis à l'épreuve pour que tu connaisses le fond de ton cœur." C'est ce que le poète Alfred de Vigny évoquait en ces mots: "L'homme est un apprenti, la douleur est son maître, et nul ne se connaît tant qu'il n'a pas souffert." De son côté, Khalil Gibran, chantant l'Amour déclare: *"De même que l'Amour vous couronne, il doit vous crucifier. De même qu'il est votre croissance, il est aussi votre élagage.*

De même qu'il s'élève à votre hauteur et caresse vos branches les plus légères qui tremblent dans le soleil, ainsi pénétrera-t-il jusques à vos racines et les secouera dans leur attachement à la terre.

Comme des gerbes de blé, il vous emporte, il vous bat pour vous mettre à nu. Il vous tamise pour vous libérer de votre balle. Il vous broie jusqu'à la blancheur. Il vous pétrit jusqu'à ce que vous soyez souples; et alors, il vous livre au feu, pour que vous puissiez devenir le pain sacré du festin de Dieu.

Toutes ces choses, l'Amour vous les fera pour que vous puissiez connaître les secrets de votre propre cœur et devenir, en cette connaissance, un fragment du cœur de la Vie."

"Il t'a fait connaître la pauvreté", c'est-à-dire, il t'a fait connaître le sort des humiliés, des opprimés afin que tu saches ce que c'est que d'être dépendant et que tu apprennes à être dépendant de Dieu, de sa Parole qui est source de Vie.

Le chapitre 8 du Deutéronome continue: *"Le Seigneur ton Dieu te fait entrer dans un bon pays, un pays de torrents, de sources, d'eaux souterraines jaillissant dans la plaine et dans la montagne, un pays de blé et d'orge, de vignes, de figuiers, de grenadiers, un pays d'huile d'olive et de miel, un pays où tu mangeras sans être rationné, où rien ne te manquera, un pays dont les pierres contiennent du fer et dont les montagnes sont des mines de cuivre... Si tu manges à satiété, si tu construis de belles maisons pour y habiter, si tu as beaucoup de gros et de petit bétail, beaucoup d'argent et d'or, beaucoup de biens de toute sorte, ne va pas devenir orgueilleux et oublier le Seigneur ton Dieu. C'est lui qui t'a fait sortir du pays d'Égypte, de la maison de servitude; c'est lui qui t'a fait marcher dans ce désert grand et terrible, peuplé de serpents brûlants et de scorpions, terre de soif où l'on ne trouve pas d'eau; c'est lui qui pour toi a fait jaillir l'eau du rocher de granit, c'est lui qui, dans le désert, t'a donné la manne que tes pères ne connaissaient pas afin de te mettre dans la pauvreté et de t'éprouver pour rendre heureux ton avenir. Ne va pas te dire: "C'est par la force du poignet que je suis parvenu à cette prospérité", mais souviens-toi que c'est Yahweh ton Dieu qui t'aura donné la force d'arriver à la prospérité pour confirmer son Alliance jurée à tes pères, comme il le fait aujourd'hui."*

Le chapitre se termine par une petite mise en garde: "Si tu viens à oublier le Seigneur ton Dieu, si tu suis d'autres dieux, si tu les sers et te prosternes devant eux... vous seriez perdus, vous disparaîtriez complètement." Les dieux en question, ce ne sont pas forcément ceux d'autres religions, ce peut être tout aussi bien le dieu du pouvoir et de l'Argent.

Le chapitre 9 commence par une mise en garde. La Terre promise n'est pas donnée en fonction des mérites du peule d'Israël. Écoutons quelques versets de ce chapitre 9: *"Entends, Israël! Tu vas aujourd'hui passer le Jourdain pour déposséder des nations plus grandes et plus puissantes que toi, avec leurs villes grandes et fortifiées dans les hauteurs et un peuple de grande taille... Tu vas reconnaître aujourd'hui que c'est Yahweh ton Dieu qui passe le Jourdain devant toi comme un feu dévorant... Quand le Seigneur les auras repoussés devant toi, ne dis pas: "C'est parce que je suis juste que le Seigneur m'a fait entrer pour prendre possession de ce pays." C'est parce que ces nations sont coupables que le Seigneur les a dépossédées devant toi. Ce n'est pas parce que tu es juste ou que tu as le cœur droit que tu vas entrer prendre possession de leur pays... car tu es un peuple à la nuque raide. Souviens-toi, n'oublie pas que tu as irrité le Seigneur ton Dieu dans le désert. Depuis le jour où tu es sorti du pays d'Égypte jusqu'à votre arrivée ici, vous avez été en rébellion contre le Seigneur."*

Suit un rappel de l'épisode du veau d'or, du bris des premières tables de la Loi, de la colère de Dieu, de l'intercession de Moïse qui brise le veau d'or et le réduit en poussière. Cet épisode est rapproché de celui où, par peur cette fois-là, le peuple se révolte à nouveau et refuse de marcher vers la Terre Promise. Puis le texte rappelle que Dieu dit à Moïse de faire de nouvelles tables et de fabriquer l'Arche d'Alliance, symbole du pardon de Dieu. Donc, malgré l'infidélité du peuple, Dieu parvient à le libérer, comme peuvent se libérer avec l'aide d'une force supérieure ceux qui ont tendance à retomber dans leur assuétude, telle l'addiction à la drogue ou à l'alcool.

Le texte évoque ensuite le fait que la tribu de Lévi a été mise à part pour porter l'Arche d'Alliance, se tenir devant le Seigneur, officier pour lui et bénir en son Nom. "C'est pourquoi, dit le texte, Lévi ne possède pas d'héritage ni de part comme ses frères; c'est le Seigneur qui est son héritage, comme le Seigneur le lui a promis."

Un peu plus loin, le chapitre 10 continue: *"Et maintenant, Israël, qu'est-ce que le Seigneur attend de toi? Il attend de toi que tu respectes le Seigneur ton Dieu en suivant tous ses chemins, en <u>aimant</u>, et en servant le Seigneur de tout ton cœur, de tout ton être, en gardant les commandements du Seigneur et les lois que je te donne aujourd'hui <u>pour ton bonheur</u>."* Deux versets plus loin, le texte continue: *"Vous circoncirez donc votre cœur, vous ne raidirez plus votre nuque, car c'est le Seigneur votre Dieu qui est le Dieu des dieux, qui rend justice à l'orphelin et à la veuve et qui aime l'émigré en lui donnant du pain et un manteau. Vous aimerez l'émigré car au pays d'Égypte vous étiez des émigrés. C'est le Seigneur que tu... serviras... Il est ta louange, il est ton Dieu... Tu aimeras le Seigneur ton Dieu et tu garderas ce qu'il t'ordonne, ses lois, ses coutumes et ses commandements tous les jours."* Circoncire son cœur, c'est vivre une ouverture, une libération du cœur qui peut nous ouvrir à une nouvelle éthique, un nouveau regard sur la vie et sur les autres.

Le chapitre 11, le dernier de cette Parénèse commence par rappeler les merveilles de Dieu pour son peuple, ce rappel ayant pour but de raffermir le courage du peuple qui va avoir à affronter des ennemis. Puis le texte précise que, plus que l'Égypte, le nouveau pays dépend du Seigneur qui donne la pluie pour la terre. Nous lisons donc: *"Le pays où tu entres pour en prendre possession n'est pas comme le pays d'Égypte d'où vous êtes sortis: tu y faisais tes semailles et tu l'arrosais avec ton pied comme un jardin potager (grâce aux canaux d'irrigation); le pays où vous passez pour en prendre possession est un pays de montagnes et de vallées, qui s'abreuve de la pluie du Seigneur, un pays dont le Seigneur ton Dieu prend soin: sans cesse les yeux du Seigneur ton Dieu sont sur lui, du début à la fin de l'année."*

Mais cette sollicitude du Seigneur pour cette terre risque de se détourner d'elle si le peuple se détourne de la Loi du Seigneur. C'est pourquoi le texte se continue par un nouveau rappel pour que les Paroles du Seigneur, les Paroles de Vie, demeurent toujours présentes à l'esprit, marquées dans le cœur, que l'on soit couché ou debout, à la maison ou sur le chemin, marquées sur les portes des maisons et de la ville.

Le chapitre 11 se termine par un choix offert au peuple, choix entre la bénédiction et la malédiction, suivant qu'ils écoutent ou non la Torah, la Loi de Dieu. Nous retrouverons ce même type de bénédiction tout à la fin du livre du Deutéronome, dont l'essentiel se trouve résumé dans la Parénèse, ces sept chapitres dont nous terminons l'écoute. C'est là une forme littéraire que l'on retrouve à la fin des traités entre peuples de l'époque. La fidélité au traité est exprimée en termes de bénédictions, de vie et de liberté, sa non observance en termes de malédictions. Israël est confronté à un choix et la fidélité au Seigneur est exprimée en termes de liberté et de bonheur dans ce pays qui va s'ouvrir à lui.

Toute cette première partie du second discours de Moïse est un des textes essentiels de la Torah, comme une exhortation à accueillir la Vie et le bonheur, à vivre comme un retour au jardin d'Éden, dans la fidélité au Seigneur, mais avec une mise en garde incessante contre le risque de céder à la facilité et de retomber dans l'esclavage.

Quand le Christ sera tenté au désert, les trois réponses qu'il donnera à Satan seront tirées de ce second discours: "L'être humain ne vit pas seulement de pain, mais de toutes les Paroles qui viennent de la bouche de Dieu" (Dt.8,3); "Tu ne mettras pas à l'épreuve le Seigneur ton Dieu" (Dt.6,16); "C'est le Seigneur ton Dieu que tu adoreras et c'est à lui seul que tu rendras un culte." (Dt.6,13) Jésus est venu apporter un message de paix et de liberté, comme il l'annoncera dans la synagogue de Nazareth. C'est dans ce discours de Moïse qu'il trouve les orientations principales pour commencer sa mission, pour éviter les pièges de la fausse gloire, de la recherche des biens matériels et du pouvoir, qui sont autant de façon d'aliéner notre liberté. Je parle bien pour Jésus de commencer sa mission en se situant dans une position juste vis-à-vis de Dieu et de ses frères et sœurs humains. Mais il lui faudra ensuite, à partir de là, cheminer dans la croissance de l'Amour qui libère et qui aboutira à la Croix et à la Résurrection. Si ce texte a été si important pour Jésus, il doit l'être encore pour nous. Les risques de s'éloigner du Seigneur et de perdre notre liberté sont aussi grands en ce début de vingt-et-unième siècle que lors de l'entrée des Hébreux en Terre Promise. Il est donc bon de conserver ce texte à l'esprit, en le libérant au besoin des formulations de certaines traductions qui ont tendance à dissimuler le Dieu d'Amour derrière le Dieu vengeur. Dieu est jaloux, oui, mais de notre liberté et de notre bonheur.

Les thèmes de ces sept chapitres du début du second discours sont repris, sans ajouts importants, dans les chapitres 26 à 29 du Deutéronome, qui sont comme une conclusion à tout le discours. Mais avant, il y a la parenthèse d'une quinzaine d'autres chapitres qui constituent le code deutéronomique que nous allons aborder maintenant.

Le Code deutéronomique

Nous allons passer plus rapidement à travers cette partie du Deutéronome, chapitre après chapitre, en dégageant les points essentiels du texte.

Le chapitre 12 s'ouvre en expliquant qu'il n'y aura qu'un seul lieu de culte pour tout le peuple. Rappelons que le texte est écrit à l'époque où existe le temple de Jérusalem. C'est donc là que l'on vient faire au Seigneur une offrande des prémices, des premiers fruits des récoltes, que l'on pourra ensuite manger, mais pas chez soi. Il est important, quand on immole un animal, de bien le saigner afin de ne pas manger le sang, car le sang c'est la vie, c'est l'être. On ne peut pas s'approprier l'être d'un autre être, fut-il un animal, car l'être, c'est l'essence de Dieu. Enfin, le texte dit de ne pas s'intéresser aux rites païens, qui allaient jusqu'à sacrifier des enfants.

Le chapitre 13 met en garde contre les faux prophètes. Le faux prophète est appelé aussi un "rêveur de rêves", mais le texte précise que si, par des prodiges, le faux prophètes cherche à t'écarter de Yahweh, c'est peut-être Dieu qui te met à l'épreuve pour savoir si tu l'aimes. Mais la seconde partie de ce même chapitre est une autre version qui enjoint de tuer le faux prophète, même si ce sont tes enfants ou ta femme qui jouent les prophètes en cherchant à t'écarter de Dieu. Le texte enjoint aussi de détruire les villes infidèles, y compris leurs animaux!

Le chapitre 14 commence avec la liste des animaux purs que l'on peut manger et des animaux impurs que l'on ne mangera pas. Puis il revient sur la dîme à manger au Temple, en présence de Dieu, en précisant toutefois que si tu habites trop loin de Jérusalem, tu peux vendre tes offrandes là où tu résides, et avec le produit de cette vente, racheter au Temple l'équivalent, que tu mangeras en présence de Dieu. Tous les trois ans, il convient de mettre de côté la dîme pour les lévites, les veuves, les orphelins et les étrangers.

Un élément important qui ressort de ce chapitre, c'est que non seulement il est important de manger en face de Yahweh, mais il est aussi important de se réjouir. La Joie fait partie du culte rendu à Dieu. Puissions nous nous en souvenir et être un peuple rayonnant de la Joie pascale!

Nous en sommes maintenant au chapitre 15 qui parle de l'année sabbatique et dont nous parlerons plus longuement quand nous serons à l'écoute du Lévitique. Le texte souligne bien la raison de l'année sabbatique: il n'y aura pas de pauvre chez toi, même s'il s'agit d'un étranger. Aide le pauvre, prête-lui s'il est dans le besoin, même si c'est l'année qui précède l'année sabbatique, celle de la remise des dettes. "Quand tu renverras un esclave à l'occasion de l'année sabbatique, fais-lui un cadeau, qu'il ne parte pas de chez toi les mains vides." Il ne doit pas s'agir d'un petit cadeau car Chouraqui traduit: "Tu le gorgeras!" Le chapitre se termine par le rappel que les premiers-nés du gros et du petit bétail doivent être consacrés à Dieu, lui être offerts en sacrifice et mangés en sa présence.

Le chapitre 16 parle des trois fêtes ou pèlerinages annuels. Elles sont appelées *Hag*, qui signifie pèlerinage, car c'est une rencontre avec Dieu dans un lieu choisi par lui. Ces trois fêtes sont *Pessah*, la Pâque, fête de la sortie d'Égypte; *Chavouoth*, ou Pentecôte, ou encore fête des semaines, fête de la révélation au Sinaï; et *Souccoth* ou fête des cabanes, des Tentes, qui rappelle la traversée du désert. Les deux premières sont souvenirs de l'esclavage, pour se réjouir d'en être délivré. La traduction de Chouraqui dit: "Oui, ne sois que joyeux." Nous retrouvons la Joie que nous avons déjà mentionnée au chapitre 14. La Fête des Tentes invite à retrouver un esprit nomade, mais du fait de la montée à Jérusalem, les autres fêtes étaient déjà une invitation à se mettre en route. Nous aurons l'occasion de reparler plus en détail de ces fêtes quand nous serons à l'écoute du Lévitique. Le chapitre 16 se termine avec quelques règles concernant l'administration de la justice.

Le chapitre 17 commence avec quelques règles de justice, puis parle des rois qui doivent être humbles, au service de leur peuple, et lire la Torah tous les jours. Certains pensent qu'il s'agit là d'un ajout tardif, postérieur à la royauté.

Puis, au fil des chapitres, nous trouvons toutes sortes de règles pour la vie harmonieuse de la communauté. Par exemple, comme la tribu de Lévi n'a pas d'autre héritage que Yahweh, ce sont les autres tribus qui la font vivre. Suit une diatribe contre les devins, les magiciens, les faux prophètes. Le texte dit: "Ne les écoute pas, Yahweh ton Dieu t'a donné autre chose", avant d'annoncer la venue d'un prophète comme Moïse qui, lui, parlera au nom du Seigneur. Qui fut ce prophète? Certains pensent à Jésus, d'autres à Néhémie qui sut parler au nom de la Justice de Dieu et faire régner l'esprit de l'année jubilaire. Quand Néhémie s'attelle à la tâche de relever les murailles de Jérusalem, il écoute la plainte du peuple qui, pour pouvoir survivre dans l'extrême nécessité, s'est vendu à des profiteurs éhontés. Il s'indigne contre ces Juifs qui pressurent leurs frères. Comment! Le peuple de Dieu a été relevé de l'esclavage des nations pour tomber dans un esclavage pire, entre les mains de ses propres frères! Néhémie exige et obtient que l'on déchire les obligations de dettes. Par cette intervention, il fait quelque chose de plus grand que de reconstruire les murailles. Il redonne au peuple d'Israël conscience de son unité; il lui redonne une âme. Comme Moïse, Néhémie s'élèvera à la très haute dignité de prophète et de législateur. Il n'est plus seulement le père d'Israël, il devient le père qui façonne l'âme d'un peuple. Et, à cause de son prestige moral, on l'écoute. Pour la première fois peut-être dans l'histoire du monde, Néhémie établit que sous aucun prétexte on ne peut enlever à un homme tous ses moyens de subsistance. Cette loi rétablit la nation. C'est la fidélité à la Torah qui a été le critère du vrai prophète. Mais ceux qui ne savent reconnaître comme prophétiques les œuvres de justice continueront à attendre "le prophète" et demanderont par exemple à Jean-Baptiste: "Es-tu le Prophète?"

Toujours dans le sens de la justice, le Deutéronome se soucie de la création de villes refuges où les meurtriers involontaires pourront trouver asile. Parmi ces règles de justice, il y a aussi la loi du Talion, non pas une règle de vengeance mais un code de justice. Il y a aussi des règles pour la guerre. Avant de partir, il faut s'assurer qu'il n'y a personne parmi les combattants qui, ayant construit une maison, ne l'a pas encore inaugurée, ou ayant planté une vigne, n'en a pas encore recueilli les fruits. Ceux-là, pour un certain temps, seront dispensés de la guerre, de même que ceux qui sont fiancés. Même ceux qui ont peur ne seront pas tenus de combattre. Ensuite, en abordant l'ennemi, il faut commencer par lui offrir la paix. Ce n'est que s'il refuse que l'on passera tous les hommes au fil de l'épée. Mais les arbres fruitiers du pays conquis ne devront pas être détruits. Pas de destruction inutile.

Continuons à relever certains points intéressants du code deutéronomique. Par exemple, on recommande un certain respect de la femme qui a été faite prisonnière. Il faudra lui laisser une lunaison complète pour faire le deuil de ses parents, avant de la prendre pour femme. Si, plus tard, l'homme veut renvoyer cette femme, il ne pourra ni la vendre, ni la maltraiter, parce qu'il l'a "possédée". Certaines traductions disent même: "puisque tu l'as humiliée", reconnaissant qu'une telle union n'avait pas le caractère d'un mariage entre égaux. De même, le texte rappelle que l'on ne peut pas avantager les enfants de la femme la plus aimée aux détriments de ceux de la femme mal aimée. Il y a aussi un paragraphe intéressant concernant le fils révolté, celui qui n'écoute ni son père ni sa mère. Le texte dit qu'il sera amené aux anciens du peuple à la porte de la ville et que tous les hommes le lapideront. Mais le rabbin contemporain Yeshayahou Leibowitz commente ainsi ce passage: *"La Torah dit ce qui devrait être du point de vue de ce que l'on pourrait appeler la justice divine. Il semblerait préférable, selon cette justice, que cet homme dont le futur est d'être un brigand et un meurtrier, meure maintenant. Mais nous humains, ajoute rabbin Leibowitz, nous n'avons pas le droit de nous servir de cette considération. Il y a des tas de raisons qu'on peut trouver pour annuler cette condamnation. De fait, dans le monde de la Torah écrite, il y a trente-*

six transgressions sanctionnées par la condamnation à mort de leur auteur, tandis que dans le monde de la Torah orale, tous ces cas sont annulés en pratique. De même, pour la Loi du Talion, le coupable mériterait que lui soit fait ce qu'il a fait à son prochain, mais nous n'avons pas le droit d'appliquer nous-mêmes la justice divine. Aussi, sans contredire la Torah écrite, la Torah orale entoure cette prescription de précautions telles qu'elles rendent impossible son application pratique, ce qui permet par exemple de la remplacer par une compensation monétaire que d'ailleurs prévoit aussi parfois la Torah écrite." C'est ainsi que la compensation pour une jeune fille que l'on a déflorée sera de cinquante pièces d'argent si on consent à l'épouser.

Les biens perdus seront rendus à leur propriétaire de même que son bétail s'il s'est égaré. Mais cette recommandation voisine avec d'autres sur le viol et l'adultère, et d'autres encore destinées à ce qu'il n'y ait pas d'excréments humains dans le voisinage du camp. Puis on revient au jeune marié qui ne partira pas à la guerre et qu'on n'ira pas déranger chez lui pendant un an, car pendant ce temps, sa tâche est de "faire la joie de celle qu'il a épousée". Dans l'ensemble, on sent que le code deutéronomique se soucie des personnes. C'est une loi qui se veut très humaine, mais même l'animal doit être respecté: "Tu ne muselleras pas le bœuf quand il foule le blé", dit le texte. On ne doit pas empêcher l'animal de manger pendant son travail. De même, si tu passes dans la vigne du voisin, tu peux te servir pour assouvir ta faim du moment. Mais tu n'as pas le droit de cueillir du raisin pour en emporter. Au fond, une loi pleine de bon sens, qui va jusqu'à interdire de revenir chercher dans le champ les épis oubliés lors de la moisson ou les olives tombées après la cueillette. Ils sont pour l'émigré, l'orphelin et la veuve. Pourquoi? Parce que toi aussi tu as été esclave en Égypte.

Toutes ces règles ont sans doute été découvertes au fil des ans pour favoriser des relations plus humaines. Conçues pour une nation d'agriculteurs, elles pourraient s'adapter à nos sociétés modernes. Les têtes de chapitre deviendraient: Aide aux nouveaux mariés, Sécurité de l'emploi, Lutte contre la prostitution et l'exploitation des immigrés. Compensation minimum à ceux qui sont licenciés. Paiement régulier des salaires. Suppression des mesures de répression collective, etc. Mais à cela s'ajoute le souci de ceux qui sont abandonnés et qui de nos jours dépendent pour survivre de l'État Providence ou de la solidarité entre les nations. Parmi les lois qui pourraient être utilement adaptées de nos jours, il y a celle de ne pas accepter dans le Temple de l'argent gagné par des moyens illicites tels que la prostitution. Il y a certes eu des efforts faits par certaines communautés religieuses pour vérifier à quoi sert l'argent de leurs divers placements. Mais des progrès pourraient encore être faits pour que l'argent qui aide à vivre l'Église du Seigneur ne soit pas de l'argent sale ou blanchi, ou encore de l'argent pourri au sens que donne à ce mot l'apôtre Jacques référant au salaire dont les travailleurs ont été volés par leurs employeurs. Quand on voit cet argent utilisé à construire des églises, on a l'impression que la Torah a été oubliée.

Bien sûr, il y a certaines règles du code deutéronomique qui ont une justification trop en lien avec la culture de l'époque pour donner lieu à une transposition de nos jours. C'est par exemple le cas avec la loi du lévirat qui, en cas de décès d'un homme sans enfants, faisait obligation à son frère de lui donner une descendance en prenant sa veuve pour épouse. Mais j'ai vu dans certains temples hindous l'offrande des prémices se célébrer exactement tel que le prescrit la Torah: "Alors le prêtre prendra le panier et le déposera devant l'autel du Seigneur ton Dieu." Sans doute en Inde, comme dans la Bible, le prêtre en a sa part. Mais ce qui est peut-être plus important, c'est la prière qui suit l'offrande. Elle commence par ces mots: "Mon père était un Araméen errant", ou nomade, ou perdu, selon les traductions. Puis la prière évoque l'épopée de la descendance de Jacob: descente en Égypte poussée par la famine, croissance du peuple hébreu, esclavage, libération par Yahweh qui finalement a fait don de la Terre Promise qui a produit ces prémices. Pour se situer en vérité face à Dieu, il faut faire rappel de nos origines nomades, du temps où l'on ne risquait pas d'oublier que notre vie et notre subsistance viennent de Dieu: "Mon père était un Araméen errant."

Fin du deuxième discours de Moïse

Après l'énoncé du code deutéronomique, le discours reprend avec les dernières recommandations de Moïse avant d'entrer dans la terre Promise. C'est d'abord un nouvel appel à l'observance de la Loi, gage d'un futur heureux et libre. Puis viennent quelques recommandations cultuelles pour le culte à rendre à Dieu après la traversée du Jourdain. Il s'agit de dresser des pierres blanchies à la chaux sur lesquelles seront écrites les Paroles de la Loi, de bâtir un autel de pierres brutes et d'y offrir des holocaustes et des sacrifices de communion. Nous verrons, avec l'écoute du Lévitique, la différence entre les divers sacrifices. Puis, dit le texte, "tu mangeras et tu feras la fête en présence de Yahweh ton Dieu.

Ensuite, six représentants des fils de Jacob se tiendront sur le mont Garizim pour bénir le peuple, et six représentants des six autres fils seront sur le mont Hébal pour prononcer la malédiction. Les grands textes de la Torah, comme les traités entre peuples de l'époque, se terminent par une série de bénédictions et de malédictions. Ici le récit commence par douze malédictions, une concernant le culte des idoles, six concernant le respect du prochain et des parents, quatre se référant à des pratiques sexuelles condamnables et une plus générale concernant la fidélité à la Loi. Après chacune des malédictions, le peuple répétera: Amen. C'est un peu comme un renouvellement de l'Alliance, mais il n'y a que deux de ces malédictions qui se réfèrent directement aux Dix Paroles, alors que les questions d'inceste y tiennent beaucoup de place. Sans doute était-ce là une préoccupation pastorale à l'époque de la rédaction du texte.

Le chapitre 28 est partagé entre bénédictions, si on obéit fidèlement à Yahweh et malédictions, si on lui est infidèle. Mais alors que les bénédictions n'occupent que quinze versets, les malédictions en couvrent cinquante-trois et se continuent encore dans le chapitre suivant. Les bénédictions se limitent à la prospérité économique sous toutes ses formes, alors que les auteurs ont fait preuve de beaucoup plus d'imagination au niveau des malédictions: "Maudit dans la ville et maudit dans le champ, maudite sera ta corbeille de fruits et maudite sera ta huche à pain, maudits le fruit de tes entrailles, le fruit de la terre, les portées de tes animaux. Maudit au départ et maudit au retour." Parmi les calamités qui s'abattront sur le peuple il y a la peste, la sécheresse, la défaite, les ulcères, les hémorroïdes, les tumeurs et la gale. On voit défiler à nouveau presque toutes les plaies d'Égypte. Mais ce n'est pas tout: tous tes biens, à commencer par ta fiancée te seront enlevés, tes fils et tes filles seront captifs. J'arrête la liste, même si je pourrais continuer pendant cinq pages. On a presque l'impression que lors des révisions successives du texte, chaque auteur ou chaque scribe a laissé jouer son imagination pour décrire les pires malheurs, ce qui n'est pas trop grave; par contre il est plus grave de présenter Dieu comme leur auteur, en punition pour le peuple. Pour protéger l'image de Dieu, d'autres traditions religieuses, plus proches de nous, ont multiplié les diables cornus, armés de fourches pour faire le sale travail que la Torah n'hésite pas à attribuer à Dieu lui-même.

Alors que le Deutéronome, parmi les divers livres de la Torah a réussi à chanter l'Amour de Dieu, il est regrettable qu'il n'ait pas su exprimer tout simplement les malédictions comme le fait que cet Amour devient inopérant si nous refusons de le laisser agir en nous.

De fait, on n'est pas très loin du discours apocalyptique des Évangiles, mais sans le: "Redressez-vous et relevez la tête" qui le termine. La destruction est vue comme une punition plutôt que comme un passage vers une vie autre, comme une résurrection.

Troisième discours de Moïse

Pourtant, toutes ces menaces dont nous venons de parler, ouvrent sur le troisième discours, à partir du chapitre 30. Or il y est question de l'Alliance, du choix libre que le peuple a à faire entre la Vie et la mort, la malédiction ou la bénédiction. Mais, en fait, s'agit-il d'un choix? Les malédictions comme les bénédictions se réaliseront et les premières peuvent être vues comme des épreuves qui permettront de se corriger et de croître. Même si j'étais alors très jeune, j'ai vécu la seconde guerre mondiale en France et j'ai pu constater que l'occupation nazie était à la fois un temps d'épreuve et un temps de croissance pour ceux qui avaient le courage de choisir la vie. Le Deutéronome insiste sur l'importance de l'Alliance, source de bonheur et de longue vie, car dans le contexte de l'époque, il est encore trop tôt pour parler de résurrection des morts.

Le Deutéronome, au chapitre 30, parle à nouveau d'Amour. "Yahweh ton Dieu circoncira ton cœur et le cœur de ta descendance pour que tu aimes ton Dieu de tout ton cœur et de toute ton âme et que <u>tu vives</u>... Yahweh prendra de nouveau plaisir à ton bonheur." On pense à ces mots du prophète Isaïe: "Tu seras la Joie de ton Dieu". Suivent alors ces quatre versets qu'il faudrait connaître par cœur et méditer sans cesse dans son cœur. Nous les écoutons dans la traduction de Chouraqui: *"Oui, cet ordre que je t'ordonne moi-même, aujourd'hui, n'est pas extraordinaire pour toi. Il n'est pas lointain. Il n'est pas dans les ciels pour dire: "Qui montera pour nous aux ciels? Qui le prendra pour nous et nous le fera entendre pour que nous le fassions?" Il n'est pas au-delà de la mer pour dire: "Qui passera pour nous au-delà de la mer, le prendra pour nous, nous le fera entendre pour que nous le fassions?" Oui, elle est fort proche de toi, la Parole, sur ta bouche et dans ton cœur, pour la faire."*

Cette Loi, cette Parole, c'est la Loi de ton être, tu n'as pas à la chercher à l'extérieur de toi. Tu n'as pas à la recevoir des autres. C'est cela qu'exprime le texte. Tu es libre d'être toi-même, et c'est à cela que tu es appelé. C'est cela choisir la Vie. Le chapitre 30 du Deutéronome utilise beaucoup le verbe "revenir". C'est un invitation à la *Téchouva*, qui signifie tout à la fois retour, réponse et repentir. Reviens en toi-même, là où Dieu te parle comme à nul autre. Cela rejoint l'importance du sabbath, qui est un temps pour revenir en soi, là où est la Parole. Le mot "aujourd'hui" est lui aussi important dans ce chapitre. C'est la Parole d'aujourd'hui, la Parole pour aujourd'hui qu'il faut entendre pour y répondre. La demande du Notre Père pour le pain quotidien, dans sa version grecque originale ne mentionne pas le pain mais la "nourriture super-essentielle". Elle pourrait aussi se comprendre comme suit: "Donne-nous aujourd'hui l'Esprit dont nous avons besoin pour aujourd'hui, la Parole dont nous avons besoin pour aujourd'hui." Non pas la Parole d'hier, même si elle m'a alors paru lumineuse. Non, la Parole pour aujourd'hui. "Ta Parole me réveille chaque jour", dit la Bible. Il s'agit bien de la Parole qui se manifeste à nous avec chaque soleil levant.

C'est cette Parole, cet Amour que Dieu met en nous qui permet de faire ce choix entre la Vie et la mort auquel invite plusieurs fois le chapitre 30, en variant les formulations. Entendons la dernière: *"J'en prends à témoin aujourd'hui, contre vous, le ciel et la terre: c'est la Vie et la mort que j'ai mises devant vous, c'est la bénédiction et la malédiction. Choisis la Vie afin que tu vives, toi et ta descendance, pour aimer Yahweh, ton Dieu, pour entendre sa voix, pour coller à lui: oui, il est ta Vie, la longévité de tes jours."*

Le chapitre 31 revient à des considérations plus précises et plus terre à terre. Moïse souhaite courage et résistance à son peuple pour sa conquête de la Terre Promise. Il désigne Josué comme son successeur et lui promet que Dieu ne l'abandonnera pas. Puis il y a une prescription de lire cette Torah tous les sept ans, devant tout le peuple, à l'époque de l'année sabbatique, l'année de rémission ou de libération. Il est donc important de se confronter régulièrement à ce texte. Certains traducteurs disent que le texte sera lu "contre le peuple", comme un arc-boutant pour l'aider à se mettre debout, à se verticaliser. Puis le texte annonce le Cantique de Moïse qui sera témoin contre le peuple quand il sera gras et rassasié et se sera tourné vers d'autres dieux.

Le Cantique de Moïse

Avec le cantique de Moïse, on retrouve le langage de la vengeance de Dieu. Il chante d'abord les bienfaits de Yahweh avant de s'étendre sur les infidélités du peuple. La première partie, quatorze versets qui chantent l'Amour de Yahweh, est assez belle pour que nous prenions le temps de l'écouter entièrement.

Cieux, prêtez l'oreille et je parlerai, que la terre écoute les paroles de ma bouche!

Que mon enseignement descende comme la pluie, et que ma parole comme la rosée se répande, comme la pluie sur l'herbe verte, comme les ondées sur le gazon.

Je vais invoquer le Nom de Yahweh: rendez hommage à notre Dieu!

Il est le rocher, son œuvre est parfaite, toutes ses voies sont justes. Il est un Dieu de vérité, ennemi du mal, il est juste et il est droit.

Il avait engendré des fils dans la droiture, ils se sont dévoyés: c'est une engeance perverse et mauvaise!

Est-ce là ta façon de remercier Yahweh, peuple fou et sans cervelle? N'est-il pas ton père? C'est lui qui t'a créé, lui qui t'a façonné et mis en place.

Souviens-toi des jours d'autrefois, rappelle-toi les années des siècles passés. Interroge ton père et il t'instruira, demande aux anciens et ils répondront.

Lorsque le Très-Haut disposait les nations, lorsqu'il répartissait les fils d'Adam, il fixa des bornes aux peuples, selon le nombre de leurs anges gardiens;

Mais la part de Yahweh, c'est son peuple, Jacob est son propre domaine.

Il l'a trouvé dans une terre déserte, dans le chaos, les hurlements des terres sauvages. Il l'entoure et prend soin de lui, il le garde comme la prunelle de son œil.

Comme un aigle éveillant sa nichée, qui plane au-dessus de ses petits, Yahweh déploie sur Israël ses ailes, il le prend et l'emporte sur son plumage.

Lui n'a pas d'autre guide que Yahweh: pas un dieu étranger avec lui!

Yahweh l'installe au plus haut de la terre: Israël mange ce que produisent les champs. Yahweh lui donne à goûter le miel de la roche, l'huile secrète des durs rochers,

La crème des vaches et le lait des brebis, avec la graisse des agneaux, les béliers de Bashan et les boucs, et la meilleure farine de blé: le sang des raisins devient sa boisson.

Si je m'arrête à ce point, ce n'est pas pour minimiser les infidélités du peuple dont va parler le Cantique, mais parce que, comme nous l'avons dit, le langage de la vengeance de Dieu aurait besoin d'être reformulé. Il pourrait l'être en termes d'absence de bénédictions, non pas parce que la source est tarie, mais parce que le peuple demeure fermé à l'action bienfaisante de Dieu. C'est ce que le texte exprime à peu près quand il dit: "Je vais leur cacher ma face". Comprenons: ils ne sauront plus reconnaître mon visage et mon action dans le monde.

Ailleurs, nous lisons: "Je leur donnerai pour rival un peuple qui n'est pas un peuple, un peuple veule".On pourrait traduire, en langage moderne: ils seront jaloux des modèles que leur offriront les téléromans et les films d'Hollywood et chercheront à les imiter au lieu de rechercher la justice. Je cite Hollywood parce que c'est plus proche de nous, mais je pourrais aussi parler des films en provenance de l'Inde où les héros passent plus de la moitié du temps à se battre. Car la veulerie ne consiste pas à avoir peur d'imposer son pouvoir par la force. C'est bien plutôt la peur de revenir à soi-même pour se transformer et développer ainsi son autorité.

Le Cantique de Moïse est destiné à l'instruction d'Israël, et plus particulièrement à témoigner contre lui lorsqu'il demandera pour quelle raison le malheur l'atteint. Il doit être clair que si le peuple est réduit à nouveau en esclavage, ce ne sera pas à cause de la force des ennemis, mais parce que l'on a abandonné Dieu. Pour le peuple hébreu, comme d'ailleurs pour toutes les nations païennes qui l'entourent, c'est Dieu qui est la source de toute vie et prospérité. Mais puisque le concept de catastrophe naturelle n'existe pas, la nature étant l'œuvre et le champ d'action de Dieu, en exonérant Dieu des malheurs qui arriveront, le Cantique tend à rendre l'homme responsable de toute souffrance et de tout malheur.

Une particularité du Cantique de Moïse, c'est l'utilisation du mot "rocher" ou "roc" pour désigner Dieu. Nous avons entendu: "Il est le rocher, son œuvre est parfaite." Plus loin, le texte parle du rocher qui sauve, du rocher qui donne la Vie. Sept fois, le mot rocher est utilisé, même pour parler du dieu des autres peuples: "Leur rocher n'est rien." Le rocher est bien sûr symbole de force indestructible. Mais c'est aussi du rocher que Moïse fera jaillir l'eau, source de Vie. Et nous nous rappelons cette affirmation de Paul: "Ce rocher était le Christ." Le péché de Moïse à Mériba a peut-être été d'oublier que Dieu était son rocher. Yahweh le lui reproche une fois de plus, juste après le Cantique: "Tu sais bien que Aaron et toi vous m'avez été infidèles aux eaux de Mériba... quand tout Israël vous regardait. Vous ne m'avez pas sanctifié devant les Israélites."

Le chapitre 33, le dernier avant celui qui raconte la mort de Moïse, est constitué par des bénédictions pour chacun des fils d'Israël, c'est-à-dire pour les tribus de leurs descendants. Jacob, avant sa mort, avait de la même façon béni individuellement chacun de ses douze fils.

*
* *

Puisque nous avions précédemment traité de la mort de Moïse, nous en avons fini avec l'écoute du Deutéronome. Prenons cependant le temps de revenir sur certains aspects de ce livre qui est un des plus importants de la Bible. Nous avons déjà souligné le lien entre le Deutéronome et la spiritualité des prophètes d'Israël. Par certains côtés, ce livre fait le lien entre la Loi et les Prophètes, d'où son importance. Par contre, comme il conteste certains rôles exclusifs que voulaient se réserver les prêtres, il est peut-être responsable d'une certaine radicalité des écrits sacerdotaux. À noter que le terme traduit par "sacerdoce" dans les autres livres n'est même pas mentionné dans le Deutéronome. Par contre ce livre fait une assez large place aux lévites, aux membres de la tribu de Lévi. Nous avons dit que lors du partage de la Terre Promise entre les diverses tribus d'Israël, il n'y a pas de territoire propre à la tribu de Lévi. Ils sont dispersés parmi les autres tribus. Pour certains, c'est une punition à cause du meurtre commis quatre cent cinquante ans plus tôt par Siméon et Lévi pour venger leur sœur Dinah (Gn.34). Mais le Deutéronome affirme au chapitre 18 que si la tribu de Lévi n'a pas de terre en héritage, c'est parce que Yahweh est son héritage. Le rôle des lévites, nous dit le second discours de Moïse, est de se tenir en présence du Seigneur, d'assurer le service divin et de bénir le peuple au Nom de Dieu. On pourrait dire qu'ils sont présence de Yahweh au sein de la population et il semble qu'ils ont un rôle important pour répandre la spiritualité yahwiste parmi le peuple. Yahweh, le Dieu qui est, qui jaillit imprévisible à chaque instant, il faut une spiritualité nomade pour le comprendre. Or justement, les lévites sont de perpétuels nomades, sans terres qui leur appartiennent, sans revenu sur lequel ils puissent compter de façon sûre, à part la dîme spéciale tous les trois ans, sans doute assez aléatoire comme toutes les dîmes.

Alors le Deutéronome attire plusieurs fois l'attention sur la précarité dans laquelle peut se trouver le lévite et demande qu'on n'y reste pas indifférent: "Garde-toi bien de négliger le lévite durant tous les jours où tu seras sur la terre"; et plus loin: "Quant au lévite qui est dans tes villes, lui qui n'a ni part ni héritage avec toi, tu ne le négligeras pas." Le Deutéronome associe le lévite aux membres de la maison lors des fêtes. Il l'associe également aux personnes dont le droit est difficilement défendable, l'immigré, l'orphelin et la veuve.

En somme le Deutéronome se place du côté des faibles face au pouvoir et c'est là où on peut reconnaître son inspiration prophétique. Plus tard, au livre des Juges, nous voyons Gédéon refuser la couronne offerte à lui et à son fils (Juges 8,23). De la même façon, Jésus refuse la royauté que lui offre le peuple juif. Tout cela est en lien avec la spiritualité deutéronomique. Comme nous l'avons déjà souligné, Jésus poussé au désert par l'Esprit pour chercher l'orientation de sa mission, a puisé dans cette même spiritualité du Deutéronome les réponses aux tentations du Diable. Il ne s'agissait de rien de (?) moins que de refuser le pouvoir et ses dangers. Et c'est là une attitude "nomade".

Alors, où le peuple prendra-t-il sa force s'il ne cherche à se bâtir un pouvoir? Il la trouvera en Yahweh et dans la communauté, une communauté constituée autour de la Parole de Yahweh. Mais nous avons vu que le Deutéronome traduit la Parole de Yahweh en terme d'Amour et de solidarité. Il n'y aura pas de pauvres parmi vous. On pense à ces premières communautés chrétiennes dont on disait: "Voyez comme ils s'aiment!" Quand on entend cela, on a l'impression qu'il s'agissait de gens souverainement libres, de gens qui osaient aimer. On créait une communauté d'Amour et cette communauté était l'Église. Le Deutéronome lui aussi, est appel à la Liberté, dans l'Amour.

Lors du prochain chapitre nous commencerons l'écoute du Lévitique qui a un aspect plus rébarbatif. Certains l'appellent le livre des prêtres. Nous aurons l'occasion d'y découvrir des trésors dont nous pourrons nous nourrir abondamment.

NEUVIÈME CHAPITRE

Le Lévitique

Commençons l'écoute du livre du Lévitique. À première vue, le Lévitique apparaît comme le moins attrayant des cinq livres constituant le Pentateuque, la Torah, et ceci sans doute à cause de toutes les prescriptions cultuelles ou rituelles qu'il contient et qui ne nous concernent plus guère. Il n'y a d'ailleurs que quatre textes du Lévitique qui ont été retenus dans la liturgie catholique; ceci est sans doute insuffisant pour rendre justice à la richesse de ce livre qui étend la sollicitude de la Loi à la terre et même aux arbres fruitiers. Rien ne transparaît dans le Lectionnaire de ces règles de sagesse pour la relation de l'être humain avec la nature.

On peut distinguer trois parties principales dans le Lévitique. Tout d'abord la loi des sacrifices qui occupe une dizaine de chapitres. Ensuite il y a cinq chapitres consacrés à la loi du pur et de l'impur. Puis à nouveau une dizaine de chapitres pour la loi de Sainteté, mais entremêlés d'autres lois cultuelles comme celles sur les fêtes. Nous suivrons à peu près cet ordre lors de notre écoute, quitte à revenir après coup sur quelques points particuliers qui se trouvent enfouis au milieu de certains chapitres.

Le Lévitique est un livre d'origine sacerdotale, datant de la captivité à Babylone. On y trouve souligné l'importance du corps, temple de l'Esprit, puisque le peuple n'a plus de Temple pour célébrer le culte. C'est ce qui nous vaut ce code de Sainteté qui rejoint l'amour du prochain du code deutéronomique. D'où l'importance aussi du Nom de Yahweh. La Loi s'enracine dans le Nom, et ce Nom, Je suis Yahweh, cette première Parole du Décalogue se trouve répétée maintes fois, après chaque règle énoncée, car c'est l'être de Yahweh qui fonde la Loi.

Nous allons donc commencer, dans le même ordre que le Lévitique, par parler des sacrifices. Il y a trois types principaux de sacrifices décrits dans le livre. Les premiers sont les holocaustes, les seconds sont les oblations et les troisièmes sont les sacrifices de pacification ou de communion.

Les sacrifices

Les holocaustes, appelés aussi "montées" si on prend la traduction littérale du mot hébreu, sont des sacrifices où la victime est totalement brûlée, offerte à Dieu en totalité. Le texte du premier chapitre précise que ce sont des bêtes sans défauts qui doivent être offertes, et on prendra même la peine de laver les viscères et les pieds de l'animal avant de les brûler. Comme pour la plupart des autres sacrifices d'animaux, celui qui l'offre pose sa main sur la tête de l'animal avant l'immolation, geste qui signifie qu'il s'offre avec la bête. Un peu comme le "Amen" que nous prononçons avant de recevoir la communion et qui signifie: oui, j'accepte de communier à la mort et à la Résurrection du Christ, j'accepte de passer par la mort avec lui afin de renaître à plus de Vie.

Après les holocaustes, le Lévitique parle des oblations ou offrandes. Ce sont en général des gâteaux, ou de la farine, ou de simples épis. On en brûle un peu dont la fumée monte vers Dieu, et le reste est pour les prêtres. C'est comme offrir à Dieu une petite partie de la quête. De fait, un certain pourcentage de nos quêtes dominicales devrait aller aux pauvres, donc à Dieu, mais combien de paroisses pensent à appliquer cette règle? Le texte dit que les offrandes seront salées et sans levain.

Avec les sacrifices de communion, au chapitre 3, nous retrouvons une victime animale. Ces sacrifices sont offerts pour que règne la paix, la communion. C'est sans doute reconnaître que toute paix vient de Dieu. À noter que dans nos messes, le partage de la paix se trouve aussi associé à la communion. Dans les sacrifices de communion, c'est toute la graisse qui entoure les entrailles de la victime qui est brûlée en offrande à Dieu.

Les chapitres 4 et 5 parlent d'une autre sorte de sacrifices: ce sont les sacrifices offerts pour les péchés. Le Lévitique considère la notion de péché involontaire qui inclut tout manquement aux prescriptions rituelles. Le livre prévoit que ce peut être le prêtre, la communauté, ou quelqu'un du peuple qui a péché. À chaque fois le texte dit: "Si le prêtre a péché" ou "Si la communauté a péché..." on fera ceci ou cela. Par contre, quand il s'agit du roi, ce n'est plus une supposition. Le texte se lit: "Quand le roi a péché..." Cela semble vouloir dire que si pour la majorité des gens le péché est une possibilité, dans le cas du roi, c'est une certitude, car il est dans la nature du pouvoir de pervertir et de corrompre. Telle est la conception que la Torah se fait du pouvoir politique: elle en reconnaît l'autorité; elle le respecte et s'en méfie. Quand le péché est une malhonnêteté qui a lésé quelqu'un, le sacrifice est d'abord de réparer le dommage causé, en le majorant d'un cinquième. L'offrande d'un sacrifice, en plus de cette réparation, semble facultative.

Le livre du Lévitique se continue avec d'autres lois sur les sacrifices. Toute cette insistance peut faire perdre de vue que les sacrifices ne sont pas l'essentiel du service divin. Il ne sont que le symbole du service divin accompli par un peuple qui respecte son Alliance; cette Alliance est avant tout respect de Dieu et du prochain et non pas pratiques cultuelles. Il faut être pur pour offrir un sacrifice. Cela rejoint l'adjuration de Jésus: "Si, quand tu vas présenter ton offrande à l'autel, tu te souviens que ton frère a quelque chose contre toi, laisse-là ton offrande et va d'abord te réconcilier avec ton frère. Ensuite, tu reviendras présenter ton offrande à l'autel." Quand on entend cela, on a l'impression que l'on aurait souvent à faire un très long circuit de réconciliation, à l'échelle de la planète, et à supprimer toutes les injustices dont nous sommes à un certain degré les bénéficiaires, avant de pouvoir offrir à Dieu une seule messe qui lui soit agréable.

À ce stade du livre, il est question de la consécration d'Aaron comme grand-prêtre et des premiers sacrifices offerts. Nous y reviendrons quand nous parlerons des prêtres un peu plus loin. Il semble que la couche ancienne du récit parlait très peu de sacrifices. Ceux-ci ont été rajoutés plus tard, sans doute par les prêtres. Nous nous arrêterons cependant à l'histoire de Nadav et Avihou, les deux fils aînés d'Aaron, ordonnés en même temps que lui. Or, le même jour, pour avoir encensé avec un feu profane, ils sont dévorés par un feu qui sort de devant le Seigneur et ils meurent. Cette histoire est difficile à comprendre. Je vous propose l'explication du rabbin Leibowitz: pour lui, la morale de cette histoire, et elle vaut pour toutes les générations, est qu'il ne faut pas transformer le service divin en un moyen d'apaiser les pulsions de l'être humain que celui-ci, peut-être de bonne foi, revêt de l'apparence du culte de Dieu. C'est Dieu qui décide, et non pas l'homme, quel est le sacrifice capable de lui plaire. Nous avons déjà souligné, dans l'Évangile, la nécessité de se réconcilier avec son frère. Allons voir du côté des prophètes de l'Ancien Testament. Commençons par Jérémie au chapitre 7, où Dieu dit: *Je n'ai rien dit, rien ordonné à vos ancêtres, en fait d'holocaustes et de sacrifices, le jour où je les ai fait sortir d'Égypte. Mais voici l'ordre que je leur ai adressé: "Écoutez ma voix, et je serai votre Dieu et vous serez mon peuple; suivez la voie que je vous prescris." Or, il n'ont point obéi ni prêté l'oreille."* Et Jérémie poursuit son propos en énumérant les transgressions commises: "Vols, meurtre, fornication."

Même affirmation au début du livre d'Isaïe: "*Que me fait la multitude de vos sacrifices? dit le Seigneur. Les holocaustes de béliers, la graisse des veaux, j'en suis rassasié. Le sang des taureaux, des agneaux et des boucs, je n'en veux plus. Quand vous venez vous présenter devant moi, qui vous demande de fouler mes parvis? Cessez d'apporter de vaines offrandes: la fumée, je l'ai en horreur. Vos nouvelles lunes et vos solennités, je les déteste. Elles me sont un fardeau, je suis las de les supporter... Vous avez beau multiplier les prières, je n'écoute pas: vos mains sont pleines de sang... Cessez de faire le mal, apprenez à faire le bien, recherchez la justice, mettez au pas le brutal, faites droit à l'orphelin, prenez la défense de la veuve... Alors si vos péchés sont comme l'écarlate, ils deviendront blancs comme la neige..."* Il est difficile d'être plus clair! Ailleurs, toujours par la bouche du prophète Isaïe, Dieu demande à son peuple lequel a fatigué l'autre: "Je ne t'ai pas fatigué par un tribut d'encens", dit-il. Il s'agit bien là d'une exigence imaginaire, d'une satisfaction d'une demande qui n'a jamais été formulée, si ce n'est par le donateur lui-même, au nom de Dieu.

Le prophète Osée est à l'unisson: "C'est l'Amour que je veux et non les sacrifices, dit Dieu par sa bouche, la connaissance de Dieu et non les holocaustes." (Os.6,6). On pourrait citer encore le psaume 50, mais la répétition des mêmes paroles deviendrait peut-être fastidieuse. Contentons-nous d'écouter le Prophète Michée qui s'interroge: *"Avec quoi me présenter devant le Seigneur, m'incliner devant le Dieu de là-haut? Me présenter devant lui avec des holocaustes? avec des veaux d'un an? Le Seigneur voudra-t-il des milliers de béliers, des quantités de torrents d'huile? Donnerai-je mon premier-né pour prix de ma révolte? Et l'enfant de ma chair pour mon propre péché?".* Puis jaillit la réponse toute simple à ces questions multiples: *"On t'a fait connaître, ô homme, ce qui est bien, ce que le Seigneur réclame de toi: rien d'autre que d'accomplir la justice, d'aimer avec tendresse et de marcher avec vigilance avec ton Dieu."*

La plupart de ces textes sont antérieurs aux prescriptions du Lévitique sur les sacrifices. Pourquoi les auteurs n'ont-ils pas entendu la voix des prophètes et du psalmiste? Pourquoi s'entêter à offrir à Dieu le sang qui est la Vie alors que c'est lui qui est source de Vie, c'est lui qui dès l'origine, nous dit: "Je veux que tu sois", "Je te donne Vie". Parfois on a l'impression que le culte lui-même est devenu une idole. Nous reviendrons sur cette question du sang quand nous parlerons du Yom Kippour.

Nous faisons encore face de nos jours, à cette question: pourquoi maintenir et même augmenter le nombre des sacrifices alors que la voix des prophètes inviterait plutôt, sinon à les supprimer, tout au moins à les réduire au minimum et à offrir plutôt notre conversion, nos efforts pour grandir dans l'Amour, comme offrande agréable à Dieu?

Je me rappelle mon père posant la question: "Pourquoi multiplier les messes pour les défunts? Une seule messe suffit!" Je n'ai pas souvent entendu mon père parler de religion, mais ce jour-là, il rejoignait l'intuition des prophètes de l'Ancien Testament et en même temps, il rendait hommage à la grandeur de la messe que nous avons malheureusement tendance à banaliser. Il est dangereux d'abuser, même des meilleures choses! Je n'avais pas ce jour-là voulu poser à mon père de question iconoclaste en répondant: "Vous avez bien raison, mais alors il n'y aurait presque plus d'honoraires de messe!". De même, on est en droit de penser que si le Lévitique multiplie les sacrifices, c'est parce que c'est de là, à l'exception des holocaustes, que les prêtres tiraient leur subsistance. Même un simple écoulement séminal involontaire leur rapportait un pigeon ou une tourterelle, alors qu'un autre animal semblable était offert en holocauste. Et si le Juif pieux ne pouvait pas offrir par lui-même à Dieu les prémices de ses récoltes, c'est sans doute aussi pour que le clergé de l'époque puisse en avoir sa part. Mais tout cela rejoint le péché des fils d'Aaron dont nous parlions tout à l'heure: offrir à Dieu un sacrifice qu'il n'a pas sollicité, prononcer en vain le Nom de Dieu pour le faire servir nos propres intérêts, en contradiction avec la troisième Parole du Décalogue.

Lors des émissions sur la Torah je me demandais pourquoi toutes les victimes prescrites par le Lévitique devaient être de sexe masculin. Était-ce, en supposant une supériorité des mâles dans la culture de l'époque, pour offrir à Dieu ce qu'il y avait de mieux? Ou bien, comme le rôle de la victime n'est pas spécialement enviable, était-ce au contraire le masculin s'effaçant devant le féminin, le spirituel? De façon plus terre à terre, on peut penser que l'on risque moins de décimer le troupeau en tuant les mâles plutôt que les femelles qui doivent être plus nombreuses pour assurer le renouvellement de la vie et la croissance du troupeau. Même la religion doit être réaliste. Un élément de réponse à cette question m'est venu récemment du livre de Marie Balmary intitulé "Abel ou la traversée du désert". Elle a découvert que dans le texte hébreu du livre de la Genèse, les sacrifices offerts par Abel, qui étaient acceptés par Dieu, étaient ceux des aînées, au féminin, de son troupeau. Oui, des femelles. On sait que le pôle masculin de l'être est symbole de l'avoir, alors que le Féminin est symbole de l'être. Ce que Dieu accepterait de nous, ce ne serait donc pas l'offrande de ce que nous possédons, mais plutôt l'offrande de notre être, de ce que nous sommes, afin que sa grâce puisse agir en nous et nous transformer, nous faire grandir selon son désir.

Les sacrifices anciens sont devenus nos eucharisties, nos messes. À la messe, le Christ s'offre à Dieu comme ce qu'il y a de mieux; et comme dans les sacrifices anciens, on se partage l'offrande en nourriture, dans ce qui devrait être un festin joyeux. Nous voyons donc comment un regard lucide sur les sacrifices anciens, à la lueur des écrits des prophètes, peut nous aider à questionner la façon dont nous célébrons nos eucharisties. Je rêve de célébrations où l'on commencerait par se pencher sur les injustices dont nous sommes responsables, complices, ou simplement dont nous sommes les bénéficiaires inactifs. Puis, si on avait défini et si on s'était mis d'accord sur un plan d'action pour essayer de réduire ces injustices, on offrirait à Dieu le sacrifice du Christ pour qu'il bénisse et soutienne nos efforts pour que règne plus d'amour et de justice autour de nous et dans le monde. Peut-être que cela ne se présenterait pas automatiquement toutes les semaines, mais nous serions dans la ligne de celui qui dit: "Faites ceci en mémoire de moi", offrez vos vies en mémoire de moi.

Je me souviens de l'histoire de ce prêtre qui avait fait un appel un dimanche pour qu'une famille de réfugiés, entassés dans une pièce minuscule, soient relogés convenablement. Le dimanche suivant, il était en civil, sans ornements, à l'heure de la messe. De l'ambon il a annoncé qu'il ne pouvait pas y avoir de messe parce que les réfugiés n'avaient pas été relogés. Cela a fait l'effet d'une bombe et il en est résulté un brouhaha dans l'église. Mais on raconte que dans les cinq minutes qui ont suivi cette annonce, une famille avait compris le message et offert un logement qu'elle avait disponible. Comme la voix prophétique du curé avait été entendue, on a pu dès lors, offrir la messe, le sacrifice de louange au Dieu qui marche avec son peuple vers plus de justice et plus d'amour.

Faisons une pose en écoutant un texte écrit par Claude Lacaille, prêtre des Missions étrangères. Le texte est intitulé: "Question de vie ou de mort":

> *Faut-il faire le bien ou faire le mal, donner la vie ou donner la mort?*
>
> *Faut-il presser bien fort les paupières pour dire: "Mon Dieu", ou faut-il ouvrir tout grands les yeux pour y laisser pénétrer toute la souffrance du monde, et dire alors au pauvre: "Monseigneur"?*
>
> *Faut-il joindre béatement les mains sur la poitrine et faire des révérences à un crucifix doré, ou étendre les bras et embrasser passionnément tous les crucifiés de la terre?*
>
> *Faut-il répéter sans cesse le rite sacré pour que le pain béni par le saint homme devienne objet d'adoration, ou ne faut-il pas arracher de force le pain à qui l'accapare pour nourrir le Corps du Christ que sont les affamés?*
>
> *Faut-il faire le bien ou faire le mal, donner la vie ou donner la mort?*
>
> *Ai-je vraiment besoin que tu me répondes, Seigneur?*

Le langage de Claude Lacaille peut paraître anguleux et brutal, mais est-il vraiment différent de celui du Comité pontifical pour les Congrès eucharistiques mondiaux qui déclarait, en 1996: *"Les chrétiens qui prennent part à la célébration eucharistique doivent témoigner de la force libératrice du sacrement, d'une part en paroles qui disent la Joie de la rencontre avec le Seigneur ressuscité... d'autre part, par des œuvres de charité au sein d'un monde vécu par tant de personnes comme un lieu de souffrances et d'esclavage."*

Les rites

Revenons au Lévitique. Nous ne sommes pas descendus dans tous les détails de ses prescriptions où chaque geste du prêtre est prévu. Nous avions déjà vu combien le livre des Nombres insistait sur l'observance scrupuleuse des ordres de Dieu tels que consignés dans la Torah. Il y a encore de nos jours des nostalgiques d'anciens rituels. Je lis par exemple dans les commentaires de la Bible Chrétienne, sous la plume de Dom Claude Jean-Nesmy "que le latin a survécu jusqu'au grand désordre actuel". Pour le Lévitique, le rituel est immuable, on ne peut le modifier sous peine de mort. Mais pour certains, que cite encore le commentaire de la Bible Chrétienne, "prétendre adapter, inventer, créer des rites, c'est tout simplement anéantir le rite." Et plus loin: "Les prêtres qui prennent ces libertés... enlèvent aux célébrations qu'ils imaginent parlantes, leur valeur proprement liturgique incomparable à toute forme de prière et de culte."

On ne peut laisser cette question de côté. Le rite est-il une sorte de formule magique dont on ne peut changer un mot sous peine de le rendre invalide et sans effet, comme c'est le cas dans la magie de certains cultes païens? Ou bien le rite est-il un moyen de changer les cœurs? Le rite a-t-il pour but de changer le cœur de Dieu pour nous le rendre favorable, ou plutôt de célébrer l'action de Dieu qui change nos cœurs? C'est là une question importante pour notre temps.

Les rites ne sont pas tombés du ciel; ils reflètent la mentalité religieuse d'une époque et d'une classe sacerdotale, par opposition aux autres. Pour une part, dans la Bible, le culte était donné pour détourner des autres "cultes". On ne passe pas d'un seul coup à la Jérusalem céleste dont parle l'Apocalypse où "le Seigneur Dieu, Maître de l'univers, est lui-même son Temple, avec l'Agneau."

La liturgie orthodoxe a conservé une grande fidélité à ses rites D'un côté il y a les prêtres, avec leur rituel qu'ils semblent les seuls à comprendre; ils mettent en action ce que j'appellerais une énergie spirituelle presque palpable, dont les fidèles vont sans doute ressentir les effets. Pendant ce temps-là, ces mêmes fidèles font leurs dévotions selon ce qu'ils ressentent, nombreux signes de croix, vénération d'icônes, et ceci dans une sorte de bulle spirituelle créée par la liturgie des prêtres.

Il est à noter que de bons animateurs peuvent amener un à générer une énergie de type spirituelle sans faire appel à Dieu ou à son Esprit, au point que certaines personnes se mettent à parler en langues ou vivent des transes et des extases. Ces phénomènes sont plus fréquents chez les peuples originaires du Sud de la planète, moins assujettis aux diktats du mental. Beaucoup de prêtres et de pasteurs cherchent à éviter ce genre de manifestations où ils ne savent distinguer entre l'action du diable et celle de l'Esprit, alors qu'il s'agit simplement de "l'énergie du groupe" qui agit de façon spéciale en certaines des personnes présentes.

Il n'y a pas de doute que certaines de nos liturgies actuelles sont très profanes, faites de beaucoup de mots, signifiantes certes au niveau intellectuel, mais très pauvres au niveau spirituel et très peu propice à la prière et à la rencontre avec le divin. Par contre, j'ai eu le privilège de participer pendant près d'un an à des messes en rite zaïrois. Les Zaïrois, qui sont redevenus les Congolais, ont pris la peine de repenser le rituel de la messe pour le mettre à l'unisson de l'âme zaïroise. Le sacré y est parfaitement présent: on prend par exemple au moins cinq minutes au début de la célébration pour encenser et vénérer l'autel avec des danses et des chants. Mais par ailleurs, le rite est parfaitement compréhensible aux fidèles, moi y compris, qui pourtant ne comprenais pas la langue. Quand la célébration se terminait, après au minimum une heure et trois-quarts, j'aurais bien continué pendant encore une demi-heure. Le chant aussi aide à cette participation. C'est lors de ces célébrations que j'ai réalisé que le chant grégorien, dans toute sa beauté, ne s'adresse qu'à la moitié du corps humain: à partir du cœur et jusque très haut, jusqu'au sommet de la tête, là où on a l'impression de rejoindre le divin. Le chant zaïrois, lui, s'enracine à la base de la colonne vertébrale, mais parvient à monter tout aussi haut. C'est donc l'être tout entier, et pas seulement le cœur, qui se sent élevé vers Dieu. Nos compositeurs religieux modernes auraient intérêt à se mettre à l'écoute de leurs collègues zaïrois. Et je précise que ce rite zaïrois a reçu de Rome toutes les autorisations prévues par les lois de l'Église catholique romaine. Les chants orthodoxes, eux aussi, rejoignent le corps dans sa totalité.

Ce qui sauve, ce n'est pas l'efficacité des rites qui changeraient le cœur de Dieu, c'est la Foi. "Ta Foi t'a sauvé." Les rites sont là pour nourrir la Foi, l'aider à croître "de la Foi à la Foi".

Nous avons dit que le Lévitique pouvait être divisé en trois parties: d'abord la loi des sacrifices, puis la loi du pur et de l'impur et enfin la loi de Sainteté. Mais ces trois parties empiètent les unes sur les autres. C'est ainsi qu'il est dit au chapitre 21 que tout descendant d'Aaron qui aurait une difformité corporelle est impropre au service du culte. Ce serait profaner le sanctuaire de Dieu, du Dieu qui sanctifie les prêtres. On est loin du livre de

Samuel où il est dit que les hommes regardent les apparences, mais que Dieu regarde le cœur. Mais on n'est peut-être pas très loin de certaines réactions contemporaines. Dans un livre intitulé "Apprendre la Libération", Daniel Hameline rapporte une célébration de la fête de l'Asunta en Amérique latine. Elle avait été un scandale pour certains car on avait emmené la statue de la Vierge en procession dans les "dépotoirs", comprenons les quartiers pauvres, et les bidonvilles. Et pire, des gens ordinaires, c'est-à-dire impurs et sales, avaient été choisis pour habiller la statue. Dans ce cas-là, il s'agissait d'une initiative prophétique approuvée par les prêtres, mais qui avait choqué les soi-disant purs et propres bien-pensants.

Nos rituels contemporains

Nous n'aurons pas la prétention d'épuiser ce vaste sujet. Il ne s'agit pas non plus d'arbitrer ici les controverses entre les partisans des rituels "purs" et ceux des rituels populaires censés être moins purs; ni entre les tenants des rituels figés et ceux des rituels "inculturés". Par exemple, là où le blé n'est pas consommé par la population, mais où les gens se nourrissent de galettes de mil, faudrait-il consacrer des hosties de blé ou de mil, et du vin, ou une autre boisson locale, là où la vigne n'est pas cultivée? Malgré la rigidité de la Torah sur l'observance stricte du rituel, le Lévitique rapporte qu'après la mort des deux fils aînés d'Aaron au cours d'une célébration, épisode dont nous avons fait mention précédemment, Aaron prend sur lui d'adapter la fin du rituel aux circonstances. Cela met en colère Moïse. Aaron lui fournit alors les raisons du changement qu'il a introduit au rite. "Cette explication parut bonne à Moïse", dit le texte.

De toutes façons, il y a dans le rituel divers niveaux d'interprétation, et certains pensent que le grand rituel a sa source dans le petit rituel, celui que l'on pourrait célébrer à quelques-uns dans les cuisines. Nous avons d'ailleurs de nombreux rituels profanes, propres à chaque culture et à chaque famille: façon de célébrer les fêtes, rituels des cadeaux, gâteaux spéciaux pour certaines occasions. Si ces rituels perdent leur sens, ils vont disparaître ou s'adapter à un nouveau sens. Il faut bien constater que l'utilisation de l'huile dans le rituel des sacrements a perdu son sens pour bien des chrétiens. Pour les Juifs, le mot parfum se dit *Réah* en hébreu, ce qui a la même racine que *Ruah*, l'Esprit. Dans un tel contexte, il est donc plus facile d'associer le Saint-Chrême, huile de bonne odeur, à l'Esprit. Il y aurait sans doute avantage à augmenter le dosage d'huiles essentielles dans le Saint-Chrême qui souvent a en fait l'odeur d'une huile un peu rance. Je me souviens d'une cérémonie du Lavement des pieds du Jeudi Saint, où l'on avait ajouté à l'eau de l'huile essentielle de lavande. Deux heures après, en pénétrant dans l'église, on en sentait encore la bonne odeur et cela évoquait ce parfum de grand prix qui avait été versé sur les pieds du Seigneur lors de l'onction à Béthanie. Très peu de gens aujourd'hui se souviennent de leur confirmation. Peut-être que s'ils se rappelaient avoir été parfumés ce jour-là, il en serait tout autrement car le rituel aurait alors rempli son rôle dans le sacrement, celui d'être signifiant. Pour les Hébreux aussi, *Hachémen*, le mot qui désigne l'huile est un anagramme de *Néchama* qui signifie souffle, âme divine.

Le rituel doit incorporer le temps et l'espace, qui sont respectivement masculin et féminin. Le rituel doit être transfiguration du quotidien, un morceau de temps dans un écrin de lumière. Peut-être faudrait-il célébrer moins souvent, mais prendre le temps de le faire de façon signifiante? Il en est de même du rituel de l'amour. Faut-il chercher à multiplier les orgasmes ou à les rendre plus signifiants?

Les rituels utilisent le langage des symboles. Célébrer en cercle n'a pas la même signification que d'être alignés, les uns derrière les autres, dans des bancs parallèles et cela tout le monde le perçoit sans qu'il soit besoin d'explications. Beaucoup de symboles utilisés dans le culte nous viennent de la nature, mais dans notre monde urbanisé, coupé de contacts avec la nature, ils ont perdu leur signification, surtout quand ils sont utilisés avec parcimonie. Comment voir dans les quelques gouttes d'eau versées sur la tête des baptisés un symbole de Vie? Les animateurs ou les célébrants se doivent de redonner sens aux signes.

La musique a son importance dans le rituel, mais souvent elle consiste en quelques cantiques à base de paroles pieuses et d'une mélodie qui n'a rien de sacré. Il faut savoir interrompre le flot de paroles des rituels imprimés pour inclure une musique sacrée qui nous amène au niveau de la prière silencieuse du cœur. Beaucoup de textes originaux de la Bible contiennent des notations musicales dont le secret a été redécouvert il y a quelques années. Ils étaient destinés à être proclamés en chantant.

Au retour de l'Exil à Babylone, les Hébreux, qui pendant une soixantaine d'années avait célébré sans autre lieu de culte que les maisons des déportés, se sont demandé si cela valait la peine de reconstruire le Temple. L'opinion générale était plutôt en faveur de se passer de temple. Mais le prophète Aggée a compris qu'une proportion importante du peuple était désorienté par cette religion sans lieu de culte et la décision fut prise de reconstruire le Temple. De nos jours, les Tibétains en exil sont confrontés à la même question. Y répondront-ils en se rappelant que les besoins religieux varient d'une personne à une autre?

Avant tout, le rituel ne doit pas être dissocié de la foi. Mais si la Foi est vacillante, il est parfois difficile de célébrer. Il est sans doute nécessaire de réapprendre à rendre grâces tout seul pour être capable de le faire au sein d'une célébration.

Au-delà de nos pauvres limites, les sacrements sont censés être signes sensibles de l'Amour de Dieu. C'est Martin Buber qui a dit que pour que le sacrement soit signe, il faut que le ministre soit signe. La grandeur et l'Amour de Dieu se révèle par des intermédiaires, et ceux-ci doivent être aussi transparents que possible pour que leur propre image soit manifestation divine. Un jour, une de nos filles engagée au Guatemala dans un dangereux combat pour la justice, nous écrivait: "Et Dieu comme un grand point d'interrogation à la fin de toutes les phrases, de tous les chants, chants de lutte et chants de morts." Le point d'interrogation, tel que je l'ai compris, ne portait pas sur l'existence de Dieu mais sur son image, sa manifestation à travers de ce qu'elle vivait. Peut-être le ministre du sacrement devrait lui aussi être un point d'interrogation, laissant Dieu manifester sa réponse dans la vie de chacun. Le "messager" de Yahweh doit être buisson ardent, brûler de l'intérieur. Comme le dit le poète Nazim Hikmet: "Si nous ne brûlons pas, comment les ténèbres deviendront-elles clarté?"

Les sacrements sont les clés du Royaume des Cieux, pour nous aider à entrer. Ils sont rencontre avec le Dieu Sauveur et source d'une vie plus haute. Quels critères utiliserions-nous pour décider que tel ou telle ne peut avoir accès aux sacrements? Si le ministre ne brûle pas assez pour rendre le Christ présent, c'est peut-être lui qu'il faudrait écarter de la célébration des sacrements. Mais s'il brûle, qui serions-nous pour exclure quelqu'un de cette rencontre avec la Lumière? Et si la personne que nous écartons était cette Syro-Phénicienne prête à se contenter de miettes... et dont la simple parole provoque le départ du démon qui enchaînait sa fille. Si les sacrements que nous administrons ne sont pas clés pour entrer dans le Royaume, c'est que nous-mêmes ne sommes pas prêts à y entrer, comme ces scribes du temps de Jésus qui détenaient les clés de la connaissance, mais qui eux-mêmes n'y entraient pas et empêchaient d'entrer ceux qui le voulaient. Car pour entrer dans le Royaume, il faut être "en marche". Sommes-nous des sédentaires?

Le Yom Kippour

Après les chapitres concernant le pur et l'impur, dont nous parlerons plus tard, et avant la loi de Sainteté, on retrouve un chapitre, le chapitre 16, où il est question de sacrifice, c'est celui concernant le Yom Kippour, le jour du Grand Pardon. Il s'agit d'un rite sophistiqué. Après tous les chapitres sur les sacrifices, on se sent un peu fatigué de tous ces holocaustes. Dieu s'en dit bien fatigué, pourquoi pas nous? Essayons quand même d'approfondir la signification du rite. Kippour vient de la racine qui signifie "couvrir", comme il est dit que l'Arche de Noé était recouverte de poix et d'un couvercle. Kippour est lié au recouvrement comme on parle du recouvrement d'une dette. Lors du Kippour, le grand-prêtre faisait l'expiation pour lui-même, puis pour sa famille, les siens, et enfin tout le peuple. On retrouve cette même progression dans la prière sacerdotale de Jésus en Saint-Jean, au chapitre 17, où Jésus élargit progressivement le cercle de ceux pour qui il prie. Pour le Talmud, le pardon divin est nécessaire pour que l'histoire continue, mais cela ne dispense pas l'être humain de s'élever vers le pardon pour que le pardon divin ait plus d'efficacité.

Dans la célébration du Kippour, on choisit deux boucs identiques et on les tire au sort. L'un d'eux sera immolé et l'autre envoyé au désert, vivant, symbole de résurrection. Le désert et à la fois le lieu du démon, Azazel, et aussi celui des fiançailles, de l'Alliance. Rappelons que le prêtre touche la tête de l'animal qui sera sacrifié pour se solidariser avec lui. Ici, il le fait au nom du peuple. Puis il pénètre dans le Saint des Saints, avec le sang de l'animal immolé. Là, avec la moitié du sang, il asperge le vide entre les Chérubins, là où Dieu est censé se tenir et le sang retombe sur le propitiatoire. Le reste du sang, en quelque sorte par association, a reçu la même énergie divine et est donc devenu la Vie même de Dieu. Il servira à asperger le peuple en disant: "Voici le Sang de l'Alliance". Dieu ne se réconcilie pas avec le peuple, il réconcilie le peuple avec Lui, Il lui redonne la Vie.

Dans le rituel de la purification des lépreux, on retrouve le même symbolisme. On prend deux oiselets, dont l'un est immolé et l'autre libéré. Pour les Juifs, le premier Kippour a été célébré lorsque Moïse est redescendu de la montagne avec les secondes tables de la Loi, signe que le pardon pour la faute du veau d'or avait été accordé. Le calendrier des fêtes juives correspond à cette explication. Parmi ces fêtes juives, le Yom Kippour se situe une semaine environ après le Roch Hashana ou fête du jugement. Si le jugement précède ainsi le pardon, c'est pour que le jugement, loin de nous renvoyer au pessimisme devant nos propres faiblesses, nous remplisse au contraire d'espoir, car si Dieu juge, c'est qu'il veut pardonner et non pas condamner.

Le Yom Kippour est jour de jeûne et de mortification, mais pas forcément un jour où l'on violenterait son corps en opposition à ce que Dieu dit par la bouche du prophète Isaïe. Car le véritable jeûne selon l'Éternel consiste à donner à manger à celui qui a faim et à vêtir celui qui est nu... afin que notre obscurité brille comme le soleil de midi. La réconciliation des cœurs doit précéder la prière envers le Très-Haut, car mal agir envers le prochain signifie le nier et nier Dieu. Cependant, pour que le Kippour ne soit pas seulement intellectuel, les rabbins ont légiféré cette mortification par cinq interdits: ne pas manger ni boire, ne pas se laver, ne pas se frictionner d'huile, ne pas porter de chaussures de cuir et ne pas avoir d'intimité conjugale.

Le livre du Lévitique, ou livre des prêtres insiste sur la pureté de ceux-ci. Mais même si la pureté rituelle est décrite avec abondance de détails, la pureté véritable demeure la vie selon la justice. Pour les Juifs, le contact avec un mort était considéré comme une source d'impureté. Les prêtres ne devaient pas toucher les morts, sauf à la rigueur leur père ou leur mère, mais même cela n'était pas permis au grand-prêtre. Ils ne devaient pas épouser une veuve ou toute autre femme ayant déjà perdu sa virginité.

Le rite de l'ordination d'Aaron comme grand-prêtre est décrit avec beaucoup de détails. Il y avait un taureau offert en sacrifice pour les péchés et brûlé hors du camp, puis deux béliers, un offert en holocauste à Dieu et l'autre, appelé bélier de consécration ou bélier de plénitude, qui était aussi immolé mais pas brûlé complètement. Moïse en recevait sa part. Comme dans le livre de l'Exode, on perçoit que les prêtres tiennent à se différencier des simples lévites et à affirmer leur suprématie. Le Christ dénoncera ces excès. il faut se rappeler que tous les livres de la Torah sont dominés par la figure de Moïse qui, lui, n'était pas prêtre mais était lévite, de même que l'Évangile est dominé par la figure de Jésus qui, lui, n'était ni prêtre ni lévite. Partout dans la Bible, le prophète a priorité sur le prêtre, même dans le code sacerdotal. C'est sans doute pour cela que la part qui n'est pas brûlée du bélier de plénitude revient à Moïse et non pas à Aaron, le nouveau grand-prêtre. Car c'est le prophète qui, comme Isaïe, appelle à la libération, au renouveau: "À quoi bon rappeler le passé, car voici que je fais une chose nouvelle, elle sort de terre, ne la voyez-vous pas?" L'offrande par le prêtre n'est que le symbole de cette création nouvelle. Et Isaïe conclut: "Ce peuple, je l'ai créé pour moi, il redira ma louange." (Is.43,18-21)

La Loi de Sainteté

Ce qu'on appelle la loi de Sainteté, au livre du Lévitique, commence avec le chapitre 17 qui fait suite à celui consacré au Yom Kippour, le jour du Grand Pardon dont nous parlions tout à l'heure. Le chapitre 17 nous concerne assez peu car il revient encore sur les sacrifices et sur la prescription de ne manger le sang d'aucun être vivant. Car le sang, c'est la Vie. Puissions-nous nous en souvenir quand nous communions au sang du Christ.

Le chapitre 18 rappelle qu'Israël est un peuple à part, un peuple saint, qui ne doit pas suivre les coutumes des autres peuples, en particulier en ce qui concerne les déviations sexuelles et les sacrifices d'enfants. Car c'est à cause de cela que la Terre Promise a vomi ses habitants précédents et elle vomirait de même les Hébreux s'ils les imitaient. Parmi les rapports sexuels à éviter, on note ceux avec des membres de la parenté, avec une femme durant ses menstruations, avec la femme du prochain, avec un autre homme ou avec une bête. Le texte commence à être ponctué de la répétition de la première Parole: "Je suis Yahweh".

Mais c'est au chapitre 19 que cette répétition devient plus fréquente, pratiquement tous les deux versets. Ce chapitre 19 reprend la plupart des prescriptions des Dix Paroles pour promouvoir plus d'humanité dans la vie quotidienne. Mais le texte est plus précis que le Décalogue, énonçant des règles pratiques du respect de l'autre. Par exemple: "Le salaire de celui qui travaille pour toi ne restera pas chez toi jusqu'au lendemain", ou "Tu ne prononceras pas de malédiction contre un sourd et tu ne mettras pas d'obstacle devant un aveugle pour le faire tomber; mais tu auras crainte de ton Dieu: Je suis Yahweh." Le respect de l'autre est assimilé au respect de Dieu. Même les arbres doivent être respectés. Si on plante un arbre, pendant trois ans on n'en mange pas les fruits, sans doute pour permettre à l'arbre de se fortifier. La quatrième année, les fruits sont offerts à Dieu et la cinquième, on peut commencer à les consommer. En ce qui concerne l'étranger, il n'est pas oublié. "Si un étranger vient habiter dans votre pays, vous ne l'opprimerez pas. Vous traiterez l'étranger qui est au milieu de vous comme un homme du pays. Tu l'aimeras comme toi-même, car vous aussi vous avez été étrangers dans le pays d'Égypte: Je suis Yahweh votre Dieu." On aimerait que ces prescriptions ne soient pas oubliées quand il s'agit de bâtir la paix au Moyen-Orient et dans bien d'autres pays déchirés par des luttes ethniques.

Le chapitre 20 prolonge par des lois pénales cette loi de Sainteté. Si on y déroge, on est condamné à mort ou à la stérilité, mais il n'est pas dit qui doit exécuter la sentence. C'est Dieu lui-même ou le pronom impersonnel "on", mais non pas "vous". On reste dans la ligne de la loi de Sainteté qui exclut de réclamer la mort du prochain: *"Tu ne calomnieras pas tes parents, tu n'exigeras pas le sang de ton prochain: Je suis Yahweh! Tu n'auras pas de haine dans ton cœur pour ton frère, mais tu le corrigeras car en te taisant tu serais complice de son péché. Tu ne te vengeras pas, tu ne garderas pas de rancune envers un fils de ton peuple, mais tu aimeras ton prochain comme toi-même: Je suis Yahweh!"* Contrairement à ce que croient certains, ce n'est pas Jésus qui a inventé l'amour du prochain. Sont "saints" ceux qui vivent conformément à cette loi. La semaine où est lue par les Juifs la loi de Sainteté du Lévitique: "Vous serez saints car moi Yahweh, je suis saint", cette lecture est accompagnée par la lecture de trois textes prophétiques. Deux sont d'Ézéchiel et un d'Amos, et ils comprennent les imprécations les plus terribles que les prophètes aient jamais proférées à l'encontre du peuple d'Israël, dans sa réalité effective, par contraste avec ce qu'il devrait être. On pense à ces paroles de Jésus: "Ce ne sont pas ceux qui disent: "Seigneur, Seigneur", qui entreront dans le Royaume, mais ceux qui font la volonté de mon Père qui est dans les Cieux." Nous avons reçu la consigne d'être un peuple saint, reconnaissent les Juifs, mais nous ne sommes pas un peuple saint.

Rappelons une fois de plus que la loi de Sainteté s'enracine dans le Nom de Dieu, incessamment répété: "Je suis Yahweh". L'interdit de l'inceste est lié à l'image de Dieu en l'homme où l'homme quitte son père et sa mère pour s'attacher à sa femme. La Loi permet à l'Amour d'advenir. Elle libère du père et de la mère pour permettre de vivre un amour vrai, à l'image de l'Amour de Dieu pour son peuple. La loi de Sainteté interdit les sacrifices d'enfants à Moloch. Moloch est l'idole à qui de nos jours encore on sacrifie nos enfants, parfois au nom de valeurs tenues pour sacrées, quand on ne prend pas la peine de se mettre à l'écoute du Nom de Dieu qui a aussi à s'exprimer à travers eux, à être prononcé par eux. Toute existence est une terre sacrée, devant laquelle on se doit d'enlever ses chaussures comme Moïse devant le Buisson Ardent, pour être sûr de ne pas piétiner des pousses encore fragiles mais qui pourtant sont appelées à dire Dieu dans leur propre langage.

À partir du chapitre 21, la loi de Sainteté redevient composée d'éléments divers. On y retrouve d'abord des règles sur la pureté des prêtres et sur les sacrifices, encore! Puis, au chapitre 23, il est questions des fêtes annuelles et nous reviendrons sur ce point. Puis à nouveau, un exemple de blasphème puni de mort et une autre version de la Loi du Talion. Le blasphémateur se coupe de la Vie. Le sacrifice revient à prendre acte de son propre geste suicidaire. On pose la main sur sa tête, comme on le fait avec les bêtes offertes en sacrifice. C'est comme pour la Loi du Talion incluse dans ce passage. Ce qu'on fait aux autres ou à Dieu, c'est à soi qu'on le fait, à l'image de Dieu en soi. Mais en lisant tout cela, il faut aussi entendre résonner en nous l'appel de Dieu par les prophètes: "Est-ce donc la mort du méchant que je désire, déclare le Seigneur, n'est-ce pas plutôt qu'il se détourne de sa conduite et qu'il vive?" Dieu veut un peuple saint, différent, mais au cœur du monde, levain dans la pâte. Un peuple pécheur mais sanctifié parce qu'il se reconnaît pécheur et aspire à devenir meilleur; un peuple en marche, un peuple qui a soif de sainteté.

Or la sainteté, ce n'est pas quelque chose d'abstrait, de désincarné. Elle rejoint l'appel du Deutéronome: "Il n'y aura pas de pauvres parmi vous." Elle rejoint l'appel de Paul aux Corinthiens en faveur des frères de Jérusalem: "Il ne s'agit pas que les autres soient soulagés et vous dans la gêne, mais qu'il y ait égalité." Comme au temps où l'on récoltait la manne et où le texte de l'Exode dit: "Celui qui avait beaucoup n'avait pas de trop et celui qui avait peu avait assez." Mais un peuple saint partage dans le respect de l'autre, sinon il encourt le reproche de l'apôtre Jacques: "Vous avez privé le pauvre de sa dignité." Et la dignité inclut le droit à la parole. Je pense à cette radio catholique en Amérique du Sud qui a été considérée comme religieuse tant qu'elle était farouchement anticommuniste. Quand elle s'est intéressée aux pauvres et leur a donné la parole, on l'a considérée comme communiste. Dans la même ligne, Dom Helder Camara, évêque de Recife au Brésil, était considéré comme un saint quand il donnait à manger aux pauvres et comme un communiste quand il demandait pourquoi ils avaient faim. Or justement la loi du Jubilé, que l'on trouve en conclusion de la loi de Sainteté, a pour but de rendre aux pauvres leur dignité, de remplacer l'aumône par la justice. On peut noter que cet appel du Deutéronome à ce qu'il n'y ait plus de pauvres dans la communauté semble avoir été vécu dans la primitive Église. La mise en commun des biens, nous dit Saint Luc, faisait que "nul parmi eux n'était indigent."(Ac.4,34) Il ne s'agit donc pas d'un idéal inatteignable.

Le chapitre 25 du Lévitique parle de l'année sabbatique et du Jubilé, c'est-à-dire de la régulation socio-économique d'une société dont l'organisation procéderait selon les principes de la Torah. Il parle de la jachère du sol, de la libération des esclaves et à la limite de l'annulation de la propriété privée sur la terre d'Israël. "La terre est à moi, car vous êtes tous chez moi comme des hôtes et des étrangers résidants", dit le Seigneur, au verset 23. Le propriétaire du sol, selon la Torah, en devient simple locataire pour un maximum de cinquante ans. C'est parce qu'elle est à Dieu que la terre doit toujours être rendue à la liberté. On n'est pas libre si on asservit les gens et les choses. Chez certains semi-nomades, la terre est tirée au sort chaque année. Chez beaucoup de peuples encore de nos jours, elle appartient soit à l'état, soit à Dieu.

Pour la Torah, chaque septième année doit être un sabbath pour la terre. Ce qu'elle porte doit appartenir à tous, en commun, indistinctement, hommes libres et esclaves, Israélites et étrangers en résidence, hommes et bêtes. Mais le renouvellement du sol par la mise en jachère et le renouvellement du peuple par le rétablissement de l'unité et de l'égalité primitive sont inséparables. Au fond, l'année sabbatique est une protection du peuple contre les dangers de la sédentarité. Si elle reste signe de liberté et d'égalité, la terre sera *Béraka*, c'est-à-dire puissance de bénédiction. La loi du Jubilé, ou sabbath de sabbath d'années, vient renforcer la loi de l'année sabbatique. Ceux qui n'auraient pas pu se racheter lors des années sabbatiques sont libérés lors du Jubilé.

Nous avons déjà dit que c'est sans doute en réfléchissant sur les causes de la liberté perdue que les prêtres juifs à Babylone ont attribué le désastre au fait qu'on avait laissé s'accroître les inégalités sociales entre riches et pauvres. Si les désastres qui menacent notre civilisation se matérialisent, peut-être réaliserons-nous, trop tard, que la catastrophe est due en grande partie à l'augmentation des inégalités sociales que l'on a choisi d'ignorer et qui asservissent les pauvres. Les quarante-neuf ans qui séparent deux jubilés rappellent les quarante-neuf ans de la captivité à Babylone. Le livre du Lévitique dit plus loin que pendant l'exil, la terre s'est reposée pour compenser tous les sabbaths profanés. Il y a un lien entre le jubilé et le sabbath: tous deux sont orientés vers la liberté. C'est à l'occasion du premier sabbath de l'année que l'on sonnera du *Jobel*, de la trompe pour l'ouverture du Jubilé.

La loi du Jubilé est comme à un point de jonction entre la Loi et les Prophètes. Marcher avec Dieu, comme nous y invite le prophète Michée dans un verset que nous avons déjà cité, c'est travailler à ce que la terre devienne comme Dieu la veut, une terre de partage, de justice et de paix. C'est là un droit pour la terre et pour les humains, un droit plus important que le droit de propriété, dont Thomas d'Aquin, rejoignant la pensée de l'Ancien Testament, disait que ce n'était qu'un droit de bon usage. Sa pensée rejoint aussi celle des Premières Nations de notre pays. À défaut d'écouter la Bible, nous pourrions écouter leur sagesse millénaire.

Le chapitre sur la loi du Jubilé se poursuit par un certain nombre de règles, dans le même esprit, concernant le frère qui est dans le besoin: il ne faut pas abuser de lui en lui prêtant avec intérêt ou en lui donnant de la nourriture dans l'espoir de recevoir de lui quelques bénéfices en retour.

Le pur et l'impur

C'est intentionnellement que j'ai parlé de la loi de Sainteté avant d'aborder les cinq chapitres de la loi de ce qui est pur et de ce qui est impur, afin que nous ne perdions pas de vue que la vraie pureté est en lien avec la sanctification. La raison des lois de pureté est donnée dès le premier chapitre: "Car je suis Yahweh votre Dieu. Vous serez saints car moi je suis saint." Cela est prétexte à toute une série de règles dont certaines semblent de simples règles d'hygiène. Mais si l'hygiène est ordonnée à la santé et à la vie, cela a aussi à voir avec Dieu. Suivant la méthode des rabbins, la Torah donne beaucoup d'exemples: par exemple si une souris morte tombe dans une cruche en terre cuite, la cruche est impure et doit être détruite, mais si elle tombe dans une citerne ou dans une source, la citerne et la source restent pures. Est-ce parce que le rapport à la quantité d'eau est différent, ou plus prosaïquement parce qu'il plus difficile et coûteux de remplacer la source ou la citerne qu'une simple cruche? Avant cet exemple, il y avait toute la liste des animaux censés être purs et de ceux considérés comme impurs.

Cette section du Lévitique parle aussi de la purification de la femme après ses règles ou après la naissance d'un enfant. Cette purification pourrait être comparée à ce que l'on appelle la purification du calice après l'Eucharistie; on le lave pour le rendre à la vie profane. De même, on rendrait à la vie profane ce qui a un rapport spécial à la Vie. Mais de là on serait passé à la notion d'impureté dans la Torah, écrite par des hommes qui n'ont rien compris à la Vie. Car comment expliquer que le temps d'impureté soit double, quatre-vingt jours au lieu de quarante, si la femme a donné naissance à une fille? D'autant que durant cette période la femme ne doit toucher à aucune chose sainte, ni venir au Temple.

Deux longs chapitres, de près de soixante versets chacun, sont consacrés à la lèpre et aux lépreux. Les prêtres y jouent le rôle de médecins qui inspectent la progression du mal ou, le cas échéant, constatent la guérison. Est même abordée ce qu'on appelle la lèpre des maisons, simples taches de moisissure ou de salpêtre sur les murs. Chaque guérison constatée est l'objet d'un sacrifice, ce qui semble plus être une façon de payer les honoraires du prêtre-médecin qu'une occasion de rendre grâce à Dieu pour la Vie. Il en est de même pour les impuretés dites sexuelles, menstruations ou écoulement séminal.

Il ne faut pas que ces détails nous éloignent du message de la Torah, "Vous entrerez dans ma sainteté", noyé au milieu de ces lois." Tout ce que Dieu a créé peut être considéré comme pur. Le livre du Lévitique semble revenir à des coutumes d'avant le séjour en Égypte, d'avant l'action libératrice de Yahweh. Paul le dit clairement aux Colossiens: "Que personne ne vous critique pour ce que vous mangez ou buvez... Tout cela n'était que des ombres, et la réalité c'est la personne du Christ." Ou cet autre passage où Jésus s'adresse aux Pharisiens: "Donnez plutôt en aumônes ce que vous avez et alors tout sera pur pour vous." La seule règle qui demeurera, après ce qu'on a appelé le Concile de Jérusalem, sera de s'abstenir de manger le sang et les offrandes offertes aux idoles et aux démons. Avant cela, il y avait eu la mise au point des Évangiles: "Ce qui rend l'homme impur, ce n'est pas ce qu'il mange et sera finalement éliminé. C'est ce qui sort du cœur de l'homme qui peut le rendre impur." La vrai pureté de soi, c'est le respect, l'honneur rendu à autrui. L'apôtre Pierre le découvrira lors de sa visite au centurion Corneille suite à une vision où il est appelé à manger ce que jusque là il considérait comme impur.

Reste la question qui elle, demeure très actuelle de la façon dont on combat le mal au sein de la communauté. On connaît le risque qu'une pomme pourrie fasse pourrir tout le panier de pommes si on ne l'enlève pas rapidement. En de multiples occasions, et pas seulement lors des règles sur le pur et l'impur, la Torah suggère de retrancher le mal du peuple en tuant les coupables ou en les excluant de la communauté. C'est encore le comportement que Paul conseille aux Corinthiens: ne plus fréquenter le calomniateur, le libertin, le buveur ou le profiteur. Mais ce serait là un pis-aller pour une jeune communauté encore fragile. L'appel évangélique est différent. La séparation à vivre n'est pas une séparation physique. Elle se situe au niveau du regard: "Si ton œil te scandalise, arrache-le et jette-le loin de toi", ou détourne-le. Ne regarde pas la télévision si cela te rend passif ou stimule ta convoitise par la publicité. En contradiction avec le "tout le monde le fait", la Torah, comme l'Évangile, invite à vivre le "soyez saints", c'est-à-dire différents. Soyez ceux et celles qui obéissent à la loi que le créateur a inscrit dans leur cœur pour qu'ils ou elles deviennent à son image. C'est là la singularité, la sainteté, qui nous est demandée.

Les Fêtes

Nous avons attendu d'aborder le Lévitique pour parler des fêtes juives, car elles y sont mentionnées au chapitre 23, c'est-à-dire au sein de la loi de Sainteté. Mais le texte de Lévitique 23 ne fait guère plus que de donner la liste des fêtes et les rituels correspondants. Comme nous avons déjà parlé de la fête du Kippour, nous parlerons maintenant des autres fêtes principales: la fête des Azymes qui se célèbre en même temps que la Pâque, la fête des Prémices ou fête des Semaines ou encore Pentecôte, cinquante jours après la Pâque, et finalement la fête des Tentes qui fait partie des fêtes du septième mois, juste après le Kippour, la fête du Grand Pardon.

Le mot biblique qui désigne ces fêtes est *Hag*. On notera que c'est le même mot qui, en arabe, désigne le Hag, c'est-à-dire le pèlerinage à la Mecque. Et on retrouve ce sens de pèlerinage dans les trois fêtes juives. Pendant ces fêtes, les tribus israélites montaient à Jérusalem. Les fêtes ont à la fois une connotation historique en lien avec la sortie d'Égypte et la marche dans le désert; mais elle ont aussi une signification agricole avec la fête du printemps, la Pâque, la fête de la moisson de blé qui est la Pentecôte, et la fête de l'engrangement avant la mauvaise saison, en lien avec la fête des Tentes. Les trois pèlerinages sont donc là comme pour conserver ou faire renaître une mentalité nomade dans un monde devenu agricole et sédentaire.

On retrouve une mention de ces trois fêtes ou pèlerinages dans le livre du Deutéronome au chapitre 16, mais avec une insistance sur la Joie. Par deux fois, le texte dit: "Tu seras dans la Joie avec ton fils, ta fille, ton serviteur, ta servante, le lévite qui est dans tes villes, l'émigré, l'orphelin et la veuve qui est au milieu de toi." Chouraqui traduit même: "Oui, ne sois que joyeux!"

La Pâque

De ces trois fêtes, la Pâque est la plus importante pour les Juifs et nous lui accorderons plus d'attention. La Pâque est la remise en vigueur de l'ancien repas des bergers, renouvelé dans sa signification et dans sa forme, et combiné avec la fête des Azymes qui, elle, était un rite sédentaire. Toute mutation se fait en continuité avec les origines. Aujourd'hui encore, il est important de retrouver le sens de la première Pâque pour comprendre le mystère de la Pâque du Christ que nous célébrons à chaque eucharistie.

L'ancien repas des bergers était célébré au pays de Moab. On y consacrait à un être divin, un premier-né du troupeau de petit bétail. Quand il avait atteint un an, à l'époque de la pleine lune de printemps, on préparait un repas qui unissait le clan, et éventuellement l'étranger vivant au sein du clan, en un festin de paix et de joyeuse communauté. On prenait du sang de l'animal pour en enduire les piquets de la tente afin d'écarter l'élément démoniaque qui menaçait en particulier les premiers-nés humains.

La fête des Azymes, comme nous l'avons dit, est d'origine sédentaire, sans référence explicite à Dieu. On y mange un pain sans levain, c'est-à-dire sans mémoire du passé, dont on se libère. On veut que l'année qui commence soit une nouvelle ère de liberté qui s'ouvre pour le peuple. C'est l'image que Paul reprend quand il s'adresse aux Corinthiens: "Purifiez-vous du vieux levain pour être une pâte nouvelle... et célébrez dans la pureté et la vérité." (Cor.5,7-8) Cette fête d'origine païenne se célébrait aussi au printemps et pouvait évoquer le pain cuit à la hâte, sans qu'il ait le temps de lever, lors de la sortie d'Égypte. Le repas sacré des bergers et la fête des Azymes ont donc été réunis en une seule fête qui est devenue la Pâque juive, ceci sans doute à l'époque d'Ézéchias ou à celle de Josias, soit en gros sept cents ans avant notre ère et près de cinq cents ans après la sortie d'Égypte où le récit de l'Exode situe la première Pâque.

Que cet ajustement avec la réalité historique ne nous choque pas. La Pâque n'est pas une fête de pieux souvenirs, mais de présence toujours renouvelée de faits qui se sont produits dans la nuit des temps. Célébrer *Pessah*, la Pâque, c'est vivre pendant sept jours une réalité différente, en union avec la première génération qui est sortie d'Égypte et avec toutes celles qui ont suivi. Il ne s'agit pas d'un rappel sentimental d'événements anciens, un peu à la façon dont bien des gens vivent Noël de nos jours. Il s'agit pendant sept jours d'entrer dans un processus de libération, une libération perpétuellement nécessaire. C'est cela vivre le mémorial.

Au fond, célébrer la Pâque, c'est se rappeler que chaque être humain doit se considérer comme sorti d'Égypte, mais toujours en danger de retourner au pays de la servitude. D'où l'importance que l'on donne aux enfants dans la célébration de la Pâque juive. Le rituel prévoit qu'ils posent des questions et que les adultes répondent à ces questions. Le judaïsme ne connaît pas de meilleure pédagogie que la réponse aux questions des enfants au sein d'un foyer vivant harmonieusement sa foi. Chaque enfant, comme chaque être humain, est un monde en lui-même; il mérite toute notre attention et appelle une fidélité qui doit s'exprimer dans le langage du temps. Enseigner la Torah, la liberté à ses enfants, c'est là une des recommandations du Deutéronome, comme nous l'avons vu au deuxième discours de Moïse.

Dans le rituel de la première Pâque, célébrée au moment où la dixième plaie frappe l'Égypte, nous retrouvons le symbole du sang. Comme pour les tentes, lors du repas sacré des bergers, le sang est utilisé pour la protection des maisons et de leurs habitants. Le sang sur les côtés de la porte sert à écarter le malheur. La protection des maisons et de la vie qui s'y trouve, c'est le sang, la Vie elle-même. Chaque famille doit prendre un agneau, mais le texte dit: "Vous l'immolerez", au singulier, et non pas "vous les immolerez", car la Vie est une en ses manifestations innombrables. C'est l'Agneau, symbole de la Vie, qui sauve et non pas les agneaux multiples. Mais dans la nuit qui réalise l'union du peuple, le sang demeure aussi un signe de mort. On fausse les symboles si on n'en conserve qu'un seul des aspects. Et c'est pourquoi dans le Hallel, le chant des psaumes de la célébration de la Pâque juive, on omet certains psaumes chantés lors des sabbaths ordinaires, et ceci en souvenir de la mort des Égyptiens lors de la première Pâque. La dixième plaie d'Égypte fait partie de la première Pâque, elle fait mémoire de tous ceux qui n'arrivent pas à se libérer, de tous ceux qui restent prisonniers de l'esclavage.

L'agneau que l'on immole pour la Pâque n'est pas offert à Dieu comme dans tous les autres sacrifices dont parle la Torah. Il ne s'agit pas d'un sacrifice mais d'un repas consécratoire. C'est pour Dieu que l'on mange, c'est pour lui que l'on fait une fête. Bien sûr, le texte fait allusion à Dieu qui passe au-dessus des maisons des Hébreux pour les épargner, mais c'est l'ange exterminateur qui passe au-dessus des maisons. "Cette nuit est et sera à Yahweh... pour toutes les générations", dit le texte biblique. Le processus de libération est sans fin. "Ce mois sera le premier des mois ", dit encore le texte, chaque nouvelle année doit être orientée vers la libération, en accueillant le Seigneur qui passe, pour les libérer, dans le cœur de ceux qui le célèbrent, en tenue de marche, une ceinture autour des reins, des sandales aux pieds et le bâton à la main. La Pâque, c'est le Seigneur qui redit à son peuple: "Je serai avec toi, aussi longtemps que tu seras en route." Ce dont le peuple doit faire un mémorial, c'est de la Pâque, de la libération pour toujours, plus que du don de la Loi qui est le moyen, à ce moment-là, de vivre et de conserver la liberté.

Le texte du livre de l'Exode concernant la Pâque, est nous l'avons déjà dit, d'origine sacerdotale, écrit au moment de l'exil à Babylone alors que le Temple était loin et d'ailleurs détruit. De là vient sans doute qu'il s'agit d'un culte exclusivement familial. C'est un mémorial de libération pour un peuple en exil. Mais la référence à la célébration de la Pâque que l'on trouve dans le Deutéronome, écrite avant l'exil, fait référence à une célébration au lieu choisi par Yahweh, et l'on comprend que, dans le contexte du moment, il s'agissait de Jérusalem. On a l'impression que les auteurs du Deutéronome ont prévu qu'il pourrait y avoir des temps où la célébration ne pourrait avoir lieu dans la Ville Sainte. Ils ont rédigé leur texte: "lieu choisi par Yahweh", pour laisser la flexibilité nécessaire pour que la Pâque puisse toujours être célébrée, car c'est la libération qui est importante et non pas le lieu où l'on peut célébrer. De toute façon, même célébrée en famille dans les maisons, la Pâque a une dimension collective en ce qu'elle nous relie à tout ce qui dans le monde a besoin d'être libéré. Même si par hasard on pouvait se déclarer libre, il faudrait continuer à célébrer la Pâque en lien avec tous ceux et celles qui ne le sont pas. La dernière Cène de Jésus avec ses apôtres était un repas pascal, le dernier pour Jésus avant le repas messianique dans le Royaume enfin réalisé. En attendant, comme le dit Paul aux Corinthiens: "Toutes les fois que vous mangez ce pain et buvez cette coupe, vous proclamez la mort du Seigneur jusqu'à ce qu'il vienne." L'Eucharistie, comme la Pâque, est indissociable des douleurs de l'enfantement d'un monde nouveau de liberté et d'Amour.

Les autres fêtes

Nous nous en tiendrons là pour parler de la Pâque et nous nous pencherons plus brièvement sur les deux autres fêtes de pèlerinage, la fête des Semaines ou Pentecôte et la fête des Tentes.

En hébreu, la fête des Semaines s'appelle *Chavouoth*, fête des Prémices ou *Atséreth*, fête de clôture, car elle clôture la libération physique du peuple par la révélation du Décalogue. Certains disent que si le peuple avait été prêt pour son rôle de "royauté de prêtres", le huitième jour de la sortie d'Égypte aurait été marqué par l'entrée en Terre Promise, et la Parole aurait été révélée à Jérusalem sur le mont Moriah. Mais en fait il fallait plus de temps pour vraiment sortir d'Égypte, passer de l'animalité à l'humanité, abandonner la loi naturelle de la force pour passer à la loi surnaturelle de la justice et de la paix. Le sept fois sept des sept semaines peut évoquer un temps très long, illimité, celui de l'action de l'Esprit, pour que peu à peu l'écoute de l'Esprit soit possible. "Shema, Israël", répète sans cesse la tradition juive, "Entends Israël." En ce sens *Chavouoth,* la fête des Semaines, serait une anticipation de la Jérusalem céleste où la Parole de Dieu sera enfin entendue, reçue. Et on sait qu'il a peut-être fallu plusieurs siècles pour que cette Parole trouve enfin sa formulation biblique, Le nombre sept représente un cycle naturel, une totalité; pensons aux sept notes de musiques ou aux sept couleurs de l'arc-en-ciel. Avec le don des Dix Paroles, *Chavouoth* représente la totalité de la Libération, comme le don de l'Esprit à la Pentecôte représente la totalité de l'Incarnation libératrice du Fils de l'Homme. *Chavouoth* qui est le sixième jour du troisième mois de l'année, représente le sixième jour de la création, où "tout est accompli", celui où l'être humain prend le relais de Dieu et devient le témoin du Dieu vivant: "Tout ce que Dieu ordonne, nous le ferons et nous l'entendrons." Le peuple accepte la liberté offerte et va essayer d'en vivre.

La troisième fête de pèlerinage est *Souccoth* ou fête des Tentes, qui dans nos traditions chrétiennes serait un peu l'équivalent de la fête de l'Action de Grâces. On l'appelle dans la Bible, la fête de l'engrangement ou fête des Cabanes mais, pour la liturgie, la Synagogue a choisi la formule: "Le Temps de notre Joie". La fête des Cabanes est une réponse au danger de sédentarisation dont nous avons déjà parlé à plusieurs occasions. Pour la Bible, on ne termine jamais, on recommence toujours. Au moment d'engranger, quand on risque de se glorifier de ce que notre travail a produit, *Souccoth* vient nomadiser le terrien, lui rappelant que le monde appartient à Dieu. En quittant sa demeure fixe, l'agriculteur abandonne ses certitudes et se resitue face à Dieu qui est le dispensateur des bénédictions. Dieu n'a pas créé un monde de lumière mais un monde vers la lumière, cette lumière que le toit des cabanes laisse filtrer alors que le toit des maisons nous en isole, nous coupant aussi de la Joie.

La fête des Tentes dure une semaine et la tradition affirme que chaque soir un invité de marque est attendu: Abraham, Isaac, Jacob, Joseph, Moïse, Aaron et David.

La nuit du cinquième jour porte un nom particulier, *Ochana Rabba*, ce qui signifie "la grande délivrance". C'est cette nuit-là qu'en pensée, on accueille Moïse, le grand libérateur; c'est sans doute pour cela que c'est durant cette cinquième nuit que la communauté prie et étudie jusqu'au matin, et non pas la septième nuit comme pour les deux autres fêtes de pèlerinage. Le huitième jour, jour de clôture, est appelé dans la Synagogue *Simha Torah*, "Joie de la Torah". Le sage et l'ignorant, les hommes et les jeunes garçons se retrouvent au milieu des chants et des danses, danses en farandoles joyeuses, les rouleaux de la Torah dans les bras.

Signalons enfin qu'alors que Pessah et Chavouoth se situent au début du calendrier, symbole de la naissance physique et morale de l'identité hébraïque, Souccoth par contre est placé dans le septième mois, le mois de Tichri, mois de la naissance de l'humanité. La fête des Tentes où l'on sort de chez soi, où l'on se dé sédentarise est donc ouverture à la fraternité entre les êtres humains, en vue de bâtir la paix en soi et dans le monde.

Nous avons terminé avec le Lévitique notre écoute de la Torah. il nous reste à continuer à l'entendre dans nos cœurs, ce que nous essaierons de faire au cours des chapitres qui vont suivre où nous nous situerons plus près de notre aujourd'hui pour parler de la loi de Vérité, de la Loi Nouvelle et de la loi de Liberté pour nous, en ce début du vingt-et-unième siècle.

DIXIÈME CHAPITRE

Loi de Vérité

Il n'est pas facile de parler de Vérité et encore moins d'une quelconque loi de Vérité. Interrogé par Pilate sur ce qu'est la Vérité, Jésus se tait. La Vérité est dans le silence. Même Jésus ne met pas la Vérité en mots, mais il est Vérité. Quand on lit les Évangiles, on constate que Jésus ne cherche guère d'appui théologique dans les textes bibliques comme le faisaient les scribes et les docteurs de la Loi. C'est par ce qu'il Est qu'il est Parole, comme nous avons vu Moïse le devenir au fil des plaies d'Égypte.

Il y a aussi un lien entre le silence et la liberté. Et le silence n'est pas seulement l'absence de paroles. Pour être libre, il faut savoir faire taire le psychisme et le mental, non pas pour les nier, mais pour que leur vacarme habituel ne nous détourne pas de ce que nous sommes. Au-delà de notre psychisme et de notre mental, il y a notre esprit. Si nous ne sommes pas reliés à notre esprit, nous nous laissons entraîner dans le monde psychique, ou dans nos pensées que nous identifions à notre vrai moi. Comme nous l'avons vu, la Torah se termine en disant que la Loi n'est pas à chercher à l'autre bout du monde, qu'elle est en nous. Mais elle n'est pas à chercher dans notre moi superficiel. Osons le dire: l'esprit se nourrit uniquement de Dieu. Il faut savoir le retrouver. Et cela peut impliquer de passer par les nuits de l'âme dont parle Jean de la Croix et qu'il compare à un immense désert, à une solitude très profonde et très large, là où "il n'y a plus de chemin, car il n'y a pas de loi pour le juste." On rejoint là l'expérience de désert que décrit la Torah. Le peuple hébreu erre dans le désert à la recherche de sa vérité. La Loi, il la découvrira sans doute plus à partir de ses erreurs, s'il a le courage de se regarder en Vérité, que sous la forme d'une Parole divine qui descendrait physiquement du ciel ou du sommet de la montagne. Dans la solitude du désert où il n'y a plus de chemin, dans la nuit de l'âme de nos croissances, au-delà de toute parole, demeure notre esprit qui seul peut percevoir la présence rassurante de celui qui a dit au Buisson Ardent: "Je serai avec toi." On pense au prophète Élie, démoralisé au point de demander la mort, et qui doit marcher pendant quarante jours et quarante nuits vers ce même Horeb pour y découvrir sa vérité "dans le murmure d'une voix de fin silence." Il est parfois nécessaire de vivre ces temps de pauvreté spirituelle qui nous ramènent à l'humilité, condition de notre enfance spirituelle. La Vérité, notre vérité, est sans doute à découvrir dans cet esprit d'enfance auquel nous invite l'Évangile. Peut-être suffit-il de se replacer tout simplement dans notre condition filiale? Or, n'est-ce pas le but de la Torah de nous aider à devenir fils ou filles de Dieu?

Dans la Bible juive, les Psaumes sont groupés en cinq livres. Il y a donc cinq livres de psaumes comme il y a cinq livres de la Torah. Certains disent que David est l'auteur de la majorité des Psaumes et qu'il a transformé la loi reçue en prière offerte. Mais n'oublions pas qu'à l'époque de David, il n'y avait pas encore de Loi écrite. On peut donc tout aussi bien dire que c'est la prière de David, son union à Dieu, ou l'union à Dieu de ceux qui après lui ont écrit les psaumes qui lui sont attribués, c'est cette union à Dieu qui a contribué à ce que la Torah prenne forme; et ceci malgré la difficulté, pour ne pas dire la quasi-impossibilité, d'enfermer dans des mots la vérité de l'être. Comme le remarque Karl Rahner, ce théologien contemporain, les dogmes constituent une règle doctrinale et communautaire pour parler du mystère à un temps déterminé. Derrière chaque formulation du mystère, il faut savoir faire l'effort de distinguer ce qui est le reflet d'une époque et ce qui laisse transparaître le mystère, l'Être de Dieu, la Vérité. La Vérité se creuse plus qu'elle ne se construit. Creuser c'est peut-être essentiellement éliminer tous les mots inutiles, tous ceux qui, même si en leur temps ils ont été lumière, sont peu à peu devenus des obstacles à la lumière. De même qu'il faut savoir sortir d'Égypte pour accéder à la liberté, il faut savoir sortir des mots pour accéder à la Vérité; même si ces mots ont pu pour nous, à un moment de notre vie, être chemin vers cette Vérité. La Torah n'a pas la prétention d'être Vérité immuable mais chemin vers Dieu, vers la Vérité et vers nous-mêmes. Car cette Vérité c'est en nous, au cœur de nous-mêmes qu'il peut nous être donné de la découvrir.

Rappelons cette citation de Khalil Gibran que nous avons lu au début de ce livre: *"Vous voudriez connaître en paroles ce que vous avez toujours connu en pensée."* Ne prenons pas le risque de déformer la Vérité, voire de la tuer en la mettant en mots. Reconnaissons surtout que la Vérité est le trésor de chaque être humain. Nous avons souligné cette Parole du Deutéronome qui dit que la Parole n'est pas à rechercher en dehors de nous mais en nous. Paul reprend ce verset de la Torah dans sa lettre aux Romains. La Parole qui est source de salut, de libération, est celle qui jaillit de notre cœur, qui exprime notre vérité la plus profonde: "Si tu crois dans ton cœur que Dieu a ressuscité Jésus d'entre les morts, si ta bouche proclame qu'il est Seigneur, tu seras sauvé." (Rm.10,9-10) La vérité se creuse plus qu'elle ne se construit. C'est en nous que nous devons creuser pour la découvrir. Cela suppose que l'on soit prêt à se regarder sans peur et avec amour, que l'on soit prêt à accepter la différence, notre spécificité et celle des autres.

Si nous ne sommes pas prêts à accepter ce qui fait de nous un être unique, dans le bien et dans le mal, si nous avons encore besoin de nourriture lactée parce que nous ne sommes pas prêts pour les viandes solides, il n'y a rien de mal à chercher refuge au sein du groupe. Le livre de l'Exode, aussi bien que la première lettre de Paul aux Corinthiens n'hésite pas à prêcher une certaine séparation d'avec les païens si nous ne sommes pas prêts à défendre notre vérité au milieu du monde. Mais, en contradiction avec l'argument facile du "tout le monde le fait", il y a dans la Torah comme dans le Nouveau Testament cet appel: "Soyez saints", séparés, différents, vrais. Soyez vous-mêmes. Soyez un peuple saint au cœur du monde, levain dans la pâte, un peuple pécheur mais sanctifié parce qu'il se reconnaît pécheur et aspire à devenir meilleur. Soyez un peuple qui a soif de sainteté et donc de vérité.

C'est sans doute dans la mesure où nous acceptons d'être nous-mêmes uniques, dans notre vérité, que nous pouvons accepter que les autres soient différents de nous. Les Blancs américains les plus généreux se sont rangés du côté des Noirs dans leurs luttes contre les lois ségrégationnistes. Mais ont-ils su aussi lutter contre les risques d'assimilation des Noirs, ont-ils su rêver d'une société nouvelle qui saurait intégrer avec respect les diverses identités culturelles, qui saurait accueillir la vérité des Noirs américains, leur transcendance? Personne ne se laisse définir, enfermer à l'intérieur d'une situation, d'une règle culturelle, fut-elle celle de sa propre culture, définir en relation à une organisation sociale, économique, politique ou religieuse. Car il y a les codes, les lois écrites, mais parfois plus rigide encore, il y a la pression sociale. Prenons le cas des deux époux Ananie et Saphire dans le livre des Actes des Apôtres. Ils se sentent obligés par la pression sociale de vendre leurs biens et de donner à la communauté le produit de la vente. Aucune loi ne les y forçait et ils n'étaient pas prêts pour cela. Alors, sans le dire, ils gardent pour eux une partie du produit de la vente. Ils n'avaient pas compris que la Vérité est plus importante que la générosité. Ils n'avaient pas le courage d'assumer leur choix, par crainte de se sentir jugés.

Dans l'histoire de Jumping Mouse que nous avons évoquée, on se rappellera que son aventure a commencé pour de bon au moment où elle a vu son image dans la Rivière, son reflet dans la Vie; alors que jusque là, elle ne pouvait se voir qu'à travers l'image stéréotypée de ses sœurs souris. Mais ce qu'elle découvre alors, c'est sa vérité du moment, celle d'une souris effrayée par la nouveauté. Par la suite, elle se découvrira un étonnant courage et une abnégation exemplaire. Au-delà de toute Loi, il est difficile d'inventer à chaque instant une norme inspirée par l'Amour. C'est pourtant ce à quoi nous sommes appelés. C'est ce que saura faire Jumping Mouse face au Bison agonisant et au Loup amnésique. La volonté de Dieu ne se manifeste pas toujours dans la Loi, mais dans des situations concrètes où la conscience est prise à l'improviste. Jésus n'a pas exigé une soumission aveugle à une loi, fut-elle une loi d'Amour. Son appel laisse toute la place à notre imagination créatrice où notre vérité et notre liberté rencontrent la vérité et la liberté de l'autre. Aucun de nous ne doit oublier de "boire à son propre puits".

Les Évangiles ont été constitués comme la Torah, c'est-à-dire après coup, même si dans leur cas, l'écart de temps entre les faits vécus et la rédaction des textes se chiffre en décennies et non pas en siècles. Ce qu'ils nous transmettent, ce n'est pas une vérité théorique, formelle, car alors on ne saurait que faire des contradictions qui peuvent exister entre les textes. Mais plus important, ce qu'ils nous livrent, c'est la vérité des évangélistes, leurs auteurs, et cela explique, par exemple, la différence d'emphase entre les trois évangiles synoptiques. Jean, quant à lui, a pris une extrême liberté vis-à-vis des paroles de Jésus, tout en restant profondément attaché à leur esprit. Par exemple l'expression "Royaume de Dieu" se trouve remplacée chez lui par des mots comme: Vie éternelle, Lumière, Chemin, Vérité, Pain, Eau vive. C'est être fidèle à la Vérité de laisser jaillir du plus profond de nous-mêmes les nouveaux mots qui peuvent annoncer Jésus-Christ aujourd'hui, là où nous vivons. Et qu'importe si ces mots sont différents dans un autre hémisphère. Lui, Jésus, est UN.

Il est tentant de chercher à tricher avec la Vérité, et l'enseignement de Jésus, tel qu'il nous a été rapporté, semble accorder beaucoup d'importance à dénoncer ce genre d'hypocrisie. Mais avant cela, la loi de Sainteté du Lévitique dont nous avons parlé insistait déjà sur la nécessité de la Vérité. La loi sur les sacrifices était très rigoureuse si on trichait avec Dieu sur la qualité des offrandes. La loi de Sainteté rappelait que le vrai culte est intérieur et suppose la conversion qui va ouvrir nos cœurs aux défavorisés, la veuve, l'orphelin, l'étranger. Dans la pensée des auteurs bibliques, ce n'est pas seulement Dieu mais la terre entière qui rejettera le mensonge: "Ce pays vous vomira comme il a vomi ses habitants précédents." Et plus loin: "Vous dépenserez vos forces sans résultats: la terre ne vous donnera plus sa récolte... vous aurez peur. Vous mourrez en terre étrangère jusqu'à ce que vous vous rappeliez vos fautes et mon alliance... mais moi, je ne vous abandonnerai pas." La misère du monde nous accuse en face de l'appel à la sainteté de la Torah: "Il n'y aura pas de pauvres parmi vous." Que faire donc si, consciemment ou non, on s'est fourvoyé et qu'on prend conscience de notre erreur? La sagesse juive conseille de remonter le temps jusqu'au point de l'erreur, puis de repartir dans la bonne direction. C'est la *Téchouva*, que l'on traduit parfois par repentir, mais une traduction meilleure est "conversion", ce qui implique l'idée de changer de direction.

Paul, dans le premier chapitre de sa lettre aux Romains, dénonce le mensonge qui a emprisonné la Vérité et remplacé la Gloire de Dieu par de simples images humaines. Nous nous rappelons avec quelle insistance certains passages de la Torah répètent cette proclamation: "Je suis Yahweh, le Seigneur." Le mensonge à soi-même est le repli le plus profond du mensonge. Dès lors, l'idole s'empare de nous et fausse notre regard. Nous sommes en son pouvoir. Seul l'Esprit de Vérité peut nous en libérer. Le péché ne vient pas de la chair, il vient de notre esprit, de la tentation de nous bâtir notre propre loi en rejetant la sagesse de Dieu. Les bons prétextes ne manquent pas: cette sagesse de Dieu n'est-elle pas folie aux yeux des hommes comme le reconnaît l'apôtre Paul? La tradition juive va jusqu'à dire que si le repentir est sincère, les fautes deviennent des mérites. La tradition chrétienne n'est pas en reste: "Tout concourt au bien de ceux qui aiment Dieu", affirme Paul aux Romains, et saint Augustin ajoute: "même les péchés".

La grande mystique Julienne de Norwich, dans le "Livre des Révélations", va, elle aussi, dans le même sens. Elle écrit: *"Jésus me répondit: le péché est inéluctable, mais tout finira bien... toute chose, quelle qu'elle soit, finira bien... Il y aurait donc grande vilenie, de ma part, à blâmer Dieu pour mon péché et à m'étonner qu'il l'ait permis, car pour ce péché il ne m'adresse aucun blâme... Au ciel nous verrons pourquoi il permit la venue du péché en ce monde. Dans cette vision nous nous réjouirons éternellement."* Et plus loin, dans le même ouvrage, elle dit que Dieu lui présente à l'Esprit plusieurs pécheurs sauvés, *"et tant d'autres que l'Église militante connaît, avec leurs péchés qui ne sont plus sujets de honte mais de gloire."* On est là très loin d'une sagesse humaine. La sagesse humaine souhaite une Église qui est sans péché, et cela ouvre la porte à toutes les tricheries, toutes les hypocrisies pour la faire paraître autre que ce qu'elle est. Une Église sainte est une église qui ne triche pas avec la Vérité, qui n'a pas honte que son premier chef, Pierre, ait renié son maître; car ce qu'elle proclame, ce n'est pas sa propre fidélité mais celle de Dieu. L'image fausse donnée par les croyants détourne ceux qui ont du mal à croire de la Loi qui est dans leur cœur, de leur vérité. Or cette vérité, si elle était accueillie, pourrait les amener à la connaissance de Dieu: "Celui qui aime est engendré par Dieu et parvient à la connaissance de Dieu", dit Saint Jean. Dans cet effort pour ne pas tricher avec la vérité, le sabbath joue un rôle essentiel. N'est-ce pas le jour où on s'arrête pour se regarder dans la lumière, se regarder avec le regard de Dieu et repositionner notre désir pour qu'il soit en harmonie avec le sien?

La *Téchouva* des Juifs est conversion au sens d'une prise de conscience qui nous transforme. La *Téchouva* est ce qui rend l'homme adulte. Il ne se cache plus de Dieu comme Adam, à cause de sa nudité. Car si je me risquais à appliquer un qualificatif à la Vérité, je dirais qu'elle est nue. Cela peut paraître banal, mais si on y pense un peu, c'est d'une force extraordinaire, capable de rejoindre chaque être humain tel qu'il est. La Vérité est nue, c'est-à-dire qu'elle est accessible sans réserve à ceux qui veulent l'accueillir. Elle n'a pas à entrer dans le corset des mots qui limitent et qui meurtrissent. Alors il y a des vérités complémentaires qui parfois semblent s'opposer dans la façon dont elles sont exprimées. La Loi, quand elle est exprimée dans des mots est sujette aux mêmes limitations. Elle ne définit pas le bien et le mal, mais le chemin vers l'accomplissement, vers la découverte de notre vérité. C'est le rôle des bouffons de la culture amérindienne de faire sortir de la banalité mensongère pour faire accéder à la Vérité, à l'extraordinaire. C'était aussi le rôle de la Fête des Fous au Moyen-Âge et c'est encore le rôle du Coyote dans les contes. Passer de la bonne conscience à la conscience, c'est peut-être aussi retrouver notre regard d'enfant, loin des écrans du mental. Le grand mystique hindou Sri Aurobindo parle d'une "conscience de Vérité, d'un discernement de Vérité, comme d'une conscience nouvelle qui est en tous ses aspects parfaitement étrangère à la nature actuelle de notre mental." Alors ne nous étonnons pas si la Vérité fait peur.

Pour Emmanuel Lévinas, chaque personne assume la révélation d'un aspect unique de la Vérité, qui sans lui ne serait pas révélée. C'est sans doute ce que cherche à exprimer Paul Beauchamp quand il écrit que "la connaissance des êtres créés, en tant qu'ils sont créés, est la connaissance de leur gloire"; et il ajoute que "cela ne concerne pas seulement leur être spirituel mais leur être sexué". Cette gloire de l'être humain vient de son unicité et de sa vérité. Elle est gloire de son être tout entier, corps, âme et esprit, ce qui fait dire ailleurs à Paul Beauchamp que "la nudité du corps est sa gloire qui ne peut être que révélée et non pas exhibée." On pense à cette épisode des serpents brûlants au désert. L'élévation du serpent, de ce qui était caché, lui enlève sa nocivité. On pense au Serviteur Souffrant du livre d'Isaïe qui est élevé en image de péché pour, par opposition, révéler la justice; cette révélation transforme les spectateurs de pécheurs en justes. On pense à cette libération du genre humain par la Croix de Jésus, qui est révélation de sa faiblesse et non pas de sa force. Là encore, on est en contradiction avec toutes les logiques humaines, car c'est l'heure de la Vérité, pas celle qui se met en mots mais celle qui est Vérité de l'être. Quelques heures avant, Jésus a dit à son Père, dans la prière sacerdotale, en parlant de ses apôtres: "Consacre-les dans la Vérité... et pour eux, je me consacre moi-même pour qu'ils soient, eux aussi, consacrés dans la Vérité." C'est sur la Croix que Jésus révèle son visage de sainteté, c'est là le sens du mot "consacrer" dans la Vérité. Ces mots suivent l'affirmation de Jésus: "Comme tu m'as envoyé dans le monde, moi aussi je les envoie dans le monde." Dieu nous envoie dans le monde pour témoigner de la Vérité, par ce que nous sommes, dans la simplicité.

Qui dit simplicité, ne dit pas facilité. il ne faut pas s'imaginer que la libération est chose facile. Il n'est pas facile d'être simple, d'accueillir le Royaume de Dieu à la manière des petits enfants. Chaque année, dans le calendrier juif, il y a dix jours de *Téchouva* entre le Roch Hachana et le Yom Kippour, le jour du Grand Pardon. Dix jours de conversion ou de repentir, selon la traduction que l'on adopte du mot *Téchouva*, dix jours où l'on est plus spécialement à la recherche de la Vérité et de la simplicité, de la nudité qui l'accompagne. Dix jours pour rejeter l'absurdité du monde. Dix jours pour se débarrasser de la crainte, pour retrouver la confiance de l'enfant, car la crainte est le contraire de l'Amour. Comme le dit Saint-Jean: "*Il n'y a pas de crainte dans l'Amour. L'Amour parfait met dehors la crainte, car la crainte suppose le châtiment. Tant qu'on a la crainte, on n'a pas la perfection de l'Amour.*" Aimer sans crainte, c'est cela sans doute aimer en Vérité.

Si Jésus dans l'Évangile nous invite à retourner à l'état des enfants, ce n'est pas simplement pour en exalter l'innocence naturelle qui parfois ne dure que très peu de temps. Sa comparaison signifie aussi que, de même qu'un enfant dépend totalement de ses parents et ne peut rien tout seul, l'être humain se situe de la même manière devant les exigences du Royaume. "À moins de renaître d'en-haut, dit Jésus à Nicodème, nul ne peut voir le Royaume de Dieu." Renaître d'en-haut suppose l'action de Dieu et de son Esprit. Mais comment Nicodème aurait-il pu comprendre alors que dans certains cercles théologiques de son époque, on en était arrivé à faire de la Loi un tel absolu que Dieu lui-même, dans les cieux, passait de longues heures à l'étudier!

La Loi était devenue une morale absolue à laquelle même la Vérité devait se plier. Jésus, lui, ne moralisera pas. Il ne montrera le monde ni meilleur ni pire qu'il n'est. Avec un bon sens extraordinaire, il considérera la réalité. Son enseignement n'est jamais une simple explication des textes sacrés. Il lit aussi bien la volonté de Dieu dans les Écritures, dans la création, dans l'histoire et dans les situations concrètes. Comme nous l'avons déjà dit, le mal consiste à s'abstenir du bien, alors que le bien ne consiste pas à s'abstenir du mal, mais à produire des œuvres de justice. Ce n'est pas la Loi qui définit le péché, ce serait plutôt le péché qui définirait la Loi, toutes nos erreurs de comportement, si nous les reconnaissons en Vérité, nous amènent à faire la *Téchouva*, le retour qui nous permettra de trouver le comportement juste dans les circonstances données.

Sur fond de Liberté

La morale a une dimension collective, comme la libération a une dimension collective. Pour demeurer dans la vérité, la morale se doit d'être solidarité. Or la solidarité est exigeante, elle suppose une conversion continuelle aux conditions changeantes de l'existence. Mais le vrai bonheur de l'être humain ne se trouve pas dans une illusoire liberté individuelle, voire égoïste, mais dans l'acceptation de cette solidarité, qui confronte nos illusions sur nous-mêmes et nous ramène à notre vérité. "Cheminer selon l'Esprit", comme nous le montrent les modèles bibliques, s'entreprend au sein d'une communauté, d'un peuple en marche. Même les itinéraires spirituels ont une dimension collective, et c'est ce qui leur donne leur poids. La prière des Psaumes unit le priant à toute la misère du monde, et à toute la louange du monde.

Si la Torah est Loi de Vérité, on ne peut s'en servir pour juger. Mais on l'a tellement fait et on continue tellement à le faire qu'il n'est peut-être pas inutile de rappeler, une fois de plus, la mise en garde de l'apôtre Jacques: "Frères, ne dites pas du mal les uns des autres. Celui qui parle contre son frère et se fait le juge de son frère, parle contre la Loi et se fait le juge de la Loi." Il parle contre la Loi, il se fait le juge de la Loi parce qu'il lui assigne un rôle qui n'est pas le sien. La Loi n'est pas donnée pour juger mais pour libérer. Or juger, c'est enfermer. Lors du procès de Jésus, ses accusateurs en appellent à la Loi pour le juger et le condamner. "Nous avons une Loi et d'après cette Loi il doit mourir." Ils médisent bien de la Loi puisqu'ils lui font dire que le Juste doit être condamné. Ce faisant, ils se condamnent eux-mêmes comme Paul l'explique aux Romains: "Tu es donc inexcusable, toi, qui que tu sois, qui juges; car en jugeant autrui tu te condamnes toi-même, puisque tu en fais autant, toi qui juges. Or, nous savons que le jugement de Dieu s'exerce dans la Vérité contre ceux qui commettent de telles actions." Au delà des lois générales formulées par tel ou tel groupe humain, souvent sous l'inspiration de l'Esprit, il y a Dieu qui juge en fonction de la Loi de Vérité, cet appel à être qu'il a mis dans le cœur de chaque homme et de chaque femme.

Pensons à ce quatrième Chant du Serviteur de Yahweh au livre du prophète Isaïe, ce Chant que l'on lit le jour du Vendredi Saint. Le Chant dit la repentance de ceux qui confessent avoir approuvé la sentence des juges, parce qu'ils voyaient alors dans la condition misérable du condamné, l'image du péché. Le Chant dit: "Il avait l'aspect ruiné, n'étant plus un homme; inhumaine était son apparence... Nul aspect en lui de splendeur que nous puissions voir, nulle apparence pour nous plaire. Nous le comptions pour châtié, frappé de Dieu, humilié…" Par cette *Téchouva*, ce retour en arrière qui leur découvre la Vérité en leur révélant leur erreur, ils se disent guéris: "Sa meurtrissure était la guérison pour nous." Leur erreur était une maladie, leur maladie un mensonge. Enveloppe inséparable du péché, elle dissimulait leur faute à eux-mêmes.

Il y a un lien entre la Vérité et la Liberté. Jésus dit aux Juifs: "Vous connaîtrez la Vérité et la Vérité vous rendra libres." Les Juifs protestent, disant qu'ils n'ont jamais été esclaves de personne. Oublient-ils l'occupation romaine qu'ils subissent? Ignorent-ils l'esclavage du péché comme le suggère Jésus? De fait, la libération n'est pas seulement spirituelle mais aussi temporelle. Comme dans le livre de l'Exode, et l'on doit cheminer de pair vers ces deux dimensions de la libération. Libération temporelle, autant physique qu'économique. Comme le dit le Psaume: "Comment chanter Dieu sur une terre étrangère?" C'est même parfois de la religion dont il faut se libérer pour vivre dans la Vérité. La religion peut libérer l'homme quand elle est vraie, mais elle peut le rendre d'autant plus esclave quand elle est abusive et Jésus n'a pas manqué de dénoncer les abus de la religion de son temps. Les abus de ce type ne sont pas propres à la religion juive d'alors. Ils demeurent une menace dans toutes les croyances et dans tous les temps. Ils viennent de la tendance qu'ont les religions à devenir un ordre établi. Or un ordre établi ne peut libérer l'être humain. Comme nous l'avons déjà dit, il s'agit de faire surgir des libertés capables de Vérité, d'accéder à une Vérité qui ne s'accommode pas des esclavages, quels qu'ils soient. On discute actuellement du statut de l'école au Québec. Mais le rôle de l'école, comme celui de la famille, n'est-il pas de faire jaillir chez l'enfant cette liberté qui pourra être capable d'Évangile, c'est-à-dire de choisir entre la Vie et la mort? Comme le disait Monseigneur Oscar Roméro à Louvain en 1980: "Ou bien nous sommes au service des Salvadoriens, ou bien nous sommes complices de leur mort… Ou nous servons un Dieu de Vie, ou nous servons les idoles de la mort?" Son choix a été le même que son ami et maître, Jésus. Cela fait penser à un poème de Gabriel Ringlet dans son livre, "Un peu de Mort sur le Visage".

Nous mourons. Nous mourons gros de nos saisons, de nos hivers, de nos étés.
N'est-ce pas beau?
Mais où donc faut-il vivre? Jusqu'où descendre en soi? Jusqu'à quelle nouveauté,
  Pour rejoindre l'éternité?

Nous mourrons. Nous mourrons gros de nos étreintes, de nos caresses, de nos baisers.
N'est-ce pas fort?
Mais où donc faut-il vivre? Jusqu'où descendre en soi? Jusqu'à quelle nudité,
Pour rejoindre l'éternité?

Nous mourrons. Nous mourrons gros de nos questions, de nos noirceurs, de nos clartés.
N'est-ce pas grand?
Mais où donc faut-il vivre? Jusqu'où descendre en soi? Jusqu'à quelle vérité,
Pour rejoindre l'éternité?

Nous mourrons. Nous mourrons gros de nos audaces, de nos combats, de nos fiertés
N'est ce pas vaste?
Mais où donc faut-il vivre? Jusqu'où descendre en soi? Jusqu'à quelle liberté,
Pour rejoindre l'éternité?

Nous mourrons. Nous mourrons gros de nos partages, de nos accueils, de nos bontés. N'est-ce pas large?
Mais où donc faut-il vivre? Jusqu'où descendre en soi? Jusqu'à quelle pauvreté,
Pour rejoindre l'éternité?

Ce poème semble nous avoir entraînés là où il n'y a plus de Loi, où la Loi est abolie parce qu'accomplie, où la vérité de chaque être a accompli son rôle d'être source de salut. La "connaissance de Dieu" repose à la racine de l'être, dans cette profondeur où Ringlet nous invitait à descendre. Comme le fait remarquer Paul aux Romains, certains païens observent la Loi de Dieu, eux qui n'ont pas de Loi.

La mission que Dieu confie à l'être humain, que ce soit au Sinaï ou sur la colline de l'Ascension, c'est d'achever la création en y introduisant la Parole révélée. Au Sinaï, Moïse voit "l'envers" de la Gloire de Dieu. L'envers de la Gloire de Dieu, c'est la Passion, l'humiliation, le Dieu à qui on remet en moquerie, en le couronnant d'épines, les attributs du pouvoir injuste. L'envers de Dieu, c'est le Dieu solitaire et bafoué, le Dieu humilié en chacune de ses créatures. Voir et reconnaître l'envers de Dieu, c'est peut-être avoir accès à la source de notre ignorance, découvrir les racines de notre propre mal qui, sans cette vision de l'envers de Dieu, demeureraient inaccessibles en nous. Puisque l'être humain est libre alors d'accepter la Loi, la *Téchouva,* la conversion, devient alors possible et avec elle, la réussite de l'histoire du salut. Parfois la présence d'une aide fraternelle est nécessaire pour que cet accueil de la Vérité soit possible. Comme le dit le Talmud: "Le prisonnier ne peut se libérer tout seul." Se libérer, c'est modifier le cours de sa vie. Le prophète Jérémie s'insurge contre ceux qui commettent toutes sortes de péchés puis viennent au Temple où ils n'auront rien à craindre parce que les péchés sont pardonnés. Les péchés sont peut-être pardonnés mais on n'*est* pas. On n'est pas vraiment tant qu'on n'a pas découvert la Vérité en soi et tant que l'on ne s'est pas laissé transformer par elle.

ONZIÈME CHAPITRE

Loi Nouvelle

Nous avons dit que la Torah s'était élaborée au cours des âges, sur une période d'environ six cents ans, allant en gros de la sortie d'Égypte au retour de l'exil à Babylone. Une fois figée dans sa rédaction finale, elle est devenue sagesse. Quand la Sagesse fait son propre éloge au livre de Ben Sirac, elle se présente comme étant la Torah. Puis elle conclut: "Tout cela n'est autre chose que le livre de l'Alliance du Dieu Très-Haut, c'est la Loi que Moïse nous a prescrite... De cette Loi jaillissent les eaux de la Sagesse." Environ un siècle plus tard, et moins d'un siècle avant la naissance du Christ, nous trouvons dans le livre de la Sagesse cette affirmation au chapitre 10: "La Sagesse a arraché le peuple saint, la race irréprochable, de la nation de ses oppresseurs... Elle a remis au peuple saint le salaire de ses peines, elle les a guidés par un chemin étonnant. Elle les abritait de son ombre pendant le jour et les éclairait comme un astre durant la nuit. Elle leur a fait passer la mer Rouge: ils ont traversé les grandes eaux!"... etc.

Jésus s'est approprié cette Sagesse. Pensons à cet épisode au Temple à l'âge de douze ans où il s'approprie la Loi et sa sagesse au milieu des docteurs. C'était en quelque sorte sa Bar Mitsvah. Cette soif de la Loi lui permettra de voir clair lors des tentations au désert. Nous avons déjà souligné que les réponses qu'il donne à Satan en cette occasion sont toutes tirées du début du second discours de Moïse dans le Deutéronome. Il s'agit là d'un premier niveau de Sagesse, dont la suite se révélera au cours de sa mission. Ce que je veux dire, c'est que Jésus s'est reconnu progressivement dans les Écritures. Il les a accueillies, non pas comme quelque chose d'extérieur à lui-même, mais comme constitutives de son être vrai et il s'y est conformé. C'est cela accomplir la Loi, les Prophètes et les Psaumes, comme le dit la fin de l'Évangile de Luc. Cela ne veut pas dire que Jésus ait décortiqué les Écritures en se disant: tiens, cela parle de moi, il faut que je l'accomplisse. Non, il s'est laissé porter par la Parole tout entière, il s'est identifié à la Parole et il l'a vécue. Il a été Parole, Verbe de Dieu, plus par sa vie que par des enseignements nouveaux. Mais parce que les témoins avaient vu Jésus être Parole, ils ont été capables de l'exprimer dans un langage nouveau qui était Bonne Nouvelle.

Il semble cependant que jusqu'à la Mort et à la Résurrection de Jésus, les disciples n'avaient pas fait le lien de façon bien nette entre la vie de Jésus et l'Écriture. Il faut la Résurrection et en particulier l'épisode d'Emmaüs pour qu'ils comprennent. Comme le rapporte Luc: "Commençant par Moïse et par tous les prophètes, il leur expliqua dans toutes les Écritures ce qui le concernait." Pour nous limiter aux Psaumes, donnons quelques exemples de ce "toutes les Écritures" qui concerne Jésus:

-Au Psaume 40: *"Tu ne voulais ni offrande ni sacrifice, tu as ouvert mes oreilles, tu ne demandais ni holocauste ni victimes, alors j'ai dit: "Voici, je viens. Dans le Livre est écrit pour moi ce que tu veux que je fasse. Mon Dieu, voilà ce que j'aime: ta Loi me tient aux entrailles"*. "Ta Loi me tient aux entrailles." C'est donc bien toute la Loi qui est incorporée à tout l'être de Jésus. La lettre aux Hébreux appliquera d'ailleurs spécifiquement ce psaume à Jésus.

-Ailleurs, au psaume 118: *"La pierre qu'ont rejetée les bâtisseurs est devenue la pierre angulaire; c'est là l'œuvre du Seigneur, quelle merveille devant nos yeux!"*

Le modèle vivant du portrait tracé par les Psaumes existe donc bien, il n'est pas inventé, même si sur le moment, on ne l'a pas reconnu. Continuons avec quelques citations des Psaumes reprises par Saint-Jean: *"Celui qui mangeait le pain avec moi, contre moi a levé le talon"*, lu comme référant à la trahison de Judas. *"Ils m'ont haï sans raison"*; *"Ils se sont partagé mes vêtements et ma tunique, ils l'ont tirée au sort"*; ou encore: *"Il veille sur chacun de mes os, pas un ne sera brisé."*

Quand Philippe dit à Nathanaël: "Celui de qui il est écrit dans la Loi de Moïse et dans les Prophètes, nous l'avons trouvé: c'est Jésus, le fils de Joseph, de Nazareth", il ne réfère pas seulement à l'annonce dans la Torah d'un prophète qui viendra après Moïse ni à telle prophétie d'Isaïe. Il parle de l'être humain accompli, tel que décrit dans la Bible. Il est peu probable que Philippe, au début du ministère de Jésus, ait pu prononcer ces mots en en saisissant toute la portée. Peut-être référait-il seulement à un messie libérateur politique tel qu'attendu par les Juifs de son époque. Les témoins évangéliques donnent les indices de leur foi à partir des écritures anciennes. Ils ne fournissent pas de preuve. Mais ils renvoient l'auditeur à ce qu'il trouvera lui-même. C'est que personne ne peut montrer à un autre l'essentiel de la Vérité. On peut seulement mettre l'autre en route en lui montrant le chemin où l'on a cheminé soi-même. À charge pour cet autre de dire plus tard, comme les concitoyens de la Samaritaine: "Ce n'est plus seulement à cause de tes dires que nous croyons; nous l'avons entendu nous-mêmes et nous savons qu'il est vraiment le Sauveur du monde." (Jn.4,42) La prophétie de Jésus qui est dans l'Écriture ne peut nous atteindre que si elle est aussi une prophétie de nous-mêmes. Et il y a une prophétie différente pour chaque personne et pour chaque époque à partir des mêmes textes. La Torah est Parole de Dieu et donc Parole vivante.

Accomplir la Loi

Il nous faut maintenant aborder ce que Paul Beauchamp appelle le verset difficile du Sermon sur la Montagne où Jésus déclare: *"N'allez pas croire que je suis venu abroger la Loi ou les Prophètes: je ne suis pas venu abroger mais accomplir. Car en vérité je vous le déclare, pas un point pas un iota ne passera de la Loi que tout ne soit accompli. Dès lors, quiconque violera l'un de ces moindres préceptes, et enseignera aux autres à faire de même, sera tenu pour le moindre dans le Royaume des Cieux."*

Pour commencer, continuons un peu la lecture: *"Mais si quelqu'un les met en pratique et les enseigne, celui-là sera grand dans le Royaume des Cieux. Je vous le dis, si votre idéal de perfection ne surpasse pas celui des scribes et des pharisiens, vous n'entrerez pas dans le Royaume des Cieux."*

Il semble clair qu'il s'agit de vivre et d'enseigner la Loi et les Prophètes tel que Jésus les a vécus et c'est sa pratique qui surpassait celle des scribes et des pharisiens. Ce qui ne veut pas dire qu'il s'est encombré de tous les interdits alimentaires et de tous les sacrifices rituels. "Tu n'as voulu ni sacrifice ni oblation", dit le Psaume, qui, lui aussi, fait partie des Écritures. Nous avons vu et souligné les oppositions entre certains versets de la Torah et certains versets des Prophètes. Comme nous l'avons dit, les Juifs recommandent que ces textes opposés soient lus en même temps pour que chacun puisse découvrir la Vérité selon son cœur. Mais eux aussi ne recommanderaient pas que l'on supprime un seul verset de la Loi. Comme le dit Jésus, il s'agit d'aller plus loin, de surpasser les oppositions.

D'autre part, si on regarde l'intérieur du verset, on y lit: "Je suis venu " pour que "... tout arrive." C'est donc bien Jésus qui est l'accomplissement de la Loi et des Prophètes, le type d'être humain qui correspond au désir de son Père comme nous le disions plus haut. Tout cela en vue du Royaume dont l'avènement est imminent. N'est-il pas en quelque sorte inauguré par la Résurrection du Christ, trois jours après que "tout soit accompli" au Golgotha, que l'être humain ait été élevé au niveau d'Amour le plus élevé que peut demander la Loi et les Prophètes?

Bien sûr, il faut aussi lire ce verset dans le contexte de la chrétienté naissante où il a été rédigé et dont la lecture des Actes des Apôtres nous donne une idée. Opposition par exemple entre ceux qui veulent imposer la circoncision aux nouveaux croyants et ceux pour lesquels elle se trouve avantageusement remplacée par le baptême. La consigne de Jésus à son départ de ce monde était bien de baptiser et non pas de circoncire. La communauté qui entoure Matthieu, constituée de Juifs convertis était sans doute plus attachée au maintien intégral de la Loi de Moïse que les peuples païens, les Gentils, auxquels s'adressait Paul. Trente-cinq ans après Vatican II, nous avons encore des nostalgiques de la communion sur la langue et du latin liturgique. Paul dont les lettres ont un but pastoral est beaucoup plus libre vis-à-vis des observances anciennes dans la lettre aux Galates que dans l'épître aux Romains, la communauté de Rome ayant un pourcentage plus important de Juifs convertis dont il ne fallait pas sans raison heurter les croyances.

Les autres versets du Sermon sur la Montagne, et ils sont nombreux, car le Sermon s'étend sur trois chapitres complets, les autres versets donc, ne font pas écho à ce verset isolé. Ils sont tous plutôt orientés vers ce dépassement de la Loi auquel Jésus nous invite à sa suite et que nous avons souligné lorsque nous parlions du Décalogue: non seulement pas de meurtre mais même pas une colère, non seulement aimer son prochain mais aimer même son ennemi... etc. Or il ne s'agit pas d'une exigence impossible si on se rappelle cette Parole de Dieu à Moïse au Buisson Ardent, Parole qu'il répète à chacun de nous, le jour de notre baptême: "Je serai avec toi!" Jésus est mort parce qu'il a accompli la Loi. On pourrait peut-être même dire que c'est parce qu'il est mort qu'il a accompli la Loi. Peut-être sa mort nous évitera-t-elle un sort semblable? Rien de moins sûr. Que d'hommes et de femmes à notre époque meurent parce qu'ils se sont mis au service de leurs frères et de leurs sœurs et que cela dérange les puissants. Mais ce qui est sûr, c'est que sa mort est pour nous gage de résurrection, car sa Loi est une Loi de libération, même de la mort.

Parole vivante

Jésus fait plus que vivre selon un texte, il recrée l'événement du Sinaï. Car que serait la Loi sans la "Présence"? La nuée de la Présence de Dieu qui marche avec son peuple jusqu'au Sinaï, la nuée de cette même Présence sur la montagne du Sinaï ou sur la Tente de la Rencontre, nous la retrouvons sur le mont Thabor lors de la Transfiguration. Là encore, comme dans l'Exode, seul un petit groupe de proches est appelé à pénétrer avec Jésus dans le mystère.

Mais alors, s'il y a une telle identification entre Jésus et la Torah, la Parole de Dieu, en quoi peut-on dire qu'il est le médiateur d'une Alliance

Nouvelle? Peut-être cela vient-il du fait que la Puissance de Jésus ne fait qu'un avec sa Parole? Il est "Je Suis".

Nous nous rappelons, dans le livre des Nombres, cet épisode où les soixante-dix anciens prophétisent et où Josué, jaloux de son maître, voudrait que Moïse intervienne. Nous retrouvons la même chose dans les Évangiles avec les disciples de Jean qui lui rapportent que Jésus et ses disciples se sont mis eux aussi à baptiser. Luc rapporte également que des disciples de Jésus ont cherché à empêcher un inconnu de faire des guérisons au nom de Jésus. La puissance de Dieu ne se laisse enfermer ni dans les mots d'un livre, ni dans le zèle d'un petit groupe de disciples fervents. Dieu souhaite que tout son peuple, c'est-à-dire l'humanité entière devienne un peuple de prophètes.

On a souvent l'habitude de qualifier le Christianisme de religion du Livre, comme le Judaïsme et l'Islam, par opposition aux autres religions. Pour moi, le terme de religion du livre s'appliquerait aussi bien à l'Hindouisme où les Écritures jouent un grand rôle, peut-être même plus qu'en Christianisme. Car le Christianisme est la religion de la Parole, du Livre qui s'est fait chair. La Loi Nouvelle, c'est l'Esprit Saint qui, comme le dit l'Évangile, tire du trésor de la Parole du neuf et de l'ancien. La Loi Nouvelle, c'est la Loi de la Joie: "Je suis venu pour que vous ayez la Joie et que vous l'ayez en plénitude", dira Jésus. Ma Joie, c'est-à-dire la Joie de la Parole de Dieu, la Joie de la Torah. Cette Joie qui fait de nous un peuple de prophètes.

La Loi Nouvelle, c'est de libérer la Joie, en particulier la Joie du sabbath, jour de liberté, jour de salut, propre à la guérison des corps et des âmes: "Ta Foi t'a sauvé!". Dans un tel contexte, la Loi ne peut être figée. C'est sans doute pourquoi le Sermon sur la Montagne ne parle pas de Paroles gravées dans le roc, mais d'une vie, une maison bâtie sur le roc. À l'intérieur de la maison, on est libre de se mouvoir, même s'il faut accepter de limiter un peu sa liberté de mouvement, pour ne pas se cogner aux meubles et aux murs. On a aussi la liberté de sortir à l'extérieur, à condition de passer par la porte.

La maison, *Beth* en hébreu, est d'ailleurs le même mot que celui qui désigne la première lettre de la Torah. Celui dont la maison est bâtie sur le roc est celui qui met la Parole, la Torah en pratique. Or nous avons vu que la Torah va très loin dans l'Amour du prochain, et c'est pourquoi le texte dit de ne rien y ajouter. Jésus, en accomplissant la Torah est allé au-delà de ces exigences, mais cet accomplissement supplémentaire n'a pas à être codifié. Il est laissé à l'initiative de celui qui accomplit la Loi. Lors de sa Passion, Jésus n'a pas tendu la joue gauche à celui qui le souffletait. Il lui a demandé: "Pourquoi me frappes-tu?". Cela comportait le même risque de recevoir un deuxième soufflet, mais cela avait le même effet de maintenir Jésus dans sa dignité. En effet, un soufflet sur la joue droite est donné avec la revers de la main, et pour cela il n'est pas besoin de regarder celui qu'on frappe. Pour donner un soufflet sur la joue gauche, on est obligé de regarder la victime dans les yeux.

Pour les Juifs et pour Jésus, la Loi était le chemin, mais en accomplissant la Loi, Jésus est devenu le chemin, la Loi Nouvelle. La Foi est un apprentissage que chacun vit avec ses propres valeurs. En rejoignant par son agir ses auditeurs au niveau de leurs valeurs personnelles, Jésus les amène à découvrir quelle est la conversion qui leur est nécessaire, mais qui n'est pas simplement calquée, copiée sur son propre comportement à lui. Il n'a pas réaffirmé le niveau moral de sa culture qui était dominé par les prêtres et les scribes, tous de sexe masculin. Il a appris à apprendre, avec les pauvres, et c'est pourquoi, si la Loi Nouvelle ne supprime pas les "offrandes à l'autel", elle les soumet à la réconciliation préalable avec le "frère" ou la "sœur". En ce sens, elle transcende l'ancienne Loi.

Il y a une progression dans le Sermon sur la Montagne: on y passe progressivement de la non-violence à l'Amour. La même progression existe aussi à l'intérieur du petit noyau des Béatitudes. Il est très probable que ce cheminement dans l'enseignement de Jésus, tel qu'il était reçu par ses disciples, ne s'est pas fait en une seule prédication mais tout au long de sa vie publique et même au-delà, au fur et à mesure que l'Esprit Saint a fait comprendre aux jeunes communautés chrétiennes, la portée de l'enseignement de Jésus et la signification de ce qu'il avait vécu. Si Yahweh n'a pas parlé à Moïse de la résurrection des morts, c'est sans doute que, dans la culture de l'époque, Moïse n'était pas prêt à recevoir cet enseignement. Si Paul n'attache pas la même importance que Matthieu aux prescriptions de la Loi ancienne, c'est qu'il ne s'adresse pas à la même communauté. Parfois même, il distingue clairement dans ses lettres ce qui est enseignement venant du Seigneur et ce qui est conseil pastoral venant de Paul. Mais là encore, le critère c'est d'accomplir. Le feu sur le Sinaï était extérieur à la première Loi. Il est passé à l'intérieur de la Loi Nouvelle. Ne projetons pas ce feu sur les autres s'ils ne sont pas prêts à le recevoir. Soucions-nous de savoir s'il brûle en nous. Les autres sauront bien venir s'y chauffer et s'y éclairer si "notre lumière brille aux yeux des hommes". "Lorsque la rose se met à fleurir, elle n'a pas besoin d'envoyer des invitations aux abeilles", dit un proverbe indien.

Si l'être humain est appelé à réaliser la ressemblance de Dieu, il n'y a pas de Loi qui codifierait le "comportement divin" de l'homme, qui définirait l'Amour auquel il est appelé. Un Dieu défini est un Dieu confiné, un Amour défini est un Amour confiné. Comme nous l'avons déjà dit, si Jésus avait simplement été fidèle à une loi extérieure, il ne serait pas mort sur la Croix. Mais il était fidèle à <u>sa</u> loi intérieure, à <u>sa</u> vérité, et cela donnait un tout autre sens au respect du sabbath tel qu'il l'avait hérité de sa communauté. C'était là une question de vérité de la Loi pour lui, et c'était aussi une question de vie ou de mort.

Ce que le Sermon sur la Montagne nous donne à désirer, c'est de ne plus servir l'argent, de ne plus s'enchaîner aux soucis, en un mot, d'être libre. Certains diront que le manque d'argent enchaîne plus que l'excès d'argent. Pour avoir partagé pendant dix ans la vie des gens des pays du Sud, je pense pouvoir affirmer que ce n'est pas le manque d'argent qui aliène les pauvres, ce sont les structures d'injustice qui leur enlèvent le peu qu'ils ont, à commencer par la terre dont ils tirent leur subsistance. Cette question de la propriété de la terre est une invention des Occidentaux, en contradiction avec l'esprit de la Torah et avec les coutumes de la plupart des peuples de la terre. Écoutons seulement quelques extraits du discours du grand chef indien Seattle en 1854, devant l'Assemblée des tribus, au moment où il était forcé d'accepter une offre d'achat des terres de ses frères amérindiens. Le discours s'adresse aux hommes blancs: *Peut-on acheter ou vendre le ciel, la chaleur de la terre? Étrange idée pour nous! Si nous ne sommes pas propriétaires de la fraîcheur de l'air ni du miroitement de l'eau, comment pouvez-vous l'acheter?... Peut-être sommes-nous frères, malgré tout; nous verrons. Mais nous savons une chose que l'homme blanc découvrira peut-être un jour: notre Dieu est le même Dieu. Vous avez beau penser aujourd'hui que vous le possédez comme vous aimeriez posséder notre terre, vous ne le pouvez pas. Il est le Dieu des hommes et sa compassion est la même pour l'homme rouge et pour l'homme blanc. La terre est précieuse à ses yeux et qui porte atteinte à la terre couvre son créateur de mépris... Gardez en mémoire le souvenir de ce pays, tel qu'il est au moment où vous le prenez. Et de toute votre force, de toute votre pensée, de tout votre cœur, préservez-le pour vos enfants et aimez-le comme Dieu nous aime tous."* On croirait entendre les échos de la Torah: "Cette terre vous vomira comme elle a vomi ceux qui l'habitaient. Vous dépenserez vos forces sans résultats: la terre ne donnera plus sa récolte." Avec en contrepoint le Sermon sur la Montagne: "Regardez les lys des champs... Salomon dans toute sa gloire n'était pas habillé comme l'un d'eux. Si Dieu habille ainsi l'herbe des champs... ne fera-t-il pas beaucoup mieux pour vous?" On en revient au choix entre le sédentaire qui s'accroche à ses propriétés et le nomade qui s'en remet à la bonté de Dieu. La Loi de l'Ancien Testament contenait beaucoup de prescriptions qui spécifiaient quoi faire dans chaque cas, mais elle était déjà appel à être. C'est cet appel qui a retenti dans le cœur de Jésus et qu'il a entendu résonner dans le cœur de ceux qui venaient à lui. Les Béatitudes qu'il a vécues, plus qu'il ne les a prononcées, ont été sa réponse à la soif de son peuple.

Une Vie autre

La Loi Nouvelle en Jésus-Christ n'appelle pas seulement à être, mais à être plus. La Torah est tout orientée vers la Terre Promise. La prédication de Jésus est orientée vers le Royaume. La fidélité à la Torah doit donner au peuple juif ce que l'on appellerait de nos jours une "belle vie", dans un pays où coule le lait et le miel. De quoi faire rêver ceux qui ont erré pendant quarante ans dans le désert. Après la pauvreté, on leur promet la richesse. Au petit peuple des pauvres réunis autour de Jésus sur la montagne, il n'est pas offert la richesse, mais une vie autre qui fera d'eux le Sel de la terre, la Lumière du monde. Certes, cet appel à être saints, séparés, différents, était déjà adressé au peuple juif dès la sortie d'Égypte. Mais faute d'avoir un modèle de ce que c'est d'être vraiment homme ou femme, les auteurs bibliques traduisaient cela en termes de bénédictions matérielles qui se sont avérées autant de pièges où le peuple s'est laissé prendre. Il a peut-être, du temps de Salomon, été lumière, comme les nations riches de nos jours le sont pour les nations pauvres qui envient leur richesse. Mais il a cessé d'être Lumière de Dieu, de réaliser en lui le type d'humanité dont rêve Dieu. Jésus, lui, a été cet être pleinement humain que désirait son Père. Mais ses disciples, les chrétiens, sont encore loin de vivre de sa Vie, de rayonner sa Lumière.

Pourquoi? Peut-être parce que nous aussi nous avons oublié la leçon de Mériba. On se rappellera que c'est à cause de cet épisode de Mériba que Moïse n'a pu entrer dans la Terre Promise. Il n'est sans doute pas inutile d'y revenir quand nous nous demandons ce qui nous empêche d'entrer dans le Royaume et d'être Sel de la terre. L'explication que j'ai proposée à l'incident de Mériba est que Moïse avait laissé perdre sa force à cette présence constante du Seigneur à ses côtés, ce "Je serai avec toi" qui lui avait été dit dans le Buisson Ardent. Il lui est alors reproché à lui et à Aaron de ne pas avoir été Lumière: "Vous n'avez pas manifesté mon visage de sainteté aux yeux des Enfants d'Israël." Comme Moïse, nous croyons en Dieu, ou au moins nous l'affirmons, et en plus nous croyons en Jésus-Christ. Mais sommes-nous prêts à accueillir la présence du Christ en nous, à le laisser agir à travers nous, à ce que sa force soit notre force? "Si vous ne mangez pas la chair du Fils de l'Homme et si vous ne buvez pas son sang, vous n'aurez pas la Vie en vous", dit Jésus dans l'évangile de Jean. La Vie dont parle Jésus, c'est sa Vie, sa vie de ressuscité. À quoi bon communier souvent si nous ne sommes pas prêts à accueillir sa Vie, à nous laisser déranger dans nos petites habitudes pour le laisser vivre en nous, à sortir d'Égypte avec lui? Le Bon Pasteur est celui qui fait <u>sortir</u> les brebis, dit encore l'Évangile, pas celui qui les maintient à l'abri dans l'enclos. Le Messie, c'est celui qui libère, celui qui permet d'accomplir la Loi. Il est à la fois le chemin et la force pour le parcourir.

Jésus très souvent guérit en imposant les mains, c'est-à-dire en permettant que sa force de Vie passe dans le corps de l'infirme ou du malade qui se trouve devant lui. "Il émanait de lui une force qui les guérissait tous", dit encore l'Évangile. Cette force du Christ est encore à l'œuvre pour ceux qui l'accueillent. Le Seigneur est toujours tout près d'un cœur qui le cherche. Le Royaume est proche de ceux qui l'accueillent. C'est une question de choix entre la Vie et la mort. Comme il est évoqué au moins deux fois dans le Deutéronome. Comme Jésus le souligne aussi quand il guérit l'homme à la main desséchée le jour du sabbath; Jésus choisit la Vie. Non seulement il choisit la Vie, mais il nous donne sa Vie pour que nous puissions nous-mêmes choisir la Vie. Essayons d'aimer nos ennemis et nous comprendrons vite que c'est impossible à moins de parvenir à laisser l'Amour de Dieu agir à travers nous. Jésus amène la Vie à la synagogue où il guérit le Jour du sabbath, et les partisans de la mort sortent. Ils sortent ou ils se renferment dans leur mutisme, incapable de prononcer la parole qui libérerait: "Bien sûr, nous choisissons la Vie."

De nos jours encore, nous nous laissons piéger par le poison de l'individualisme de la culture occidentale. Comme les Juifs à la synagogue dont nous venons de parler, nous n'osons pas parler si ce que nous avons à dire n'est pas en accord avec le "prêt-à-penser" officiel. Alors nous choisissons la mort, et si nous ne réagissons pas, nous nous desséchons dans notre solitude. Comme de bons sédentaires, nous voulons nous suffire à nous-mêmes et nous croyons faire notre salut tout seuls, sans avoir recours à l'aide des autres et de Dieu.

En continuité

C'est curieux, plus je pénètre dans ce que j'appellerais le mystère de la Torah, plus j'y découvre, malgré parfois ses excès de langage, ce que Jésus est venu nous révéler. Chaque fois que je pense à ce qui serait peut-être une spécificité de l'Évangile, je suis obligé de reconnaître: oui, mais c'était déjà dans la Torah. L'Amour du prochain ne fait pas exception, même si c'est un point sur lequel bien souvent les chrétiens ont cru avoir le monopole. La Loi d'Amour révélée en Jésus-Christ n'est pas celle de l'Amour du prochain, qui est déjà dans la Torah, mais celle de l'Amour de Dieu pour nous. "Je vous donne une loi Nouvelle, c'est de vous aimer les uns les autres de l'Amour que j'ai pour vous." C'est de cet Amour révélé en Jésus-Christ, parce qu'agissant en lui, dont nous devons aimer nos frères et sœurs humains. La spécificité de l'Évangile, de la Bonne Nouvelle, serait la proximité de cet Amour. Dieu descend de la Montagne, non seulement pour être une nuée au-dessus de la Tente de la Rencontre, mais pour être un frère parmi des frères et des sœurs. Il vient parmi nous pour être ce Dieu à l'image de qui nous sommes appelés à être. Le Deutéronome avait déjà exprimé cet Amour de Dieu, comme d'ailleurs le prophète Osée que nous prenons le temps d'écouter: *"Parole du Seigneur. J'ai aimé Israël dès son enfance et, dès l'Égypte, je l'ai appelé "mon fils". C'est moi qui lui apprenais à marcher, en le soutenant de mes bras et il n'a pas compris que je venais à son secours. Je le guidais avec humanité, par des liens de tendresse: je le traitais comme un nourrisson qu'on soulève contre sa joue; je me penchais sur lui pour le faire manger... Mais ils ont refusé de revenir à moi: vais-je les livrer au châtiment? Non! Mon cœur se retourne en moi, et le regret me consume. Je n'agirai pas selon l'ardeur de ma colère, je ne détruirai pas Israël, car je suis Dieu et non pas homme: au milieu de vous, je suis le Dieu Saint et je ne viens pas vous exterminer".*

Une autre traduction dit: "D'Égypte, j'ai appelé mon Fils." Matthieu reprendra ce passage pour l'appliquer à Jésus. Il est venu pour nous faire sortir, nous libérer, et pour cela il a voulu être présence du Père parmi nous. Il est remarquable à cet égard, qu'en bâtissant le récit du Sermon sur la Montagne, Matthieu ait fait en sorte que le "Notre Père" se trouve exactement au centre, comme pour souligner que tout vient du Père. Il y a un lien indissociable entre le respect de Dieu et le respect d'autrui dans le Décalogue tel que lu par Jésus. Cela ressort aussi bien du Sermon sur la Montagne que du chapitre 25 de Matthieu, l'Évangile du Jugement dernier. On y voit une identification totale entre le prochain et le Christ: "Chaque fois que vous l'avez fait à l'un de ces petits, c'est à moi que vous l'avez fait." Quand je partage, je rends Dieu présent, ici, je suis Lumière. Les premiers chrétiens ne se distinguaient pas par une doctrine, mais par leur style de vie: "Voyez comme ils s'aiment!", disait-on d'eux. J'ai eu le privilège de vivre en Afrique et en Asie parmi les pauvres. J'y ai découvert un niveau de gratuité et de partage dont je me reconnais incapable mais qui illustrait bien pour moi cette phrase de Paul aux Romains: "Celui qui aime les autres a parfaitement accompli la Loi."

Mais comment peut-on parler d'avoir complètement accompli la Loi alors que la Justice de Dieu, comme l'Amour, n'a pas de bout, pas de limite? Il n'y a que sur la Croix que Jésus pourra dire: "Tout est accompli." Or il faut reconnaître que l'on n'est pas d'emblée prêt pour la Croix. C'est pourquoi dans sa sagesse, la Loi ne cherche pas à définir les critères d'un quelconque accomplissement. La Loi est chemin, processus de croissance. Ce qui est important, ce n'est pas de savoir quand on va entrer dans la Terre Promise ou dans le Royaume. Ce qui est important, c'est d'être en chemin. C'est pourquoi il est dangereux de se satisfaire d'une fidélité à la lettre. La fidélité à la lettre définit une sorte de code moral, où l'on serait arrivé, comme le sédentaire parfait qui n'a besoin ni des autres ni de Dieu. Accomplir, ce n'est pas se rendre jusqu'à tel point, c'est suivre le chemin sans forcément savoir où il mène, dans la confiance, dans la paix. "À chaque jour suffit sa peine", à chaque jour suffit sa Joie! Mais cette peine, ce travail de chaque jour, c'est d'abord chercher à être conscient, à demeurer en lien avec notre vérité. Le Sermon sur la Montagne désarme la violence à sa naissance. La petite racine de la violence que nous arracherons en nous aujourd'hui est peut-être plus importante qu'un grand parcours vers la Justice qui nous serait recommandé par un conseiller spirituel extérieur à nous. La liberté a été donnée pour l'Amour. Il s'agit d'une liberté intérieure. C'est à chacun et chacune de nous d'en faire usage, au jour le jour.

DOUZIÈME CHAPITRE

Loi de Liberté

Comme nous approchons de la fin de ce livre, il n'est peut-être pas inutile de revenir sur la notion de Loi de Liberté dont parle l'apôtre Jacques. Nous avons vu que le peuple hébreu était libéré de la servitude d'Égypte pour servir Dieu et que c'était le même verbe hébreu *Abad* qui était utilisé pour désigner le service du pharaon et le service de Dieu. Malgré la similarité des mots, il doit bien y avoir une différence entre les deux réalités puisque l'historien romain Flavius Josèphe n'hésitait pas, au premier siècle de l'ère chrétienne, à parler du "peuple juif toujours en quête de libération pour servir Dieu". La théocratie, ou gouvernement par Dieu, est-elle vraiment différente des autres dictatures, qu'elles soient royales, impériales, militaires, socialistes ou économiques, même si cette dernière forme de dictature se donne parfois des airs de démocratie?

Je pense qu'en autant qu'elle est mise en œuvre par des humains, la théocratie ne se distingue guère des autres dictatures. Le pharaon lui-même était censé gouverner au nom de Dieu, comme ce fut le cas par la suite pour les rois juifs à partir de Saül. Les monarques de la chrétienté occidentale prétendaient eux aussi gouverner au nom de Dieu, leur monarchie se disant de droit divin. Ceci ne les empêchait pas de se trouver en opposition avec les papes et leurs représentants qui eux aussi se croyaient attribués le droit et le devoir de régir le monde temporel au nom de Dieu. Les théocraties modernes, représentées par les États islamistes, donnent elles aussi des images très humaines d'un gouvernement soi-disant divin. Je ne pense pas que si les ultra orthodoxes prenaient le pouvoir en Israël, la démonstration qu'ils pourraient donner serait plus probante. Tout pouvoir humain, quel que soit l'idéal auquel il prétend se rattacher, se corrompt rapidement et ceci d'autant plus vite qu'il est plus absolu, ce qui est le cas des prétendues théocraties. Les autorités religieuses sont menacées par le même type de déviation, même si elles se limitent au domaine spirituel. Dans ce cas, ce n'est pas en général pour un intérêt personnel que l'on se laisse acheter, mais pour les prétendus besoins de l'institution qui recherche le support des grands de ce monde. De nos jours encore, les pasteurs prophétiques qui dénoncent l'injustice le font souvent au péril de leur vie. Ne jetons cependant pas indistinctement la pierre à tous ceux qui œuvrent dans les régimes islamistes; certains cherchent à s'inspirer du concept musulman de la *Choura*, mot qui veut dire consultation et qui contient l'idée que le gouvernement doit refléter les désirs du peuple, auquel Dieu a fait don de la raison.

Autrement dit, tout reviendrait à savoir si on gouverne au nom d'un dieu autocrate, ou au nom de Yahweh, le Dieu de la Bible, le Dieu qui voit et qui entend. La Loi de Dieu est gravée dans la pierre, mais elle y est gravée par le Doigt de Dieu, ce qui est un autre nom pour parler de l'Esprit Saint. Or l'Esprit Saint est toujours à l'œuvre, capable d'inspirer une Loi vivante et de libérer des lois devenues mortes ou mortifères. La Loi de Sainteté du Lévitique est ponctuée de "Je suis Yahweh", c'est-à-dire "Je suis qui je serai". Je suis celui qui ne se laisse enfermer dans aucune définition, ni humaine ni divine. Je suis celui qui parle au cœur de chacun et de chacune... et qui écoute le cœur de chacun. Les systèmes de gouvernement cherchent à établir des lois qui s'appliquent à tous et à toutes. Même quand elles cherchent à être le plus justes possible, pour s'appliquer à tous sans faire de jaloux, elles ne conviennent à personne. Yahweh, lui, cherche à libérer la Loi qu'il a mise dans le cœur de chaque homme et de chaque femme: "Elle est dans ton cœur et sur tes lèvres, pour que tu la mettes en pratique."

Jésus, lui, s'est penché sur cette loi qui est au cœur de l'autre et qui, elle aussi, est accès à Dieu. Ce qui semble la Loi très profane de la relation au prochain est aussi la voie d'accès au mystère de Dieu tel qu'il se révèle en ce prochain. C'est en rejoignant chacun dans sa vérité, pour que cette vérité soit libérée, que Jésus est devenu le sauveur universel. Son Amour était assez grand pour faire sienne cette loi qu'il découvrait dans le cœur des autres et plus particulièrement dans le cœur des pauvres, des petits et de ceux qui savaient reconnaître leurs limitations. La Loi de Dieu telle que reconnue par Jésus est aux antipodes de la servitude puisqu'il s'agit tout simplement d'être soi. Il ne s'agit pas de s'identifier à notre petit moi égoïste qui trop souvent nous dissimule qui nous sommes. Nous sommes invités au contraire à nous regarder avec le regard d'Amour de Dieu. Pourtant le regard d'Amour de Jésus sur le jeune homme riche dont parle l'Évangile n'a pas été suffisant pour le libérer. Il ne faut pas sous-estimer l'emprise de certaines de nos idoles, en particulier de Mammon, le dieu de l'argent. On ne peut pas servir deux maîtres à la fois. L'exclusivité que demande Yahweh n'est pas jalousie, mais réalisme.

Incarnation libératrice

Quel est le motif de l'Incarnation du fils de Dieu? La rédemption du péché des hommes ou la perfection de la Création avec tout ce qu'elle contient? Pendant des siècles, dominicains thomistes et scotistes franciscains en ont discuté avec acharnement. Les thomistes disaient: "L'Incarnation a pour motif le péché de l'homme." Les franciscains répondaient, en recourant aux écrits de Paul, que le Christ se serait incarné sans le péché, car tout a été fait pour lui et par lui. Or il apparaît bien que, sans le Christ, l'être humain se révèle incapable d'être vraiment lui-même, de se réaliser totalement. Si on appelle péché ce qui nous empêche d'atteindre notre stature d'hommes et de femmes créés à l'image de Dieu, ce qui est le sens du mot *Hatat*, péché, en hébreu, alors on s'aperçoit que les oppositions entre franciscains et thomistes sont peut-être de simples querelles de mots. En appelant fautes les manquements à la morale et péché ce qui nous empêche d'être, on pourrait dire que le Christ s'incarne pour nous libérer du péché, formulation selon laquelle thomistes et franciscains devraient pouvoir se réconcilier. C'est d'ailleurs sensiblement ce qu'écrivait Joseph Ratzinger, dès 1969: "Pour que l'homme devienne pleinement homme, il faut que Dieu devienne homme."

L'Incarnation se situe donc dans ce grand mouvement créateur d'émergence de l'Esprit dans la matière et de libération de l'être humain. Le Christ, deux mille ans après sa venue en ce monde, demeure "la mémoire permanente, et parfois gênante de ce que nous devrions être." Il l'est, non pas à cause d'un quelconque comportement moral exemplaire, mais à cause de son union à Dieu. Plus Jésus était uni à son Père, plus il devenait vraiment homme. Cela ne signifie pas que nous devions copier les gestes de Jésus, mais nous efforcer "d'avoir les mêmes sentiments que lui", comme Paul y invite les Philippiens.

Nous savons que nous sommes conditionnés par notre code génétique, tout en demeurant libres. De même nous sommes dépendants de notre ADN divin. Peut-être même existe-t-il au moins une troisième spirale dans notre code génétique, trop subtile pour que les savants l'aient mise en évidence, et qui pourrait influencer les deux autres spirales. Ce serait la trace de notre filiation divine. Ce serait peut-être là cette loi écrite sur nos cœurs qu'annonce le prophète Jérémie, ou ce cœur de chair dont parle Ézéchiel, et qui remplacera le cœur de pierre sur lequel il était possible de graver les Dix Paroles. Jésus n'est pas venu graver les Béatitudes entre les lignes des Dix Paroles. Il est venu les vivre, ces Béatitudes, et elles sont devenues Loi de Vie. C'est pour cela que la Torah ne perd rien de sa force si l'on considère que le Décalogue est plus la conclusion de six cents ans d'action de l'Esprit dans le cœur des hommes et des femmes, que des Paroles tombées un jour du ciel sur la Montagne. L'appel à faire un choix entre la Vie et la mort est aussi actuel qu'il l'était il y a trois mille ans, quand il fut consigné dans la tradition orale des Juifs, ou qu'il y a deux mille ans, quand Jésus posait cette même question de choix à la synagogue. Mais certaines lois de mort savent prendre l'apparence de lois de Vie. C'est le cas bien souvent quand nous recherchons la sécurité à tout prix et aux dépens des autres, au lieu de simplement faire confiance. Jésus est venu nous apprendre que la Loi de Liberté peut passer par la mort et qu'il n'y pas à s'en effrayer. Sans que Jésus l'ait recherché, est-ce que cela n'a pas été l'aboutissement de son itinéraire terrestre? On ne peut pas rester à mi-pente sur la montagne. Jésus ne peut arracher de notre cœur tout ce qui nous empêche d'être libres. Il peut seulement nous montrer le chemin de la Vie. "Il s'est vidé lui-même", dit encore la lettre aux Philippiens, il a laissé la Loi, la Parole s'accomplir en lui et c'est pourquoi Dieu lui a conféré le Nom qui est au-dessus de tout nom, le Nom qui signifie la Vie.

En laissant la Loi de Dieu s'accomplir en lui, Jésus ne perdait pas son autonomie par rapport à son Père, autonomie qu'il veut que nous vivions aussi. Il était plutôt comme cet homme dont nous parlions au début de ce livre en citant Sri Aurobindo, "un être libéré de toutes lois construites, bien que sa vie soit un accomplissement de toutes les vraies lois du devenir de l'homme dans l'essence de leur signification." On pourrait aussi citer Lama Anagarika Govinda: "Un musicien n'est pas esclave quand il suit les lois de l'harmonie musicale. Au contraire, plus il est capable d'exprimer ces lois dans sa composition, plus il ressent la joie de la liberté créatrice." Une telle affirmation n'empêche pas d'ailleurs d'utiliser les dissonances pour produire certains effets musicaux appropriés.

D'après Jacques Berque, dans l'esprit du droit musulman, en toute matière dont l'enjeu est la liberté de l'être humain, le juge doit appliquer le principe que la loi a vocation à la liberté. La loi a vocation à la liberté, mais il s'agit de l'esprit de la loi et bien souvent par peur de la liberté on se réfugie derrière la lettre ou la jurisprudence. Dans le mot jurisprudence, il y a le mot prudence, mais l'excès de prudence peut tuer la Vie ou empêcher d'entrer dans la Terre Promise.

La Peur

Un des principaux obstacles sur le chemin de la liberté est sans doute la peur, obstacle d'autant plus gênant qu'il y a toutes sortes de bonnes raisons pour justifier la prudence afin de nier la peur. Marie-Annick Rétif a écrit un poème sur les bateaux:

Je connais des bateaux qui restent dans le port
de peur que les courants les emmènent trop fort.
Je connais des bateaux qui rouillent dans le port,

> *à ne jamais risquer une voile dehors.*
> *Je connais des bateaux qui oublient de partir.*
> *Ils ont peur de la mer à cause de vieillir*
> *et les vagues jamais ne les ont séparés.*
> *Leur voyage est fini avant de commencer.*

Et le poème se continue en parlant au contraire de ceux qui risquent leur amour au grand jeu de la vie... pour mieux se retrouver.

Une prétendue vertu est un alibi commode à la peur, comme en témoigne cette histoire des deux jeunes moines bouddhistes qui voyagent de concert et arrivent un matin à un gué. Au bord de la rivière, une belle jeune fille, vêtue d'un splendide sari, attend, ne sachant que faire car le gué est profond et elle risque d'endommager sa robe. Voyant son embarras, l'un des deux moines la prend dans ses bras et la dépose sur l'autre rive. Puis les deux moines continuent leur route. Vers le soir, l'autre moine dit à son compagnon: Tu n'aurais pas dû, toi, un moine, porter cette fille dans tes bras." Mais le premier répond: "Peut-être, mais moi je l'ai déposée sur l'autre rive, tandis que toi, tu la portes encore."

La libération est pour la justice et la sainteté, mais là encore, il ne s'agit pas d'une sainteté morale. Tout est pur pour les purs. La sortie d'Égypte se fait dans le désert, là où il n'y a pas de chemin tracé, puisque le peuple hébreu n'emprunte pas le chemin des caravaniers. Un petit groupe d'hommes, de femmes et d'enfants, avec leurs troupeaux, perdus dans un monde hostile, sans lois ni rois. Car ce n'est pas Dieu qui fait les lois. Il est la Loi au cœur de l'homme, Loi à découvrir jour après jour. Nous avons beaucoup parlé de la Loi de Dieu, mais elle pourrait se résumer en trois mots: "Tout est Grâce", et c'est là une loi nomade. Il faut se libérer de la peur, faire confiance, pour entrer dans la dynamique de cette loi-là. Sinon, on se bâtit des lois humaines pour se rassurer, et on les baptise lois de Dieu. Et elles ont leur utilité, tout comme le code d'Hammourabi ou la Déclaration des Droits de l'être humain. Elles servent de guide, de référence, mais elle ne doivent pas être des abris bâtis par la peur et nous détourner du "Tout est Grâce" qui fonde notre relation vraie à Dieu.

Liberté collective

Cette grâce de Dieu ne peut être exprimée dans toute son ampleur par certaines spiritualités chrétiennes à tendance trop élitiste ou individualiste. La Torah est l'histoire de la libération d'un peuple, pas d'une libération individuelle. La clé de la liberté est dans la communauté. Le prophète Isaïe dénoncera "ceux qui joignent maison à maison, champ à champ, jusqu'à prendre toute la place et à demeurer seuls au milieu du pays." Demeurer seuls, cela implique d'une façon ou d'une autre, la mort de ceux à qui on ne laisse pas la place. Mais cela implique aussi la mort de ceux qui accaparent. Pour l'être humain, vivre vraiment, c'est vivre avec. C'est dans cette relation à l'autre que s'amorce notre relation à Dieu.

Mais en plus, la Torah est la Parole d'un Dieu solidaire des pauvres, du Dieu des pauvres. Rappelons-nous le Deutéronome: "Il n'y aura pas de pauvres chez toi." Ce n'est pas une promesse, mais une exigence que d'ailleurs le texte précise: "Aide le pauvre, prête-lui, même durant l'année qui précède l'année sabbatique. Quand tu renverras ton esclave, fais-lui un cadeau, gorge-le, qu'il ne parte pas les mains vides." La Torah est la charte d'une société sans exclus, car les exclus ne sont pas vraiment libres. Le Lévitique, par la Loi de Sainteté fait écho au Deutéronome. Il ne s'agit pas simplement d'aider le pauvre, mais de lui rendre sa dignité afin qu'il soit un membre à part entière de la société. Le texte où l'apôtre Jacques condamne la discrimination envers les pauvres est précédé et suivi par les versets qui parlent de la Loi de Liberté.

Nous vivons une crise de civilisation peut-être sans précédent dans l'histoire de l'humanité car la globalisation fait qu'il ne peut plus s'agir d'une crise isolée où les autres cultures peuvent prendre la relève si l'une d'elle disparaît dans la tourmente. Les manipulations génétiques sont une menace plus insidieuse et grave sur l'humanité que les folies dominatrices de Hitler ou de Staline. Jusqu'au début des années 80, ceux qui s'opposaient au pouvoir des puissants risquaient leur vie ou leur liberté. Mais maintenant, c'est la Vie elle-même qui est menacée et la liberté d'être soi, un être unique. Faudra-t-il un nouveau Moïse pour rassembler l'humanité en un seul peuple conscient qu'il n'y a pas d'espoir dans des tentatives de survie individuelle qui se ferait au dépens des autres? La liberté individuelle ne pourra désormais s'épanouir que là où régnera la liberté collective. Le salut n'est pas une fuite devant la réalité du monde. Il est immersion, incarnation au cœur du monde.

La vraie force de l'Église primitive a été sa dimension communautaire. Les pauvres étaient libérés de la tutelle des puissants, que cette puissance soit politique ou religieuse. Nous avons eu l'occasion de souligner certains excès de la rédaction sacerdotale de la Bible, en contradiction avec les enseignements des Prophètes. Les Évangiles reflètent à quel point, à l'époque de Jésus, la Loi était utilisée pour mettre en tutelle le peuple. Si pas un iota ne doit disparaître de la Loi, ce n'est pas pour que ces excès se continuent, mais pour qu'ils ne disparaissent pas de la mémoire collective; non pas comme quelque chose à imiter, mais comme quelque chose à éviter. Car le danger de retomber dans les mêmes abus est toujours présent. De la même façon, toutes les guerres dont parle la Torah, tout le sang versé prétendument au nom de Dieu, ne constituent pas des modèles à imiter, mais sont des rappels du cheminement du peuple pour arriver à mettre dans la bouche de Dieu cette sixième Parole: "Tu n'assassineras pas", Parole que nous sommes toujours incapables de vivre. Jésus a cherché à libérer le peuple de ces contraintes abusives, et il en est mort. Mais le Christ libérateur de l'esclavage religieux a été en moins de trois cents ans remplacé par une religion de pouvoir.

Dans mon livre sur la Résurrection du Féminin, je cite l'histoire de ce rabbin juif questionnant ses élèves sur la plus grande catastrophe qu'ait subi le peuple juif au cours de son histoire. Il leur explique que ce n'est ni l'esclavage en Égypte, ni la déportation à Babylone, ni la destruction du Temple, ni même la Shoah, mais que c'est le jour où la Torah est devenue une religion. Nous avons souligné la dimension communautaire de la Torah et de la Liberté, mais ce n'est ni la Torah, ni des dogmes qui peuvent fonder une communauté, c'est l'Amour. D'abord l'Amour de Dieu pour son peuple, et l'Amour des membres de ce peuple les uns pour les autres. Pourtant malgré tout son Amour, Jésus n'a pas été capable de libérer le jeune homme riche de sa richesse, de le faire entrer dans la communauté des *Anawim*, des pauvres de Yahweh, où il aurait pu trouver la Joie.

"Tout ce que vous lierez sur terre sera lié dans les Cieux." Mais l'Amour vrai et désintéressé est le seul moyen par lequel nous sommes autorisés à lier, alors qu'il n'y a pas de limite à ce qui permettrait de délier. La Torah est chemin vers Dieu, clés du Royaume. Mais quand on confie les clés à des scribes, ils s'enferment dehors et empêchent les gens d'entrer comme le leur reproche Jésus. Jésus n'a pas de titre officiel pour leur reprendre les clés. Il ne va pas chercher son autorité dans les textes bibliques. Son autorité lui vient de son Amour pour le Père et de l'Amour du Père pour lui. Plus proche de Dieu que les prêtres, plus libre que les ascètes, plus moral que les moralistes, plus révolutionnaire que les révolutionnaires, il incarne l'Amour de Dieu qui est à la source de la Torah: "Je suis Yahweh ton Dieu qui t'ai fait sortir du pays d'Égypte, de la maison de servitude." Je suis celui qui suis et devant qui cèdent toutes les servitudes. Le Christianisme ne vit pas d'un souvenir mais célèbre une présence. De même la Torah, si on sait la comprendre, n'est pas célébration d'événements passés, mais célébration d'une présence affirmée à Moïse et manifestée en de multiples occasions: "Je serai avec toi." Le critère de l'authenticité d'une religion est de savoir si elle délie les êtres humains pour leur permettre d'aimer. Je ne suis pas sûr que cela puisse se formuler sous forme de dogmes. Ce serait plutôt de l'ordre de la Foi en Jésus-Christ, en celui qui s'est laissé libérer par l'Esprit au point que l'on peut dire que personne n'a été aussi humain que lui. Libéré au point d'être libérateur de la condition humaine dans ses rapports avec Dieu, avec autrui, avec le cosmos. Et la Résurrection est venue confirmer cela. La Foi, c'est peut-être ce qui nous permet de nous libérer de ce que nous croyons être, compte tenu de ce que nous avons vécu, appris ou subi, se libérer pour adhérer à ce que nous croyons être plus que nous, inatteignable, et qui est en fait notre vrai moi.

Avoir la Foi, c'est sortir des rangs de ceux qui ont des yeux et ne voient pas ou ne veulent pas voir, de ceux qui ont des oreilles et n'entendent pas, pour accueillir dans nos vies le Dieu de la Bible, "le Dieu qui voit et qui entend". Avoir la Foi c'est cheminer librement avec l'Esprit, comme nous y invite Paul. Il nous dit que l'Esprit est Vie, Grâce et Liberté. L'Esprit est libre et libérateur. Avoir la Foi, c'est devenir esprit et donc devenir libre et libérateur.

La Foi ou les œuvres

Saint Paul déclare aux Romains que l'accomplissement parfait de la Loi c'est l'Amour; mais d'autre part, pour lui, c'est par la Foi au Christ que l'on est sauvé, beaucoup plus que par une quelconque obéissance à la Loi. Il est possible que Jacques n'ait pas trouvé la formulation de Paul tout à fait de son goût; ceci l'aurait amené dans sa lettre à prendre le contre-pied de ceux qui avaient tendance à dissocier la Foi des œuvres de Justice et de miséricorde. Pour lui, si notre Foi ne nous amène pas à poser des gestes d'Amour, c'est que nous nous faisons des illusions sur notre Foi et qu'en fait notre Foi est morte. Pour lui la Loi forme un tout, et même le manque de considération pour le pauvre est violation de la Loi. Mais comme nous l'avons déjà rappelé, il ajoute: "Parlez et agissez en sachant que l'on vous jugera d'après une Loi de Liberté. Le jugement sera sans pitié pour ceux qui n'ont pas fait miséricorde, alors que la miséricorde se moque du jugement." Mais je pense que Paul et Jacques pourraient être réconciliés autour de la formulation que c'est l'Amour de Dieu qui nous sauve et nous libère et que cette liberté, si nous en sommes conscients, s'exprime dans des actes de justice et d'Amour. Car en fait, il ne s'agit pas de développer notre petite capacité d'aimer, mais de laisser agir en nous l'Amour de Dieu. Il ne s'agit pas de se bâtir une petite liberté bien protégée par des barrières, mais d'entrer dans la Liberté de Dieu, comme Jésus l'a fait. Quand la Torah, le Verbe, la Parole de Dieu s'incarne en Jésus-Christ, elle "donne à tous ceux qui l'accueillent le pouvoir de devenir Enfants de Dieu", de vivre de la Vie et de la Liberté des Fils et des Filles.

Il faut apprendre à être libre. Aucun peuple colonisé n'est passé directement de la servitude à la vraie liberté. Il a tout au plus changé de maître, même si le nouveau maître était l'un des siens. Si le peuple hébreu sort d'Égypte, c'est d'abord et avant tout pour rencontrer Dieu dans le désert. La fête de la Pâque rappelle le motif de la sortie. Moïse dit au pharaon de la part de Dieu: "Ainsi parle le Seigneur, Dieu d'Israël: laisse partir mon peuple et qu'il fasse au désert un pèlerinage en mon honneur." La reconnaissance de l'Amour libérateur de Yahweh est présente dès le début du processus et cette rencontre avec Dieu est un pèlerinage: un peuple en marche rencontre un Dieu qui marche avec lui. Il le rencontrera au désert car cette rencontre avec Dieu est aussi rencontre avec soi-même. Elle est aussi rencontre avec nos frères et sœurs. Sans ces diverses rencontres, on risque bien de rester au niveau des fausses libertés. Mais il ne faudrait pas que ces diverses rencontres soient vécues comme des obligations extérieures, comme des commandements: tu aimeras le Seigneur ton Dieu et ton prochain comme toi-même. On n'aime pas sur commande. Écoutons plutôt à nouveau l'appel du Deutéronome, le Shéma Israël: "Entends Israël le Seigneur ton Dieu et tu l'aimeras." Tu l'aimeras aussi dans ton frère et ta sœur si tu sais, eux aussi, les rencontrer en Vérité. C'est dans la rencontre de l'autre que peut se définir l'éthique, que peut s'éduquer la liberté de conscience. Car "la liberté de conscience a pour responsabilité de ne jamais permettre que la Loi devienne une parole de mort, mais qu'elle soit toujours une parole vive." Parole vive pour moi, pour le plus lointain de mes frères, pour la création tout entière. La peur de vivre n'est-elle pas souvent plus insidieuse que la peur de mourir? Une parole vive n'est pas seulement une parole qui écarte de la mort. Elle ouvre à la Lumière, à l'Amour, à la Vie en plénitude. Dans nos rencontres avec les autres et avec Dieu, nous nous libérons de tous nos raisonnements pour accueillir la Vie, avec toute sa richesse de mystère qui ne se laisse pas enfermer par la raison. C'est dans cette rencontre de Dieu et de nos frères et sœurs que nous apprenons peu à peu à dire: "Je Suis", sans qu'il s'agisse d'une boursouflure de l'ego. Nous avons plusieurs fois suggéré que si Jésus soulevait l'animosité des scribes et des docteurs de la Loi, c'était avant tout parce que, tout simplement, il était, et que ce simple fait d'être libérait les hommes et les femmes d'eux-mêmes et des complications qu'ils s'étaient créées ou que les autorités religieuses leur avaient créées. Il a payé le prix de sa liberté, mais c'était aussi le prix pour que nous ayons la Vie. Il serait dommage que par peur ou par paresse, nous ne nous risquions pas à vivre cette Vie qui est source de Vie: "Faites ceci en mémoire de moi." Soyez, vous aussi, nourriture et source de Vie. La prière est là pour nous aider à développer cette liberté totale par rapport aux choses de ce monde, liberté qui nous permet d'être vraiment.

Notre libération

Si la Loi, comme nous le disions, est école de la Foi en Dieu, c'est peut-être parce qu'elle est aussi école de notre foi en nous-mêmes. Et si la Torah s'étend aussi longuement sur la libération du peuple hébreu, c'est sans doute pour nous aider sur le chemin de notre libération personnelle. Reprenons rapidement tout cet itinéraire en nous l'appliquant. Car celui qui parvient à transformer sa peur des hommes et de ce qui l'entoure en confiance en Dieu, selon le récit de la sortie d'Égypte, celui-là trouve sa liberté et se trouve lui-même. Mais le chemin est long. Le parcourir a été le destin d'Israël en tant que peuple; le reparcourir est la tâche de chaque être humain, sans escamoter certaines étapes. Car le récit est moins historique que typique de toute libération.

L'esclavage en Égypte, terre où les descendants d'Abraham sont venus chercher asile à l'époque de la famine, est l'image de toutes les peurs que nous entretenons en nous à cause de notre obsession pour notre sécurité. Dans beaucoup de vies, apparemment réussies, tout ne tourne autour que d'un seul but: plaire aux autres et prévenir toute critique par un comportement socialement ou religieusement considéré comme correct. On est alors si bien adapté à notre environnement qu'on ne ressent plus à quel point on est vécu du dehors. On est confortablement assis auprès des "chaudrons d'Égypte".

Le processus de libération suit le chemin de Moïse:

- Premièrement, prendre conscience de l'oppression et se désolidariser des oppresseurs et de ce qui nous opprime. C'est la fuite de Moïse, forcé de s'exiler à Madian après avoir tué l'Égyptien.

- Deuxièmement, le temps passé par Moïse à Madian est un temps où il apprend à être, au lieu de vivre à l'extérieur de lui-même. Finalement, il découvrira, comme un buisson ardent, le Dieu qui brûle à l'intérieur de lui-même; il est cette terre sacrée qu'il doit apprendre à respecter, quoi qu'il en coûte.

- Troisièmement: après avoir découvert le Dieu en soi, on peut se solidariser avec les opprimés et essayer de négocier leur libération. Comme nous l'avons vu, cette négociation, et l'on pense aux dix plaies d'Égypte, est en même temps itinéraire de libération. Car ces opprimés qu'il convient de libérer, ce ne sont pas uniquement des frères et des sœurs humains. Ce sont tout autant des aspects de nous-mêmes qui demeurent encore esclaves de nos peurs. Comme les Galates qui, bien que libérés par la rencontre avec le Christ ressuscité annoncé par Paul, se laissaient encore influencer par leurs peurs, au risque de retomber victimes d'une piété purement extérieure.

- Quatrièmement, c'est alors qu'on a parfois à prendre des risques, à s'avancer dans la mer au risque de sa vie. C'est une épreuve où il s'agit de vaincre la peur. Les murailles d'eau à droite et à gauche qui finalement engloutiront les chars de Pharaon pourraient aussi bien se refermer sur nous si nous n'avons pas mis notre foi en Dieu. La traversée de la mer est donc une épreuve décisive pour nous libérer de la peur.

- Cinquièmement; il n'en reste pas moins que les obstacles vont se multiplier, même après cette épreuve décisive. Le combat avec les Amalécites représente l'opposition du milieu social, voire religieux, vis-à-vis de celui qui s'est libéré.

- Sixièmement: une fois ce nouvel obstacle surmonté, il y a le risque du veau d'or, risque de se faire une statue à notre propre image et de s'attribuer les mérites de notre propre libération. C'est oublier le feu intérieur de l'Esprit qui nous a guidés et nous a donné la force de vaincre nos peurs et les oppositions et l'inertie du monde qui nous entoure. Nous avons besoin de Dieu pour trouver notre mesure et nous supporter nous-mêmes.

- Finalement, il y a le risque que la liberté elle-même nous fasse peur. La Terre Promise, vue de près, nous fait peur à cause de la stature de ses habitants, stature nouvelle à laquelle nous sommes appelés. Alors on tourne en rond pendant des années parce qu'on n'a pas encore découvert sa loi intérieure, cette Torah qui nous fonde.

C'est ainsi que le récit du devenir peuple pour Israël devient l'image du devenir soi pour chacun et chacune d'entre nous. La Terre Promise, c'est l'image de notre patrie intérieure où nous pouvons enfin être nous-mêmes. Le chemin est long qui conduit du monde des dieux étrangers, extérieurs à nous-mêmes, vers le monde de sa propre patrie. Rien n'y est rectiligne, logique, planifiable. Mais Dieu est à nos côtés. Sous sa conduite, la tâche la plus difficile et en même temps la plus grande grâce, ce sera d'être un homme ou une femme et de se libérer en tant que tel. Israël a montré cela. Si Dieu existe, c'est-à-dire si on a vraiment Foi en lui, il n'y a plus de sens à avoir peur et à se laisser réduire en esclavage par des hommes ou par des peurs. C'est bien la Foi qui libère, en se servant au besoin de la Torah, de la Loi.

Joie

Tout à coup, j'aurais envie de me taire et de laisser jaillir la Joie de la Torah, en moi, en vous. La Torah est Parole de Dieu, mais la Parole est au-delà des mots qui l'expriment. À quoi bon la Parole, si la Parole ne devient pas chair en nous? La fête de Souccoth ou fête des Tentes est la dernière fête du calendrier juif. Nous avons dit qu'elle dure huit jours. Le huitième jour est appelé à la synagogue du nom de Simha Torah, c'est-à-dire "Joie de la Torah". Ce jour-là, on lit la fin de la Torah, avant de recommencer la lecture de la Genèse. Tous les hommes, les jeunes et les plus âgés, présents à la synagogue, sont invités à participer à cette lecture, et non pas seulement cinq d'entre eux comme les autres jours. De plus la communauté dansera soir et matin, en farandoles joyeuses, les rouleaux de la Torah dans les bras.

Si ce livre n'a pas réussi à susciter la Joie en nous, cela serait le signe qu'il a été incapable de nous faire entrer dans l'univers de la Torah. Essayons quand même de suivre Miryam quand elle s'empare de son tambourin après la traversée de la mer Rouge. Comme les autres femmes juives, ses sœurs, sortons derrière elle avec nos tambourins. Ensemble chantons le Cantique de Moïse:

> *Je chanterai Yahweh, il a fait éclater sa gloire...*
> *Yahweh est ma force, il est mon chant*
> *Il s'est fait mon libérateur.*
> *C'est lui mon Dieu et je l'admire*
> *Il est le Dieu de mon père, à lui la louange...*
> *Qui est comme toi Yahweh, parmi tous les dieux?*
> *Qui est comme toi, riche en sainteté*
> *Terrible en tes prodiges, toi qui fais des merveilles!...*
> *Ta Grâce conduit ce peuple que tu as sauvé*
> *Mène-le par ta puissance à ta sainte Demeure.*
> *Les peuples entendent et ils tremblent...*
> *Devant la puissance de ton bras*
> *Ils sont devenus comme pierre,*
> *Tandis que passe ton peuple, ô Yahweh*
> *Tandis que passe ton peuple par toi racheté.*
> *Tu les feras entrer pour les y planter*
> *Sur la montagne de ton héritage,*
> *Au lieu que tu as choisi pour y habiter,*
> *Sanctuaire que tes mains ont préparé, Seigneur!*
> *Que Yahweh règne à tout jamais!*

"Tu les feras entrer pour les y planter au lieu que tu as choisi pour y habiter." À ces mots, j'entends comme en écho la prière de Jésus à son Père après la Cène: "Père, je veux que là où je suis, ceux que tu m'as donnés soient eux aussi avec moi et qu'ils contemplent la Gloire que tu m'as donnée, car tu m'as aimé dès avant la création du monde." Car la joie de la Torah atteint sa plénitude dans la Joie de la Résurrection. Le sabbath est comme la fiancée, avons-nous dit, elle doit devenir épouse pour que la Joie soit complète. La Torah est Loi de Libération, mais pour que la Libération soit totale, il fallait qu'un être humain la vive en plénitude pour qu'apparaisse, qu'au-delà de la mort, elle est chemin vers la résurrection, la libération définitive.

La Torah est chemin, avons-nous dit, chemin vers ces cieux nouveaux et cette terre nouvelle dont parle la fin du livre de l'Apocalypse, où il n'y aura plus de morts, ni de pleurs, ni de peine. La Torah, constituée des premiers livres de la Bible, illustre le début de l'itinéraire de l'humanité. Le livre de l'Apocalypse, qui clôt la Bible, ne termine pas cette histoire humaine mais ouvre sur d'autres possibilités, car l'être humain dépasse infiniment ce que nous croyons savoir de l'humanité. N'est-il pas appelé à la ressemblance de Dieu? Comme le dit Jean dans sa première lettre: "Dès maintenant nous sommes Enfants de Dieu, mais ce que nous serons n'est pas encore manifesté.

Nous savons que lorsque cela paraîtra, nous lui serons semblables parce que nous le verrons tel qu'il est." Jésus est sans péché à cause de la façon dont il s'est situé devant Dieu et dont il a été uni à lui. Son comportement tout au long de sa vie anticipait déjà la libération qu'apporte sa Résurrection. Être chrétien, c'est être présence dans le monde du Christ libérateur, qui fait plus que nous libérer de nos esclavages. "Il nous libère pour l'Amour, pour la justice, la réconciliation, l'espérance, la réalisation totale du sens de l'existence humaine." Il nous ressuscite, c'est-à-dire qu'il nous remet debout et en marche vers le Royaume pour que, pour un temps séculier, nous puissions faire nôtre ce credo d'un auteur contemporain du nom de Sölle:

Je crois en Jésus-Christ: c'était un homme seul qui ne pouvait rien faire, impuissant comme nous, mais il a lutté pour que tout change et c'est pour cela qu'il fut exécuté.

Devant lui nous sentons comme notre intelligence est sclérosée, notre imagination étouffée, nos efforts vains, car nous ne vivons pas comme il a vécu et chaque jour nous fait craindre que sa mort ait été vaine, lorsque nous l'enterrons dans nos églises et que nous trahissons sa révolution dans la soumission craintive devant les puissants.

Je crois en Jésus-Christ qui a ressuscité dans nos vies pour que nous nous libérions face aux préjugés et à l'arrogance du pouvoir, de la crainte et de la haine, et que nous fassions avancer sa révolution vers le Royaume.

Si cette réflexion sur la Torah nous permettait simplement de dire Jésus-Christ aujourd'hui, dans nos propres mots, comme ose le faire Sölle, ce serait peut-être le signe que nous sommes en marche vers notre libération.

Pour continuer à cheminer

Nous avons terminé notre itinéraire avec la Torah et nous sommes donc prêts à le parcourir à nouveau, avec une vision plus globale et donc à un autre niveau de connaissance. N'ayez crainte, nous ne le ferons pas dans ce livre. Mais pour ceux qui voudraient individuellement ou en petits groupes continuer à approfondir leur connaissance de la Torah, je peux conseiller la lecture des livres suivants:

Sur le texte lui-même, la Bible des Communautés Chrétiennes comporte des notes explicatives nombreuses et assez éclairantes. Cette bible est rééditée maintenant sous le titre de "Bible des Peuples."

La "Bible Chrétienne", éditée chez Anne Sigier a consacré son tome I à la Torah avec beaucoup de textes parallèles qui cependant pourraient lasser certains lecteurs peu enclins à entrer dans le domaine de la patristique.

Cinq livres peuvent aider une bonne relecture. Ce sont:

- "La Loi de Dieu", de Paul Beauchamp, édité au Seuil, qui offre un parallèle intéressant avec le Sermon sur la Montagne.

- "Moïse", de Martin Buber, qui était édité aux Presses Universitaires de France. Ce livre donne une vision juive sur Moïse et sur l'histoire de son peuple.
- "Brèves leçons bibliques", de Yeshayahou Leibowitz, chez Desclée de Brouwer. Il s'agit de textes d'une cinquantaines d'émissions d'un quart d'heure à la télévision israélienne, diffusées au cours d'une année, en suivant la Torah.
- "Les livres de la Loi", par Olivier Artus et Damien Noël, dans la collection "Commentaires", aux Éditions du Centurion. Malheureusement, ce livre se limite à ceux des textes des quatre derniers livres du Pentateuque qui font partie du Lectionnaire de la liturgie catholique.
- "Moïse aux multiples visages", de Walter Vogels, dans la collection "Lire la Bible", aux éditions du Cerf

Sur la question des plaies d'Égypte, j'ai cité l'excellent livre d'Annick de Souzenelle intitulé "L'Égypte intérieure ou les Dix Plaies de l'Âme", chez Albin Michel. C'est une lecture symbolique du texte biblique.

Sur le Décalogue, il y a:
- Le Catéchisme de l'Église catholique.
- Le quatrième tome du livre intitulé "Croire" de Rey-Mermet, chez Droguet-Ardant
- "Les Dix Commandements", par Marc-Alain Ouaknin que j'ai cité et qui donne une vision très élargie du texte. C'est aux Éditions du Seuil.
- "Les Dix Commandements aujourd'hui", par André Chouraqui, édité chez Robert Laffont, qui donne une interprétation plus littérale que celle de Marc-Alain Ouaknin.
- "Les Dix Commandements" par quatre auteurs: Joseph Sitruk, Grand Rabbin de France; Jean-Charles Thomas, Évêque de Versailles; Dalil Boubakeur, Recteur de la Mosquée de Paris; Alain Mamou-Mani, auteur et chef d'entreprise, chez Albin Michel.

Enfin, sur le thème de la libération, je pourrais citer "Jésus-Christ Libérateur" de Léonardo Boff, aux Éditions du Cerf, "La libération par la Foi" de Gustavo Gutierrez, toujours aux Éditions du Cerf, et plus près de chez nous, "Croire en Liberté", collectif sous la direction de Jean-François Malherbe et Jean Desclos, aux Éditions Fides.

Pourquoi continuer la démarche? Mais peut-être tout simplement parce qu'elle nous a conduits à Celui qui a accompli la Torah, Jésus qui nous adresse un nouvel appel à être. Quand il dit: "Je vous donne ma Paix", il parle de la Paix biblique qui ne peut se réaliser que dans le développement intégral de la personne humaine. Mais toute authenticité d'être est sujette à persécutions. La Paix n'est pas simplement l'absence de conflits. Le Christ

n'est pas venu apporter la paix des cimetières, mais la Résurrection. Quand il est venu, l'humanité était-elle prête pour la Résurrection? L'est-elle plus maintenant? Car comme le disait le patriarche Athénagoras, "la Résurrection n'est pas la réanimation d'un corps, c'est le commencement de la Transfiguration de la terre. "Au-delà des fausses paix!
Regardons sans complaisance la situation de la terre.
- Elle se trouve menacée par une crise de l'eau douce comme au désert.
- Dans beaucoup de pays du monde, il n'y a plus de dictature militaire, mais c'est parce que l'on a vidé la démocratie de son sens et que les puissants peuvent agir à leur guise.
- La planète est menacée d'une érosion génétique qui est une érosion de la Vie. Et cela malgré ou à cause de l'industrialisation de la Vie. La course à breveter le vivant a remplacé le course aux armements. Est-ce un progrès? Déjà la septième Parole du Décalogue se souciait de l'être humain qui ne pourrait plus connaître ses géniteurs.
- Pendant ce temps le nombre des réfugiés continue à croître dans le monde: réfugiés politiques, économiques, voire religieux, tous ceux que la Torah nous invite à accueillir.
Tout cela correspond à ce qu'on pourrait appeler avec la Torah des situations de désert. Mais savons-nous apprendre de ces situations? Est-ce que cela nous amène à entendre une Parole pour notre temps, alors qu'il y a de moins en moins de lieux qui permettent un vrai discours? Les prophètes qui osent contester le désordre établi sont poursuivis devant les tribunaux par les puissants intérêts qui s'opposent à l'émergence d'un monde de justice.

Face aux menaces qui pèsent sur la liberté en ce début du troisième millénaire, saurons-nous créer des occasions où les humains pourront être ce qu'ils sont et au besoin, sortir d'Égypte? Lors de l'épisode du Buisson Ardent, Moïse reçoit cette demande de Dieu: "Ôte tes sandales, car la terre que tu foules est une terre sacrée." La vie de chaque être humain est une terre sacrée. Mais bien souvent, elle est comme une terre à bleuets que l'on piétine sans s'en apercevoir.
Sommes-nous prêts à relire l'Évangile, et en particulier le Sermon sur la Montagne, à la lumière de la Torah et à vivre cette *Téchouva*, cette conversion qui serait vue comme un point d'interrogation au milieu de notre monde? Dans sa première lettre, Pierre dit aux premiers chrétiens, que l'on appelait parfois les saints, ceux qui sont différents, de ne pas hésiter à se laisser questionner sur leur espérance. Est-ce qu'on nous questionne souvent sur notre espérance? Je ne le pense pas. Cela viendrait-il du fait que notre espérance est bien cachée? ou plus simplement du fait que nous n'avons pas

vraiment d'espérance? Sommes-nous des gens de la stricte observance... ou des prophètes?

Peut-être avons-nous besoin de prendre des rendez-vous, comme la Fête des Bergers qui existait avant l'Exode. Dieu intervient quand Ramsès, le pharaon, interdit cette fête. Un peuple qui ne rencontre plus son Dieu est coupé de sa source. Il ne peut plus être messager pour les autres êtres humains. il ne peut plus signifier, par sa façon de vivre: "Je viens de la part de *Je Suis*." Or cela ne peut se dire que par notre relation à nos frères et sœurs humains.

C'est sans doute cela que signifie cette demande de Jésus de garder ses commandements. Rappelons ce que nous avons dit au début de ce livre. Faire le bien, c'est différent de ne pas faire le mal. C'est produire des œuvres de justice. C'est là le message de la Torah, comme de l'Évangile, et, à mon point de vue, c'est cela que les jeunes ont soif d'entendre. Quel salut leur annonçons-nous? Pendant longtemps, au lieu de proposer d'accueillir le salut, on parlait de "faire son salut", de préférence individuel; on parle de se sauver. Mais "se sauver", cela peut aussi signifier "fuir". Fuir la Vie. Se fuir soi-même.

On connaît cette Parole de Jésus, généralement traduite comme suit: "Si quelqu'un veut venir à ma suite, qu'il renonce à lui-même et prenne sa croix chaque jour et qu'il me suive." Mais une traduction plus littérale, et à mon sens plus exacte, serait: "Si quelqu'un veut venir derrière moi, qu'il dise non à lui-même, qu'il prenne sa croix et qu'il m'accompagne." Il ne s'agit pas de renoncer à soi-même, mais de renoncer à ce projet d'être un "suiveux", afin de pouvoir prendre sa propre croix. Prendre sa croix, ce n'est pas renoncer à soi-même, mais s'accepter soi-même, se trouver soi-même. Jésus ne veut pas que l'on porte sa croix à lui, mais la nôtre. Ailleurs, l'Évangile parle du joug de Jésus qu'il nous demande de porter. Mais un joug, cela se porte à deux, et ceux qui le portent marchent côte à côte et non pas l'un derrière l'autre.

Quand deux bœufs, attachés au même joug, labourent la terre, ils doivent marcher du même pas, mais l'un marche dans la terre déjà éventrée par la charrue, et l'autre sur la terre qui ne sera retournée qu'avec les sillons suivants. Comme la plupart des charrues versent la terre vers la droite, il me plaît d'imaginer Jésus portant le joug à droite, alors que nous le portons à gauche. Il est la Parole qui pénètre alors la terre labourée, ouverte pour la recevoir comme elle reçoit la semence. Mais il a besoin que nous portions l'autre côté du joug pour que la terre puisse s'ouvrir à la Parole. Le joug, c'est ce qui pèse, mais c'est surtout ce qui unit. La Torah, comme l'Évangile, est ce joug, cette Parole qui nous unit à notre créateur. Et Jésus nous dit que ce joug est léger. Écoutons cette parole au livre du prophète Isaïe: *Oui, comme la pluie et la neige tombent du ciel et n'y retournent pas sans avoir désaltéré la terre, sans l'avoir fait engendrer et germer pour qu'elle donne sa semence au semeur et le pain à celui qui le mange, de même la Parole qui sort de ma bouche ne revient pas à moi sans effet, sans avoir accompli ce que je désire et réalisé ce pourquoi je l'ai envoyée. Oui, vous sortirez dans la Joie, vous serez transportés dans la Paix. Montagnes et collines devant vous éclateront de Joie et tous les arbres des champs applaudiront."* (Is.55,10-12)

Epilogue

Loi de libération, la Torah est souvent devenue un carcan pour les hommes et les femmes adeptes des religions qui la reconnaissaient comme parole de Dieu. Même de nos jours, pour ceux et celles qui ne reconnaissent plus de validité à aucune religion, elle continue à conditionner des mentalités et des comportements du fait de son empreinte sur notre passé historique et sur notre culture. Et même si la lecture que nous venons d'en faire nous a permis de la comprendre différemment, à partir des soifs de notre cœur, comment faire pour que cette liberté nouvelle que nous nous sommes donnée ne soit pas l'entrave nous empêchant d'accéder à un liberté plus haute? En d'autres termes, comment la Parole de Dieu peut-elle demeurer une Parole vivante?

Certaines ethnies amérindiennes considèrent que toute loi doit être soumise à révision tous les cinq ans. Comme ils le disent: «Nos lois sont nos chiens de garde, mais si ces chiens se retournent contre nos enfants, il faut nous défaire de nos lois.» Dès le prologue de ce livre, nous avions cité ces versets de la fin du Deutéronome disant que cette Loi était dans notre cœur. C'est là qu'il faut en chercher le sens, même si le texte écrit paraît à première vue immuable. Or notre cœur évolue, et s'il développe sa capacité d'aimer, il convient de lui donner l'espace et la liberté dont il a besoin pour ce faire.

Les Juifs pieux relisent la Torah tous les ans et certains Chrétiens font de même pour l'Évangile. En s'inspirant des mots de Jésus concernant le sabbath, on pourrait dire que la Torah est faite pour l'Homme et non pas l'Homme pour la Torah. Relire la Torah chaque fois que l'on sent qu'une libération est nécessaire pour découvrir un autre niveau de signification en accord avec la soif de liberté que Dieu a mise dans le cœur des hommes et des femmes. Relire la Torah chaque fois que nos frères et sœurs humains ont besoin de notre aide pour se libérer, pour pouvoir grandir, croître.

Croître, cela nous ramène, il était temps, au livre de la Genèse que nous n'avons pas écouté en détail comme les autres livres de la Torah. Pourtant il était présent en filigrane, tout au long de notre lecture, avec ses messages essentiels dont le premier est précisément cet appel à croître que le créateur adresse à ses créatures. Cet appel, «Croissez», soutenait toute notre démarche afin de ne figer ni la Création, ni les créatures, ni la Loi d'Amour qui les appelle à être plus. Dans les récits de Création de la Genèse, il y avait aussi cet encouragement à «faire du mieux» donné à Qaïn après sa faute, signe que la Loi est appel à progresser, à être plus, ce plus apparaissant au fil du cheminement.

De même, dans l'épopée d'Abraham, il y a ces appels, «Pars pour toi! Va vers toi» qui nous rappellent que chaque être humain est unique et appelé à réaliser son propre potentiel. Ces appels de Dieu sont analysés plus en détail dans mes autres ouvrages sur les récits de Création dans la Bible, tome premier de la trilogie: «À l'écoute du Soleil levant», et sur les rapports du Masculin et du Féminin en chacun et chacune de nous et dans notre monde, dans l'ouvrage sur la «Résurrection du Féminin». L'histoire d'Abraham est en effet riche d'enseignements sur cette question essentielle pour l'équilibre et la paix entre les êtres humains.

La Torah est aussi indissociable du reste de la Bible, en particulier des livres prophétiques. Nous l'avons vu en particulier quand nous avons évoqué la *Haftara*, cette lecture conseillée pour compléter la *Sidra*, cette lecture hebdomadaire de la Torah, et même s'y opposer, donnant au croyant un éventail très ouvert d'interprétations possibles où il pourra trouver celle qui correspond à son besoin du jour quand il écoute son cœur. Ce qui ne veut pas dire que les divers livres des Prophètes n'ont pas eux aussi à être abordés avec un regard critique quoique bienveillant et une vue d'ensemble sur la façon dont Dieu veut se révéler à nous aujourd'hui. C'est ce qu'a fait Jésus de Nazareth et qui lui fait dire qu'il n'est pas venu abolir la Loi et les Prophètes mais les accomplir. Il a accompli la Loi et cela a été raconté sous forme d'Évangile!

Les Psaumes peuvent peut-être être vus comme la Torah devenue prière, à condition de les retraduire, eux aussi, en langage évangélique, où la Vengeance de Dieu trouve une formulation plus basée sur l'Amour des ennemis. Quand aux livres dits historiques, ils sont là pour nous rappeler que la Bible est une histoire, l'histoire d'un peuple en marche vers sa Libération, une histoire où il y a encore de nombreux chapitres à écrire par tous les peuples de la Terre.

En ce début de vingt et unième siècle de notre ère, la suite de l'histoire s'écrit toujours sur fond de décor d'un monde qui tend à nous couper de notre cœur, de nos ressentis. Ceci depuis notre plus jeune âge à cause du conditionnement dont ont été victimes nos parents pour être socialement ou religieusement «corrects» selon les normes établies et divulguées par les puissants en quête de toujours plus de contrôle. Puis, ce sont nos systèmes d'instruction et d'éducation qui prennent la relève, valorisant la réussite des plus doués et des plus performants, sans trop de soucis pour ceux et celles qui ne peuvent s'épanouir et devenir eux-mêmes dans ce monde de la performance qui s'étend à l'univers du travail. Développer l'esclavage psychique est, tout compte fait, plus commode que de gérer l'esclavage physique. En tout cas, cela paraît mieux accepté par les victimes du système.

Bâtir un futur de liberté ne signifie pas abolir toutes les règles. Toute communauté humaine, ou même animale et végétale a besoin de se donner certains codes de conduite, mais ceux-ci doivent être l'expression des motivations intérieures des membres du groupe. Ont-ils été éduqués à s'aimer eux-mêmes ou à se conformer à ce que d'autres ont décidé être le code du «bien»? Ont-ils été dressés à obéir ou encouragés à écouter leurs rêves et leurs intuitions profondes pour pouvoir essayer d'être tout simplement eux-mêmes? S'aimer soi-même, c'est accepter de bon cœur toutes nos dimensions, celles qui nous plaisent et nous permettent de briller aux yeux du monde, et celles que nous avons du mal à aimer mais qui ont un rôle à jouer dans le plan de Dieu pour nous et que Lui, en tout cas, sait regarder avec un regard d'Amour.

Bâtir un futur de Liberté, c'est mettre le mental au service du cœur. C'est découvrir que tous les êtres vivants sont reliés entre eux et que l'individualisme exaspéré qui domine notre monde occidental est un poison qui nous coupe de nous-mêmes. Bâtir un futur de Liberté c'est découvrir que Dieu est UN dans sa diversité et qu'il nous invite à faire partie de cette "UNeté" qui est Amour. Comment? Tout simplement en le laissant aimer à travers nous sans que notre petit ego interfère. Surtout quand tout nous pousserait à combattre avec d'autres armes que le cœur.

Bâtir un futur de Liberté, ce n'est pas travailler pour une récompense. La récompense nous a été donnée à l'avance; cette récompense, c'est nous-mêmes, que nous avons à découvrir et à faire croître. Or, la suite de notre histoire peut s'écrire de différentes manières en même temps sans que cela soit contradictoire, car nous sommes des êtres multidimensionnels. La Torah s'adresse à nos différents niveaux d'êtres, même ceux dont nous ne sommes peut-être pas encore devenus conscients. Je sens qu'il y aurait là un autre livre à écrire, tout aussi passionnant: **"La Torah, un chemin vers le Divin en nous".** Il est temps d'actualiser la parole d'Irénée de Lyon, au deuxième siècle de notre ère: *"Dieu s'est fait homme pour que l'homme devienne Dieu"*.

Oui, je veux morebooks!

I want morebooks!

Buy your books fast and straightforward online - at one of the world's fastest growing online book stores! Environmentally sound due to Print-on-Demand technologies.

Buy your books online at
www.get-morebooks.com

Achetez vos livres en ligne, vite et bien, sur l'une des librairies en ligne les plus performantes au monde!
En protégeant nos ressources et notre environnement grâce à l'impression à la demande.

La librairie en ligne pour acheter plus vite
www.morebooks.fr

OmniScriptum Marketing DEU GmbH
Heinrich-Böcking-Str. 6-8
D - 66121 Saarbrücken
Telefax: +49 681 93 81 567-9

info@omniscriptum.com
www.omniscriptum.com

www.ingramcontent.com/pod-product-compliance
Lightning Source LLC
Chambersburg PA
CBHW032004220426
43664CB00005B/137